U0953171

帝国与文明

[日]出口治明 著
黄哲昕 译

花山文艺出版社
河北·石家庄

图书在版编目（CIP）数据

帝国与文明 /（日）出口治明著；黄哲昕译. -- 石家庄：花山文艺出版社，2021.8
ISBN 978-7-5511-5982-1

Ⅰ. ①帝… Ⅱ. ①出… ②黄… Ⅲ. ①城市史－世界
Ⅳ. ①K915

中国版本图书馆CIP数据核字（2021）第144422号

著作权合同登记号 图字：03-2019-198

GLOBALJIDAI NO HISSUKYOUYOU'TOSHI'NOSEKAISHI
Copyright © 2017 by Haruaki Deguchi
Maps by atelier plan
First published in Japan in 2017 by PHP Institute, Inc.
Simplified Chinese translation rights arranged with PHP Institute, Inc.
Through CREEK& RIVER CO., LTD.
and CREEK & RIVER SHANGHAI CO., Ltd.

书　　名：帝国与文明
DIGUO YU WENMING
著　　者：（日）出口治明
译　　者：黄哲昕

责任编辑：梁东方
责任校对：林艳辉
美术编辑：胡彤亮
出版发行：花山文艺出版社（邮政编码：050061）
（河北省石家庄市友谊北大街330号）
销售热线：0311-88643221
传　　真：0311-88643225
印　　刷：大厂回族自治县德诚印务有限公司
经　　销：新华书店
开　　本：620mm×889mm　1/16
印　　张：22
字　　数：252千字
版　　次：2021年8月第1版
2021年8月第1次印刷
书　　号：ISBN 978-7-5511-5982-1
定　　价：89.00元

（版权所有　翻印必究·印装有误　负责调换）

1
柏林墙
摄影 roger4336

2
柏林大教堂
摄影 archer10 (Dennis)

3
德国奥林匹克运动场
摄影 roger4336

4 尼罗河

图片来源 www.holgersbilderwelt.de

5 狮身人面像

摄影 cattan2011

⑥ 埃及巴比伦要塞
图片来源 flyoverstate

⑦
埃及塞提一世神庙

8
伦敦塔桥
摄影 ChrisYunker

9
泰晤士河岸
摄影 Ray in Manila

10
伦敦勒豪顿集市
摄影 Loco Steve

11
撒马尔罕哈密瓜商贩
摄影 trialsanderrors

12
恒河日出
图片来源 rundenreisen.org

13
罗马纳沃纳广场
摄影 Krzysztof Golik

14
罗马真理之口
图片来源 Leo-setä

15
德里红堡
图片来源 Dr. Partha Sarathi Sahana

16
印度琥珀堡
图片来源 Arkadipta Chandra

17 黎明前的哈德逊河港湾

18 伦敦哈罗德百货

前言 为什么要学习城市的历史

大约二十万年前，在东非的热带草原上，现代人类（现代智人）诞生了。最初，他们以狩猎采集为生。和其他肉食动物一样，他们的狩猎范围遍布世界，并且在激烈的进化中生存了下来。

一万两三千年前，人类社会开始进入农耕时代。人们开始以男人、女人和孩子为基础，以类似于现代家庭的形式，生活在自己的农地附近。不过无论是狩猎采集，还是农耕畜牧，都不能发展为人们聚集成大集团生活的城市。城市是伴随着农作物的大量收获、剩余生产物被转化为私有财产的过程而产生的。

那些自己不劳动但却拥有财富或权力的人们，不需要生活在狩猎或耕种方便的森林附近或田园地带。他们需要的是一处能够保护自己的财产——剩余生产物——不被盗走的地方。因此，他们将某一区域用城墙围起来，自己负责管理财产，并让生产者住在附近。这就是城市的雏形。大约五千五百年前出现的美索不达米亚[1]南部的苏美尔城市群就是如此。那里诞生了世界上最古老的文明。伴随着阶级社会的产生和贫富

[1] 美索不达米亚：古希腊对两河流域的称谓，意为“两条河流之间的地方”，这两条河指的是幼发拉底河和底格里斯河。

差距的出现，生活上游刃有余的阶级登场，人类智慧活动的产物——文明诞生了。因此，知道了城市的历史，就是知道了文明的历史。

我希望从城市的历史中发现诸文明的演变痕迹，但不是通过远古时代的苏美尔城市群，而是从现代能接触到的、大家耳熟能详的世界城市的素颜中，发掘生生不息的历史和影响。这就是我执笔此书的动机。

20 世纪后半叶最具有代表性的世界三大城市分别是纽约、东京和伦敦。纽约是 GDP 全球第一的美国的经济中心，东京是 GDP 全球第二（当时）的日本的首都，伦敦是经济规模能与美国匹敌的欧洲的金融中心。

那么，公元 1000 年的世界三大城市在哪里？从人口上来看，是科尔多瓦（西班牙）、开封（中国）和君士坦丁堡（土耳其）。科尔多瓦是后倭马亚王朝 [1] 的首都，在宰相曼苏尔 [2] 时期征服了北非的一部分和伊比利亚半岛的大部分而盛极一时。开封是北宋的首都，就像《清明上河图》和《东京梦华录》中所描绘的那样，这里有着高度成熟的城市文明，以及寻求商贸的犹太人社区 [3]。君士坦丁堡时期，在马其顿王朝明君巴西尔二世 [4] 的统治下，罗马帝国的领土再次达到历史最大。考察这样具有代表性的城市，能够一窥那个时代世界的面貌。

---

[1] 后倭马亚王朝：倭马亚王朝又译伍麦叶王朝、奥美亚王朝，是阿拉伯伊斯兰帝国的第一个世袭制王朝。在阿布 · 阿拔斯对倭马亚家族的屠杀中，一名幸存者阿卜杜勒 · 拉赫曼一世逃至西班牙地区，于 756 年建立后倭马亚王朝。

[2] 曼苏尔（714—775）：萨法赫胞弟，伊斯兰教第二十代哈里发，阿拔斯王朝第二代哈里发。

[3] 开封犹太人始于北宋徽宗年间，大多从天山南路入境，先是经商，后定居下来。

[4] 巴西尔二世：拜占庭马其顿王朝第十一位皇帝，在位时间长达六十二年。他在位期间，拜占庭帝国出现了第二次黄金时期（第一次为查士丁尼统治时期）。

本书以占据世界上主角地位时间最长的伊斯坦布尔（第二罗马）为始，经亚洲、美洲、欧洲，以永恒之城罗马为止。

想象一下欧洲君主的王冠——那凹凸意即城墙和望楼，因为城的持有者就是城的支配者。

走在罗马的街上，能看到下水道井盖上都标记着“SPQR”，这是“Senatus Populusque Romanus”的缩写，意为“元老院和罗马人民”，是自公元前509年罗马国王建立共和政权后使用的国名。

知道这些历史，一方面使逛街变得更有趣味；另一方面，在意大利做生意的时候，这些历史知识会成为交谈的润滑剂。无论在哪个国家，使人一看就觉得有趣的异乡人，从根本上来说，靠的并不只是交谈技巧。他们的撒手锏之一，是对对方所在城市的了解。

我常说“人·书·旅”。我见了很多人，读了很多书，我在飞机上思考，也进行了很多重视体验、奔赴现场的旅行。这些经验让我思考人类可以变得更文明的问题。在本书中，我加入了很多此类元素。

在无国界化的今天，我们不仅要了解东京和京都，也要对世界上具有代表性的城市有一定程度的认识。我觉得这是有好处的。对此，本书或许能略尽绵薄之力。

本书于2015年着手取材，并得益于PHP编辑组的编辑铃木隆先生和广告稿撰写人小野隆雄先生的优秀策划。而史实部分则多亏了矢彦孝彦先生的勘校。在此感谢铃木先生、小野先生以及矢彦先生。同时，期待读者的不吝赐教。

（邮箱：hal.deguchi.d@gmail.com）

出口治明

目录

19
伊斯坦布尔
图片来源 szeke

第一章

世界帝国之都——伊斯坦布尔

自古以来的一千七百年间

这座城市始终是世界的主角

伊斯坦布尔示意图
卡厄特哈内区
埃于普区
西斯利区
贝伊奥卢区
新市街
哈利奇桥
贝西克塔斯区
博斯普鲁斯海峡大桥
多尔玛巴赫切宫
金角湾
加拉太塔
博斯普鲁斯海峡
阿塔图尔克大桥
加拉太桥
于斯屈达尔区
苏莱曼清真寺
旧市街
托普卡帕宫
卡帕勒市场
圣索菲亚大教堂
狄奥多西城墙
蓝色清真寺
卡德柯伊区
马尔马拉海
0
2km

最初的名字——拜占庭

在土耳其共和国的亚洲部分安纳托利亚（亦称小亚细亚）半岛的西端，与欧洲部分巴尔干半岛的东端之间，有一条博斯普鲁斯海峡，海峡南北长约 30 千米，最宽的地方为 3.7 千米，最窄的地方只有 0.8 千米。这条海峡北接黑海，南连马尔马拉海，经过达达尼尔海峡和爱琴海，最终流进地中海。小亚细亚部分是于斯屈达尔[1]，欧洲部分是伊斯坦布尔。

按照土耳其共和国的行政区划，博斯普鲁斯海峡东西两岸都属于伊斯坦布尔市。西岸的西南部分是被称为旧市街的老城区，这里保留着历史悠久的珍贵建筑和文化遗产，其中以君士坦丁时代建造的宫殿遗址为代表，包括奥斯曼帝国的君主苏丹[2]住过的托普卡帕宫。因此，整个老城区都被划为世界文化遗产。

在 21 世纪的今天，每年有七百多万海外观光客来到这里。这些游客的目标是旧市街和博斯普鲁斯海峡，在讲述伊斯坦布尔的历史时，也都以这二者为中心。

公元前 8 世纪左右，在希腊雅典稍微偏西的地方，有一个名为

---

[1] 于斯屈达尔：土耳其最大城市伊斯坦布尔市区的一部分。

[2] 苏丹：伊斯兰世界对统治者的称呼。

“迈加拉”的城邦国家。这里的人们主要以中介商人的身份活跃于黑海和地中海之间。

当时的中国，周王朝衰落，进入了诸国纷争的春秋时代。后来以粟特人为代表的中国贸易商活跃在中部欧亚大陆上，他们将绢等奢侈品经由蒙古高原以西的阶梯地带运往欧洲。这条由东向西延伸的道路，被称为“草原丝绸之路”，后来的游牧民族就是借着这条路大量西移。

“草原丝绸之路”的欧洲出口在黑海北岸的克里米亚半岛。东方的商人骑马而来，有的在此稍作休息后，继续朝着匈牙利的方向西行，有的则直接在当地进行贸易。交换的主要是来自中东及希腊的贸易品（葡萄制品、羊毛等）和中国的商品。在交易中占中心地位的是迈加拉人。他们用船装载着中国的贸易品，从黑海出发，经过博斯普鲁斯海峡、马尔马拉海、达达尼尔海峡，一边访问爱琴海和地中海沿岸的城邦及部落国家，一边进行着贸易活动。

以迈加拉为代表的希腊人擅长渔业，对海洋贸易也很拿手。迈加拉人一面继续黑海的贸易，一面考虑在更靠近黑海的地方建立根据地。因为紧邻迈加拉的东面，有一个强劲的竞争对手——希腊。

所以，要想独占黑海的商贸，就要在更加有利的地方建立殖民市。首当其冲的就是博斯普鲁斯海峡西岸，因为那里有一个绝佳的港口海湾，也就是后来所称的金角湾。在公元前660年，迈加拉人在这里登陆，建设起城镇，即后世所称的殖民市。

这个能从海峡望到的城镇，被命名为拜占庭。迈加拉人以此为据点，独占了海峡通道的贸易，并由此繁荣起来。接着，他们渡过黑海抵达克里米亚半岛，把贸易扩张到了希腊人的居留地[1]。

不久，在拜占庭的土地上，雅典和斯巴达交战。结果雅典失去了霸主地位。到公元前 5 世纪时，波斯人建立的阿契美尼德王朝在大流士一世的领导下，几乎支配了整个古代东方，拜占庭自然也未能幸免。

大流士之所以要占领拜占庭，是为了叩响北方强大的游牧国家斯基泰[2]的大门。因为在当时，斯基泰在中亚到东欧平原都建立了据点，是集团帝国阿契美尼德王朝最强劲的对手。

大流士在海峡上用船搭起浮桥，从波斯出发的大军团在欧洲一侧登陆，以拜占庭为大本营，从罗马尼亚向北挺进东欧平原，对斯基泰的军队进行了追击。

然而交战不久，斯基泰就开始放火，把大片草原烧成了焦土，然后逃进了腹地。这种焦土作战是东欧平原上的传统战术，如果贸然追击，很有可能会在光秃秃的荒野中遭遇袭击而败北，1814 年拿破仑兵败莫斯科就是一例。不过，聪明的大流士并没有中圈套，他在作战中一旦给斯基泰造成重击就折回拜占庭。

拜占庭先是在希腊战争中被希腊占领，雅典衰落后则归顺了阿契美尼德王朝。公元前 330 年，阿契美尼德王朝被亚历山大大帝[3]所灭，拜占庭再次受希腊支配。后来，罗马在意大利境内建国。公元 73 年，拜占庭被罗马帝国统治。

---

[1] 居留地：相当于租借地。

[2] 斯基泰：大约公元前 7 世纪中叶至公元前 3 世纪，斯基泰王国的奴隶制王朝。

[3] 亚历山大大帝：亚历山大三世，马其顿王国（亚历山大帝国）国王，世界古代史上著名的军事家和政治家。

从“拜占庭”到“君士坦丁堡”

公元300年，君士坦丁一世把罗马帝国的首都从罗马迁到了拜占庭，并以自己的名字为新首都命名，这就是君士坦丁堡的由来。大帝国的首都东迁无疑是一项大事业，它是怎样发生的呢？

2世纪左右，地球开始变冷，原本生活在欧洲大陆北部广袤草原上的人们开始南移。在这个自北向南迁移的过程中，不断有部族加入进来，由此形成了蔚为壮观的大迁徙。

大迁徙向南到了天山山脉，在这里分为东西两支。东进的一支促使中国进入了诸国兴亡并存的时代，即后来所称的“五胡十六国”；西进的一支则以“日耳曼民族大迁徙”被载入日本的教科书。不过被划入“日耳曼民族”集团内部的各部族存在重大差异，现在越来越多的学者将这次大迁移称为“诸部族大迁徙”。

诸部族大迁徙历时近两百年，使罗马帝国陷入了极端混乱的状态。当时的罗马帝国幅员辽阔，国境东至叙利亚，北至黑海以及多瑙河和莱茵河，西至多佛海峡和伊比利亚半岛，南至埃及和北非边境。众多部族一齐涌向这个大帝国，对于罗马来说无疑是一场极其可怕的灾难。

为了应对这场灾难，罗马皇帝戴克里先（284年—305年在位）将帝国一分为二，东西方再一分为二，并各设正帝和副帝进行统治。罗马帝国采取的这种防御政策，在历史上被称为“Tetrarchy”，即四帝共治。

值得一提的是，防御政策的重点在东方。埃及是罗马帝国的粮仓，尼罗河流域有着肥沃的土壤，在这里生产的小麦通过亚历山大港源源不断地运往罗马。初代皇帝奥古斯都能为罗马市民提供廉价的面包，能让他们在观看竞技表演时，沉浸在喝彩声中，正是得益于此。不过，随着各部族日益激烈地入侵意大利半岛，从埃及运往罗马的小麦被夺走的风险也日益增加。现实情况是，罗马帝国的西面较为贫困，东面较为富庶。东面从叙利亚到巴基斯坦、埃及到美索不达米亚，都有着肥沃的土壤和古老而发达的文明；西面则多未经开垦的森林和荒地，姑且先不论这片广阔土地的无限可能性。总之，当时罗马帝国的西面较为贫穷。每年一到气温下降、天气变冷的时节，守护东面还是西面，答案显而易见。戴克里先认为，要守护罗马帝国就要把中心向东移动，于是他自己做了帝国东方的正帝，并把都城定在了尼科米底亚[1]。这座小城位于博斯普鲁斯海峡的东侧，正好坐落在安纳托利亚半岛的马尔马拉海的入海口处，从这里到埃及的海上路线几乎呈一条直线。

戴克里先在293年开始实施四帝共治政策，但并没有收到预期的效果。将帝国一分为四也就意味着产生了四个皇帝。305年戴克里先因病退位后，四帝共治制度崩溃，罗马帝国陷入了四帝相争的局面。而结束这场混乱的，是帝国西方的正帝君士坦丁一世（306年—337年在位）。

君士坦丁最初统治着高卢地区[2]，虽然他把根据地设在德国的特里尔[3]，但他在高卢举兵，向东进军，一一打败了竞争对手，将整个罗马收归己有。接着，他把拜占庭确定为新的国都。

[1] 尼科米底亚：现在的土耳其城市伊兹密特。

[2] 高卢地区：指现在的法国及德国的莱茵河以西一带。

[3] 特里尔：又译堤雅，德国最古老的城市。

君士坦丁一世对罗马帝国的西面弃而不顾。他从博斯普鲁斯海峡向东扩张，将势力范围扩大到小亚细亚的东面，为入侵波斯萨珊王朝[1]做准备。金角湾和埃及的亚历山大港成了小麦的运输通道。拜占庭改名为君士坦丁堡，并开始了大规模的城市建设（330年）。君士坦丁想要建设一个新罗马，为此他首先将整个拜占庭用城墙围住，建造起新的宫殿，然后将留在罗马元老院的贵族们都召集到君士坦丁堡。

另外，从高卢攻打过来的时候，除了当地的精兵，战争所需的粮食补给和作战计划，君士坦丁还动用了众多优秀的官僚，这些士兵和官僚最后也都留在了君士坦丁堡。

结果君士坦丁的军队去往东方后，高卢既没了强力的军队，也没了优秀的人才。高卢地区的不幸遭遇就此开始。苦撑了三十年多后的361年，一位名叫尤利安的皇族举起了叛旗。他原本统治着以巴黎为中心的区域，而现在向东前进，目标直指君士坦丁堡。

尤利安是君士坦丁的侄子，他命运多舛，历经波折，后来成了高卢的统治者。当时罗马帝国开始盛行基督教，但是他讨厌基督教的势力，有意复兴古希腊罗马时代的多神信仰，因此在基督教的世界中，他成了“叛教者”。

尤利安是继君士坦丁之后的第三位罗马皇帝，在位时间为361年到363年。他举兵后，大量军人和官僚离开高卢前往君士坦丁堡。于是，各部族开始大量涌向人才尽失的高卢地区，并逐渐形成了现在的德国和法国的初步形态。同时，意大利半岛由于贵族和有权势

---

[1] 萨珊王朝：或称萨桑王朝，也称波斯第二帝国，是最后一个前伊斯兰时期的波斯帝国，开始于公元224年，灭亡于651年。

的市民都去了君士坦丁堡，这里变成了日耳曼各部族的地盘，而罗马也变成了一个小乡镇。

就这样，罗马帝国以君士坦丁堡为新的首都，开始了新的征程。辻邦生[1]的小说《背教者尤利安》描写的就是这个时期的故事。小说的开场，屹立在博斯普鲁斯海峡畔上的宫殿被笼罩在黎明的晨雾中，尤利安的母亲站在宫殿的露台上沉思。

罗马帝国的兴衰

君士坦丁堡靠近希腊，后来希腊语成了宫廷和行政上的官方语言。东方文化和希腊文化相互融合，逐渐形成了和古罗马截然不同的文化。因此，在世界史教科书中，以君士坦丁堡为首都的罗马帝国被称为“东罗马帝国”或“拜占庭帝国”[2]，这是学术上的称呼，是为了区别以罗马为首都的罗马帝国。不过，东罗马帝国一贯自称“SPQR”。鉴于此，在定都君士坦丁堡之后，本书也仍采用“罗马帝国”作为通称。

且说罗马帝国舍弃贫困的西部，统一了东部之后，迎来了一个安定时代，小麦也能够安全地从埃及运往君士坦丁堡。整个 4 世纪和 5 世纪，罗马帝国都处于和平时代。但是在接下来的 6 世纪，一位有着轻微妄想症的皇帝出场了，他就是查士丁尼一世（527 年—565 年在位）。

[1] 辻邦生：日本小说家，1925 年出生于东京，《背教者尤利安》获第十四届每日艺术奖。

[2] 395 年，罗马帝国分裂为东、西两部分。西罗马于 476 年灭亡，而后，东罗马帝国成了罗马帝国实际意义上的继承者。

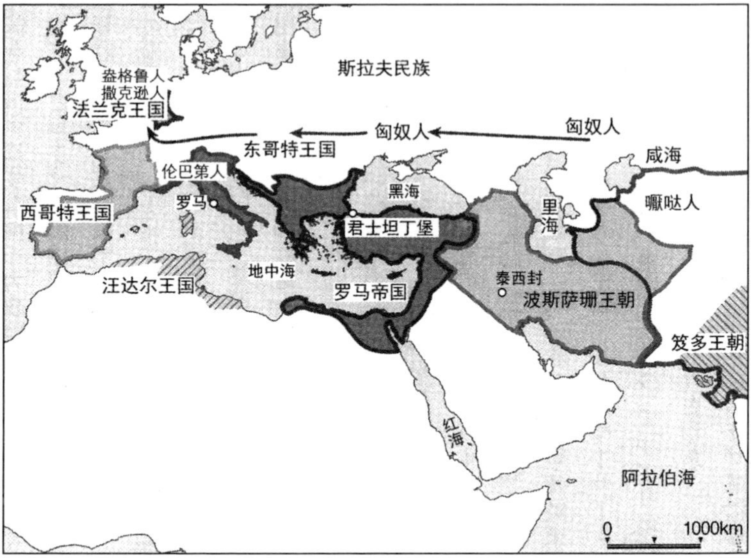

罗马帝国与萨珊王朝示意图

查士丁尼支持基督教，他关闭了雅典的学术殿堂柏拉图学园[1]，因此被欣喜若狂的基督教徒尊称为“大帝”。伊斯坦布尔的标志性建筑——圣索菲大教堂也是在这个时期重建的。

查士丁尼在东部统治着国力充实的罗马帝国，却总感觉哪里欠缺了点儿什么，他想：“应该把整个地中海地区都纳入自己的领地！罗马必须成为世界帝国！”于是，为了重新夺回当初被抛弃的西部，

[1] 古希腊哲学家柏拉图在约前 387 年创立于雅典的学校，许多古希腊哲学名士曾受教于此。

他派遣了大量军队。但是，在西部地中海沿岸，汪达尔、东哥特、西哥特[1]等部族都建立了自己的国家，由此持续数十年的大规模战争开始了。罗马帝国凭借强盛的国力，夺回了地中海沿岸地区。但同时，战争也使罗马折损了大量兵力和财力，国力自此一落千丈。

更糟糕的是，就在这个时候，3 世纪在美索不达米亚建立的萨珊王朝迎来了全盛时期。“不朽的灵魂”库思老一世（531 年—579 年在位）和库思老二世（590 年—628 年在位）[2]登上了历史舞台。在萨珊王朝扩大版图的过程中，位于西面的罗马帝国由于远征而衰落，不可避免地遭到了猛烈的攻击。565 年，查士丁尼一世逝世，罗马帝国陷入了混乱，“粮仓”叙利亚和埃及被萨珊王朝夺走。

在这危机重重的时刻，罗马帝国的迦太基总督赫拉克留挺身而出，他入主君士坦丁堡，掌握了政权，收拾了混乱的局面后登基成为皇帝（610 年—641 年在位）。赫拉克留在军事上有着杰出的才能，他对萨珊王朝所在的波斯发起了进攻，夺回了叙利亚和埃及。不过，萨珊王朝的库思老二世也并非彻底失败。总之，这两个实力相当的超级大国就像横纲级[3]的相扑选手互相扭打在一起，进行了长久的战斗。就在双方精疲力竭的时候，在阿拉伯的土地上，穆罕默德（约 570—632）出场了。

---

[1] 汪达尔、东哥特、西哥特：属日耳曼人。

[2] 库思老一世之后即位的是霍尔密兹德四世（579 年—590 年在位）。将军巴赫拉姆·楚宾于 589 年发动叛乱，自立为王。库思老二世平息巴赫拉姆的叛乱之后，于 590 年继位为王。

[3] 横纲级：相扑的最高级别。

穆罕默德的伊斯兰教因为教义通俗易懂，在极短的时间里广为传播。他和他的同伴们率领的阿拉伯军团结一致，很快从阿拉伯半岛打进了美索不达米亚和叙利亚。无论是萨珊波斯还是罗马帝国，都由于库思老二世和赫拉克留的长年战争已经变得十分虚弱。651年，萨珊王朝被阿拉伯军所灭。

阿拉伯军不仅从罗马帝国手中夺走了叙利亚和埃及，还多次包围并企图占领君士坦丁堡，但这些计划最终都成了泡影，主要是因为：一方面，狄奥多西斯二世（408 年—450 年在位）对君士坦丁堡的城墙进行了加固，使得这座城市固若金汤；另一方面，罗马帝国的海军奋起抵抗，他们使用了一种威力巨大的武器——希腊火[1]。

君士坦丁堡的繁荣与陷落

继穆罕默德及其追随者之后，继承伊斯兰帝国权力的是倭马亚王朝。8 世纪初，倭马亚王朝逐渐由盛转衰。与此同时，罗马帝国得到了一线喘息的机会，重新直起了身子。

首先是利奥三世（717 年—741 年在位）发起的圣像破坏运动真正目的是筹措军费。利奥三世注意到，罗马帝国和伊斯兰帝国陷入苦战，军费见底，教会却由于不用缴税而奢靡无度。索性把教会的财产都收了吧！这正是利奥三世的本意。然而，破坏圣像运动使罗

[1] 希腊火：拜占庭帝国所发明的一种可以在水上燃烧的液态燃烧剂，为早期热兵器，主要应用于海战中。

马帝国陷入了大混乱，最终前功尽弃，回到了原点[1]。

半个世纪后，巴西尔一世（867 年—886 年在位）和巴西尔二世（962 年—1025 年在位）出场了。这两位来自马其顿地区（希腊北部）[2]的皇帝励精图治，尽管没有夺回埃及，但控制了巴尔干半岛全域、南意大利及至高加索山脉南端的土地，再现了一个庞大的帝国。这一时期被称为东罗马帝国的黄金时代。前文说过，公元 1000 年左右的世界三大都市是科尔多瓦（后倭马亚王朝）、开封（北宋）和君士坦丁堡，不难看出，当时的东方文明超过了西方。

然而 11 世纪，土库曼人[3]在东方建立的塞尔柱王朝兴起。1071 年，土库曼人在东安纳托利亚的曼齐刻尔特（现在的马拉兹戈特镇）打败了罗马军队，俘虏了罗马皇帝罗曼努斯四世[4]。于是，大量土库曼人迁往阿纳托利亚半岛，并于 1077 年在此建立起了塞尔柱国家，即鲁姆苏丹国。甚至位于安纳托利亚半岛西端的城市尼西亚也有土库曼人进出。

---

[1] 731 年，圣格列高利二世宣布开除利奥三世和圣像破坏者的教籍，但是这些都无法阻止破坏运动。843 年，皇帝迈克尔三世的皇太后狄奥多拉摄政时期，宣布恢复圣像供奉，大批圣像破坏者以“异端罪”被处死。至此，持续一百多年的圣像破坏运动结束了。

[2] 巴西尔一世并非马其顿人或马其顿裔，而是亚美尼亚人。他幼年时曾被关在一座监狱中，这座监狱因关押了大量马其顿人而被称为“马其顿监狱”，巴西尔一世的绰号“马其顿人”也由此而来。

[3] 土库曼人：信奉伊斯兰教的突厥语系的游牧民族。

[4] 史称曼齐刻尔特战役，当时东罗马帝国正值第八个封建王朝杜卡王朝，罗曼努斯四世为第三任皇帝。

当时的罗马是科穆宁王朝时期，皇帝阿历克塞一世（1081 年—1118 年在位）很有危机意识，1081 年，他请求罗马教皇和西欧诸国派遣佣兵，然而无论是罗马教廷还是其他国家，都没有对这一请求做出任何回应。

但是十四年后的 1095 年，教皇乌尔巴诺二世在法国克莱蒙召开会议，号召进行东方远征，“收复”被伊斯兰教控制的圣城耶路撒冷。自此，第一次十字军东征开始。1096 年，大军团向东方前进。幸运的是，塞尔柱王朝这时正值内乱，无力对抗。1097 年，他们在君士坦丁堡会合，之后攻城略地，驱逐了耶路撒冷、叙利亚、巴勒斯坦等地的伊斯兰势力，在地中海沿岸建立起若干封建国家，并从逼近君士坦丁堡的鲁姆苏丹国军队手中夺得了尼西亚，并将他们驱赶到了安纳托利亚半岛的东部。

就这样，威胁君士坦丁堡的势力被一扫而空。日本的平安时代[1]还有很长的一段时间，而从第一次十字军东征之后的百余年，世界上发生了难以想象的大事。

1202 年，十字军第四次集结。令人难以置信的是，这次十字军竟然攻陷了君士坦丁堡，连富丽堂皇的大皇宫也落入了十字军之手。十字军对君士坦丁堡进行了极度残酷的破坏和掠夺，接着建立了拉丁帝国。残存的罗马皇族逃到了小亚细亚的尼西亚，并在那里成立了尼西亚帝国。

拉丁帝国只存在了五十多年就灭亡了。1261 年，罗马帝国收复

[1] 平安时代：日本古代的一个历史时期，始于 794 年，终于 1192 年。

了君士坦丁堡。然而由于国力衰退，此时的罗马帝国只能守着君士坦丁堡及其周边地区，不久就被奥斯曼王朝所灭。

教会冲突与十字军东征

让我们将时针往前拨动，回到罗马皇帝狄奥多西一世（379 年—395 年在位）时期。381 年，狄奥多西一世将基督教定为国教；393 年，他禁止异教徒的信仰和活动，例如关闭多神教的神庙、废止古奥运会等。由此，狄奥多西一世将自己的名字留在了历史之中。

那么十字军为什么要进攻罗马帝国呢？事情的经过大致是这样的。

罗马帝国为了便于统治，在辽阔的领土上建立起了全国性的道路网。然而由于其他部族的入侵越来越激烈，经过多年的混乱和征战，罗马帝国将首都迁到了东部，即君士坦丁堡，原先的道路网和统治机构因为疏于维护而崩溃了。

与此同时，罗马帝国基督教信徒持续增加。就像国家为了统治需要地方组织一样，宗教上为了扩大教团、传播教义，也建立了广大的传教网络。虽然罗马帝国的统治机构已经崩溃，但基督教网络却日益扩大。

狄奥多西一世打算将教会改为国家的统治机构，并加以灵活运用。他和米兰主教安布罗西乌斯交涉后，确立了基督教的国教地位，并禁止了其他宗教，以此作为把教会网络收归政权统治所做出的交换。最近的学术研究中有一个比较流行的观点，认为狄奥多西一世此举是为了维持帝国的统治而并非是为了维护信仰。

无论如何，基督教的国教化使基督教世界的局势发生了变化。

自古以来，基督教有五大教会，即罗马教会、君士坦丁堡教会、亚历山大教会、安条克教会和耶路撒冷教会。各教会的最高领袖是总主教，不过罗马和亚历山大教会沿用了传统的称呼“教皇”。罗马教会建在基督教首席门徒圣彼得的墓上，因此拥有巨大的权威。但是，基督教成为国教后，基督教的代理人自然而然就成了皇帝，而罗马教皇最多只是圣彼得的代理人。皇帝和教皇的地位对比显而易见。

由于罗马帝国的首都已经迁往君士坦丁堡，而基督教又成了国教，因此君士坦丁堡教会的权威日渐凸显，最终变成了五大教会中权力最大的一个。不过无论如何，皇权仍然高于教权。在这有着肥沃土地和高度文明的东部，君士坦丁堡教会成了至高无上的存在。而失去皇帝的罗马则逐渐落后，几乎成了穷乡僻壤。罗马教会拼命向贫穷落后、文化程度低的地区进行布教活动，但仍越来越难以生存。

在这样的背景下，8 世纪时利奥三世发起了圣像破坏运动。这一举措使得罗马教会备受困扰。在君士坦丁堡教会地区，人们的知识水平普遍较高，能够准确地领会布道内容的文字表述；然而在尚未开化的西部，很多人都是文盲，罗马教会在这些地区往往需要借助绘画，以拉洋片的方式来布教。因此圣像、圣物的破坏和禁止，对罗马教会来说是个沉重的打击。

教会权威问题和圣像破坏问题交织在一起，面对君士坦丁堡教会的高姿态，罗马教会开始进行激烈的反抗。而君士坦丁堡教会方面则认为，罗马教会未免过于狂妄了，竟然如此对待近在君侧的自己。

罗马教会和君士坦丁堡教会之间的矛盾日趋激化。罗马教会为求生机，逐渐加大了在西欧地区的传教力度。终于熬到了 8 世纪，法兰西加洛林王朝[1]取代了墨洛温王朝[2]，加洛林王朝为求政权合法性，自愿与罗马教会联手。换句话说，罗马教会侍奉的不再是罗马皇帝，而是法兰西国王。丕平为了笼络罗马教会，封给其教皇爵位和领地，史称“丕平献土”。自此以后，罗马教皇不再是单纯的精神领袖，而是在意大利中部占有一席之地的世俗君主。

两教会就这样对峙了近三个世纪，终于在 1054 年，以某个小摩擦为导火索，长久以来的积怨一朝爆发，各自宣告将对方逐出教门。至此，两教会虽同属基督教，却各立山门，东为“希腊正教”，西为“大公教”（The Catholic Church）。“Catholic”即“大道之行，天下为公”的“公”，也就是说，分裂出的两个教会都自诩正宗。我们可以将他们分称为罗马教会和东方教会。

话归原题，罗马教皇为什么要发起十字军东征？

10 世纪中叶以来，由于全球气候变暖，粮食产量暴涨，人口激增，在德法两国，人口激增直接导致土地资源不足，劳动力过剩。用现在的话来说，就是爆发了严重的“人口低龄化”。

罗马教皇乌尔巴诺二世为了解决本国信徒的生存问题，就打起了他国土地的主意，其目标自然是富饶文明的东方。十字军远征前夕，他在饯行仪式上进行了演讲，前后总计有十万士兵请愿参战。然而，他们中的大半都高举着“圣战”的大旗，行的却是恶事。

---

[1] 加洛林王朝：自公元 751 年起统治法兰克王国的王朝。

[2] 墨洛温王朝：或称梅罗文加王朝，法兰克王国的第一个王朝，存在于 481 年至 751 年的西欧，疆域相当于今天的大部分法国与德国西部。

在尝到侵略的甜头后，他们甚至将矛头指向了同教国家。罗马教皇把第四次东征的目标选在了伊斯坦布尔，除了掠夺，其实还有一个鲜为人知的原因。

意大利统治下的沿海国家威尼斯，与君士坦丁堡自古以来就是黑海贸易的死对头。更凑巧的是，负责引渡十字军队伍过海的正是威尼斯。威尼斯政府趁此良机，怂恿十字军攻打君士坦丁堡。当时，君士坦丁堡政局不稳，加之有叛徒里应外合，在十字军的突袭下一触即溃。

第四次十字军东征血洗君士坦丁堡，如今收藏于威尼斯圣马克教堂的四尊青铜马雕像，就是当时掠夺来的。安伯托·艾柯[1]的著作《波多里诺》就是以这场战争前后的君士坦丁堡为背景创作的，从中可真切感受到君士坦丁堡的“晚年”与尤利安统治的年代之不同。

奥斯曼帝国的野心与建设

1453年，奥斯曼帝国攻陷君士坦丁堡。奥斯曼王朝的创建者是信奉伊斯兰教的土耳其人，因此又叫作“奥斯曼土耳其王朝”。起初，这帮来自遥远东方的土耳其人，打算迁徙到安纳托利亚半岛定居，可惜以塞尔柱王朝为首的同族诸国已经率先在那里安家落户。迫不得已之下，他们只能退而求其次，渡海到了巴尔干半岛。14世纪，他们的国土扩张到了埃迪尔内（阿德里安堡），并在那里建都。

1453年，在第七任苏丹穆罕默德二世的统领下，奥斯曼王朝的

[1] 安伯托·艾柯（1932—2016）：意大利中世纪哲学家、符号学家、作家。

国力空前强盛，举兵攻陷了被伊斯兰教徒叫作“伊斯坦布尔”的君士坦丁堡。抚平了战火的创伤之后，奥斯曼王朝迁都君士坦丁堡。睥睨博斯普鲁斯海峡与金角湾的托普卡帕宫，可以见证奥斯曼帝国后来四百余年间政治、文化、经济的兴衰荣辱。

将伊斯坦布尔纳入版图的奥斯曼王朝，拥有当时世界上最强大的战斗力——火炮步兵团“耶尼切里军团”。依靠这股力量，第九任苏丹塞利姆一世（1512 年—1520 年在位）开疆拓土，使奥斯曼王朝跻身世界帝国之列。塞利姆一世先后攻占了伊拉克、叙利亚和巴勒斯坦，并把埃及逼入绝境。之后，奥斯曼王朝的影响力覆盖了阿拉伯半岛全域，取代了埃及的马穆鲁克王朝，成为穆斯林圣地麦加、麦地那的守护者。

第十任苏丹苏莱曼一世继承了前辈们的野心，他将视线转向欧洲，将安纳托利亚半岛及匈牙利纳入了版图。1529 年，十二万耶尼切里一度兵临维也纳城下，眼看就要告捷，奈何寒冬来袭，苏莱曼一世只能被迫收兵。

苏莱曼一世是个典型的“战争狂”，在位四十六年间，先后派遣出十三支远征军，奥斯曼帝国的版图因此达到历史巅峰。但即便如此，他也丝毫没有放松对首都伊斯坦布尔的发展建设，一连建成了几座清真寺。

清真寺是伊斯兰教的礼拜堂，同时也兼备图书馆、学校、医院、福利院、驿站，甚至公共澡堂等民生功能。这些清真寺由时称“土耳其建筑界瑰宝”的米马尔 · 希南一手操刀设计，其中最负盛名的当属在苏莱曼一世时代竣工的苏莱曼清真寺。这座清真寺坐落在陡

托普卡帕宫
于 1459 年兴建，是奥斯曼帝国苏丹的官邸，也作为举行国家仪式及皇室娱乐的场所。现今是伊斯坦布尔最负盛名的观光胜地之一

峭的山丘之上，睥睨大海，而且结合了伊斯兰传统圆顶与西方尖塔的建筑风格，时至今日仍是伊斯坦布尔的地标性建筑。

苏莱曼一世的“苏莱曼”一词，来源于古代希伯来王国“所罗门王”的土耳其语读音。正如所罗门王将希伯来王国引领至繁盛，苏莱曼一世也是奥斯曼帝国的不世明君。尤其可圈可点的是，他对宗教格外宽容。这也算是奥斯曼土耳其帝国有别于他国的开明之处了。

以刚落入奥斯曼帝国统治的君士坦丁堡为例，当时那里是东方教会的根据地。奥斯曼帝国非但没有镇压驱逐，反而还承认了其宗教的合法性，当然，前提是他们得合法纳税。于是时至今日，东方教会的

苏莱曼清真寺

耸立在金角湾西岸，被称为伊斯坦布尔最美的清真寺

圣地仍然是伊斯坦布尔。再后来，15 世纪后半叶的欧洲大陆，以西班牙为始，异端审判愈加偏激，导致了大批犹太人流离失所。奥斯曼王朝站出来，收留了数以万计无家可归的犹太人。苏莱曼一世对此尤为热心，一来图个好名声，二来是看中了犹太人的经商手段。21 世纪前叶，美国政府接纳深受纳粹迫害的犹太人，凭此一跃成为商业强国。如今看来，苏莱曼一世在数个世纪前就有如此先见，着实难得。

在军事上，苏莱曼一世招安了“海贼王”巴巴罗萨 · 海雷丁，直接任命他为海军提督。这位巴巴罗萨船长是柏柏尔人，曾纵横地中海西海域劫掠船队，如入无人之境。先前奥斯曼帝国陆军无敌，却疏于海战。而后来多亏苏莱曼一世用人无忌，才数年光景，奥斯曼帝国就培养出了一支驰骋地中海的海上利剑。

苏莱曼一世诸多的为政举措中，“施恩政策”是颇受争议的一项。

16 世纪前叶的欧洲大陆上，法兰西国王弗朗索瓦一世和哈布斯堡王朝查理五世（卡尔一世）打得不可开交。哈布斯堡王朝的根据地在奥地利。苏莱曼一世素来觊觎维也纳，可以说，他和弗朗索瓦一世的利益是一致的，因此，二者站在了统一战线上。1536 年两国结盟，共同迎敌。

虽然两国结盟了，但就国力来说，当时的法兰西甚至追不上奥斯曼帝国的脚后跟。苏莱曼一世为了展现大国威仪，赋予法兰西外交上的种种特权，例如领事裁判权、关税管理权、外交豁免权等，权当是强国之君对“小辈”的施舍。消息传开后，英格兰、低地等国也闻风而来，向奥斯曼帝国讨好处。

奥斯曼帝国财大气粗，来者不拒。西欧诸国食髓知味，体验了外交特权的妙处，于是到了 19 世纪末，纷纷强迫清政府签订了一系列不平等条约。

施恩政策让奥斯曼帝国的国威一时无两，同时也为后世埋下了隐患。就好的方面来看，在施恩政策下，诸国把通商据点都设在了伊斯坦布尔，加上大批犹太难民的涌入，奥斯曼帝国的人口在短短数百年间呈几何级暴增。

也就是在那时，产自埃塞俄比亚的咖啡豆一路东行，穿越整个阿拉伯南部，传到了伊斯坦布尔，并在这座城市扎根。当时伊斯坦布尔的大街小巷中，随处可见到咖啡厅。苏莱曼一世虽然把军队撤出了维也纳，但留下了咖啡文化，这就是“维也纳咖啡”的起源。

细数以伊斯坦布尔为舞台的文学作品，当属无名[1]的《阿尔泰》和奥尔汗·帕穆克[2]的《我的名字叫红》最负盛名。两部小说问世的年代不同，但是都再现了当年伊斯坦布尔咖啡飘香、街道车水马龙的盛况。

帝国的黄昏

奥斯曼帝国在苏莱曼一世的统治下盛极一时，之后逐渐呈现出中衰之势，原因可归咎于现在依然存在的中央集权制，制度“基石”在当时已经显现颓势。贪污受贿、裙带关系，各种腐败恶行在官僚中滋生，并很快蔓延到了全国各地，正应了那句土耳其谚语——鱼头先烂。再者，奥斯曼帝国国土面积过于庞大，中央权力鞭长莫及，久而久之，就失去了秩序。1492年，意大利热那亚航海家哥伦布发现新大陆之后，西欧列国争相竞往，新一轮霸权之争拉开序幕。欧洲贸易中心自此从地中海转向大西洋，这一转变也加速了奥斯曼帝国的衰弱。

在西欧列国眼中，地大物博的奥斯曼帝国不再是他们心存敬畏的长辈，而是一只浑身流油的肥羊，都恨不得在它身上割下一块肉来。

接下来，来简单概述几个加速奥斯曼帝国衰弱的重要事件。

---

[1] 卢瑟·布利赛特：意大利作家，笔名“无名”，代表作《Q》《阿尔泰》。

[2] 奥尔汗·帕穆克：土耳其作家，代表作《白色城堡》《黑书》等。

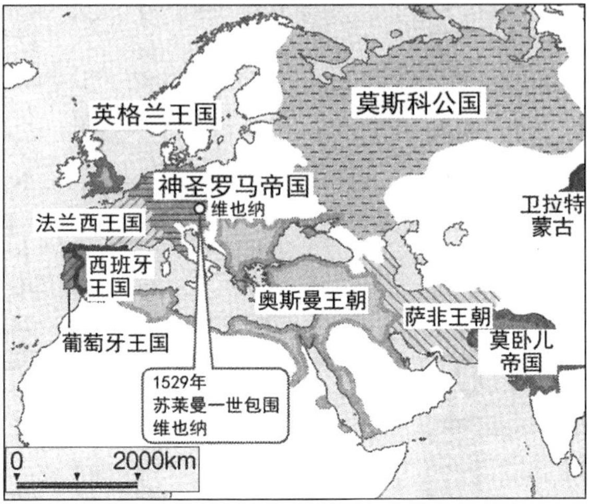

奥斯曼帝国鼎盛时期
疆土横跨欧亚非三洲，是当时世界上最强盛的国家之一

沙俄入侵

距苏莱曼一世从维也纳撤兵大概一个半世纪之后，1683 年奥斯曼帝国再次进犯维也纳，结果仍是大败而归。然而，这次战败可不比当年那般轻松，奥斯曼帝国为自己的侵略行为付出了惨痛的代价——先后将匈牙利、罗马尼亚西北部割让给奥地利，阿德里亚沿岸的克罗地亚、希腊南部的伯罗奔尼撒割让给威尼斯。这次割地是奥斯曼帝国建国四百余年来头一遭。有了第一次，就会有第二、第三次。

北方虎视眈眈的沙俄盼的就是这个机会。这个盘踞极北严寒之地的巨人，梦寐以求的就是一个不冻良港，他已经觊觎克里米亚半岛多年。时机正好，谋定即动，时任沙俄皇帝彼得大帝（1682 年—1725 年在位）当机立断，遣军强行驻扎黑海北部的内海“亚速海”。

后来，叶卡捷琳娜二世（1762 年—1796 年在位）发动了第二次对奥战争，成功夺取了黑海的自由通行权。至此，黑海北岸和克里米亚半岛彻底沦入沙俄之手。

拿破仑远征希腊

随着法国大革命告捷，羽翼已丰的拿破仑当即挥师，攻打奥斯曼帝国统治下的埃及。拿破仑一鼓作气攻占开罗，但是由于英国海军的增援，再加上开罗民众誓死抵抗，他只得躲避锋芒，将开罗拱手奉还。法军撤离后，奥斯曼帝国麾下雇佣兵队长穆罕默德·阿里崭露头角，大有从奥斯曼帝国手中接管埃及之意。土埃矛盾愈演愈烈，直接导致了第一次土埃战争爆发。

穆罕默德·阿里登场

至于穆罕默德·阿里，第三章中会详细讲述他的生平事迹，在此就不多做赘述了。总之，奥斯曼帝国继痛失希腊之后，埃及也将不保。时任苏丹的马哈茂德二世（1808 年—1839 年在位）不认命，继续派兵赴埃及与穆罕默德军苦苦纠缠。同时，他为了挽救帝国衰弱的局面，步入了改革之道。

马哈茂德二世的西欧化改革

马哈茂德二世自从上位起，就一直有意开展国政改革，改革的契机还得追溯到上上代苏丹塞利姆三世（1789 年—1807 年在位）。

早在当时，塞利姆三世就效仿西欧，建立募兵制军队，但是此举遭到了纳税人的强烈反对。耶尼切里军团[1]发起军变，将塞利姆三世赶下了王座。

有了前车之鉴，马哈茂德二世改革的第一步，就是废止耶尼切里军团。这支曾为帝国开疆拓土、创下屡屡战功的神圣军队，享受了数百年的光荣盛名，现在却沦落为守旧派的“看门犬”，成了阻碍帝国政治改革的绊脚石。

在伊斯坦布尔市民的支持下，马哈茂德二世成功瓦解了耶尼切里军团。少了这层阻碍，马哈茂德二世一路势如破竹。税改、全名皆兵、完善教育等，他打出了一系列富国强兵的政策，满心认为假以时日，帝国就能重拾当年国威。马哈茂德二世制定的这套改革方案，一直沿用到了阿卜杜勒－迈吉德一世[2]（1839年—1861年在位）时代。

马哈茂德二世的西欧化改革，有明显效仿埃及穆罕默德·阿里改革的痕迹。三十余年后，日本同样出于富国强兵的目的，展开了资本主义改革——明治维新。

然而天不遂人愿，由于帝国财政、军事、不平等条约的现实窘况，加上西方诸国蓄意干涉，奥斯曼帝国的西欧化改革举步维艰，成效不大。

---

[1] 耶尼切里军团：常译为“土耳其近卫军”，也就是“土耳其新军”，创建于1362年，14世纪下半叶至1826年间奥斯曼帝国的常备兵团，又称“禁卫军”。

[2] 阿卜杜勒－迈吉德一世：奥斯曼帝国伊斯兰政治、宗教的领袖哈里发。在位期间推行了政治、经济等方面的一系列改革，使奥斯曼帝国现代化。

值得一提的是，阿卜杜勒－迈吉德一世在位期间，还在博斯普鲁斯海峡处下令兴建了“多尔玛巴赫切宫”。宫殿建筑顺着博斯普鲁斯海峡绵延600米，高大宽广，气势恢宏，其中最大的厅堂由56根圆柱支撑，吊着一个重达4.5吨、由750颗灯珠构成的巨大枝形水晶吊灯。由此可见，奥斯曼帝国虽然已是英雄迟暮，但仍然财大气粗。

垂垂老矣的欧洲“巨人”

马哈茂德二世和阿卜杜勒－迈吉德一世虽然力行改革，但还是难挽帝国颓势。19世纪的奥斯曼帝国被西方列强称作“濒死的巨人”。西欧列强心里清楚，这头满身流油的“肥羊”命不久矣，他一旦倒下，势必会引来各方虎豹前来争食，届时恐怕是无利可图。于是，列强默默地达成共识——“只薅羊毛，不食羊肉”，任其自身毁灭之后，再瓜分也不迟。

然而这微妙的平衡没有持续多久，就被沙皇尼古拉一世打破了。这位皇帝有个“雅号”，叫“登上皇位的堂吉诃德”。要说清这件事，还得追溯到数个世纪以前。

1453年，奥斯曼帝国攻陷君士坦丁堡，罗马帝国覆灭。沙俄莫斯科大公国的君主伺机娶得了罗马皇帝的侄女为妻，并公然宣称：“罗马皇帝系谱由我继承，莫斯科就是第三罗马，我就是新任罗马沙皇！”13世纪的莫斯科在欧洲还是个“穷乡僻壤”，众人只当他在痴人说梦，全然没有放在心上。然而16世纪末，莫斯科将“总主教”的位子纳入囊中，俨然成为东方教会的守护者。其后，罗曼诺夫王朝成立，彼得大帝不忘继承先人遗志，自称“沙皇”（1721 年），莫斯科大公国终于夙愿得偿，得到了国际社会认可，成为沙皇俄国。

尼古拉一世是沙俄历史上出了名的强权专制君主，而且自尊心奇高，容不得任何人质疑俄国的东方教会守护者身份。

再把时间推移到法国大革命之后，耶路撒冷的“圣墓教堂”中，发生了这样一件事——

圣墓教堂坐落在耶稣基督安眠之地，自从基督教分裂为多个派系起，这座教堂就同时由罗马教会、东方教会、亚美尼亚使徒教会共同经营管理。其中，亚美尼亚使徒教会是世界历史上第一个实现国教化的教宗。后来奥斯曼帝国攻占耶路撒冷，并把圣墓教堂的管理权全权交予自诩罗马教会守护者的法兰西。

然而，法兰西还没把这位子坐热，东方教会就趁法兰西国内动乱，把教堂的管理权据为己有。一直到 1852 年，拿破仑三世加冕法兰西第二帝国皇帝，一为本国颜面，二为笼络民心，请来奥斯曼政府主持公道，又从东方教会手中把教堂管理权夺了回来。

奥斯曼帝国的偏袒，彻底激怒了尼古拉一世。1853 年，尼古拉一世以保护奥斯曼帝国领土内东方教徒为由，公开向奥斯曼帝国宣战。面对沙俄此举，英、法两国各怀鬼胎，当即站在奥斯曼帝国阵营，向沙俄宣战。历时三年的克里米亚战争就此拉开序幕。

俗话说双拳难敌四手，克里米亚战争以沙俄战败落下了帷幕。沙俄被迫撤去了黑海沿岸的军事设施，而且再不准踏入黑海半步。就此，沙俄的南下方针化作泡影。克里米亚战争被后世称作现代化战争鼻祖，而且战争中“红十字会”首次登场，可谓影响深远。

当然，这些都是题外话。费了这么多笔墨，只想告诉大家一件事——克里米亚战争并没有伤及古都伊斯坦布尔一草一木。如果对这场战争感兴趣，可以读一读奥兰多 · 费吉斯[1]所著的《克里米亚战争》。

开往古都的“东方快车”

幸得西方列强的援助，奥斯曼帝国在克里米亚战争中险胜沙俄。然而，苏丹所主导的现代化改革，外表看起来如火如荼，实则帝国内部的领导层与外国资本串通勾结，为谋私利，搜刮民脂民膏。但是即使上层建筑如此不堪，这番改革所带来的民族独立和立宪主义思想还是渐渐萌芽于部分知识分子、官员和军人的心中，他们开始高呼立宪。其中，就有时任宰相米德哈特 · 帕夏。

米德哈特力劝苏丹打压保守派。1876 年奥斯曼帝国首部民主主义宪法出炉。翌年，首个议会成立。然而好景不长，苏丹阿卜杜勒 · 哈米德二世（1876 年—1909 年在位）生恐议会权力压过皇权，而恰好同年帝国就保加利亚归属问题与沙俄发生摩擦，他就以此为由，强行修订宪法，解散议会，并将米德哈特流放。

阿卜杜勒 · 哈米德二世复兴皇权后当即与沙俄开战，但是由于少了欧洲国家的支援，帝国惨败而归，并且白白葬送了罗马尼亚和

[1] 奥兰多 · 费吉斯：英国历史学家，专攻俄罗斯历史。

保加利亚大半领土。

东有沙俄的侵略、西有列强的蚕食，曾经纵横欧洲的奥斯曼帝国，如今只能在夹缝中苦苦求生。但即便如此，底蕴深厚的古都伊斯坦布尔，在欧洲文人墨客和资产阶级眼中，仍然是令人心驰神往的“东方乐土”。1883 年，比利时国际卧铺列车公司“wagons-lits”旗下的“东方列车”开始运营，自此从巴黎到伊斯坦布尔只需要六天。半世纪后问世的阿加莎 · 克里斯蒂名作《东方快车谋杀案》就是在此基础上创作的。

“一战”败北到新征程

19 世纪 30 年代，意大利那不勒斯独立运动发展至巅峰，主张民主共和、民族统一的进步团体“青年意大利党”遍布意大利全境。意大利的成功让奥斯曼帝国的进步人士意识到，真正的民族独立运动绝不能局限在国家中枢之中，“青年土耳其党”应运而生。

1908 年，“青年土耳其党”获得了青年军官的支持，揭竿而起，要求苏丹恢复米德哈特宪法。阿卜杜勒 · 哈米德二世迫于压力，只得妥协，重新启动宪法政治。这次事变虽然没能将苏丹拖下王座，但是仍旧具有里程碑式的意义，史称“青年土耳其党革命”。

意大利趁奥斯曼帝国政局不稳，挥师北非，接管了原属于奥斯曼帝国的黎波里。同时在巴尔干半岛，保加利亚、黑山、希腊三国结为军事同盟，向奥斯曼帝国宣战，史称“巴尔干战争”（1912 年）。这场三国联手抗奥的幕后，还牵扯多股欧洲势力，其中包括主张保护半岛内斯拉夫人的沙俄，在半岛与亚速海盘踞已久的奥地利，以及新晋强国德意志。

巴尔干半岛一直都是民族纷乱之地，素有“欧洲火药库”之称。第二次巴尔干战争于1913年落幕，奥斯曼帝国痛失半岛上的所有领地。翌年，第一次世界大战在“欧洲火药库”引燃，奥斯曼帝国加入同盟国阵营（德意志、奥地利），战果就是众所周知的一败涂地。

“一战”期间，协约国阵营攻陷伊斯坦布尔，要求苏丹亲自出面议和。议和内容无外乎是要求割地赔款、治外法权、财政干涉等屈辱条款。苏丹为求保身，对列强的无理要求只好一一遵从。

面对苏丹的丧权辱国之举，一个人拉开了国家解放运动的大旗。这个人就是帝国军事第一人，热情的爱国主义者——时任帝国军司令的穆斯塔法·凯末尔（1881—1938）。凯末尔在位于安纳托利亚半岛的安卡拉组建了“大国民议会”，凭借一己之力，率领革命军力克英、法、伊、美四国势力撑腰的伊斯坦布尔帝国军（1923年）。

帝国军兵败如山倒，革命军一举攻陷伊斯坦布尔，土耳其共和国诞生，凯末尔就任首届大总统。他上任以后，当即废除“苏丹”“哈里发”等统治者称谓，并勒令废止伊斯兰宗教法庭。随后，凯末尔推行以“主权在民”和“议会制”为核心的新宪章，逐渐实现国家制度世俗化。简而言之，就是带领土耳其踏入了不受宗教束缚的现代自由国家的行列。如此丰功伟绩，大国民议会赠予其“阿塔图克”称号，意思就是“国父”。

凯末尔·阿塔图克为土耳其共和国指明了前进的方向。土耳其政府遵循这位“国父”的教诲，在“二战”中坚守中立，并且迄今为止仍然力求加入欧盟。

土耳其共和国将国都改为安卡拉，但是伊斯坦布尔仍然是土耳其最繁华的经济中心。

本章结语

伊斯坦布尔丰富多彩的文化和历史遗产、充满异国情调的加拉达地域，以及与法料、中餐并称为“世界三大料理”的土耳其菜，无一不令慕名而来的旅客流连忘返。

笔者每每到访这座古城，总会于奔波了一日后的黄昏时分，乘坐往返于博斯普鲁斯海峡的渡轮，几度穿梭在黑海的湍急潮水中，也不觉得腻烦（从前轮渡抵岸后，并不会强制要求乘客下船，如今怎样就不得而知了）。斜阳的余晖洒落在伊斯坦布尔的丘陵上，苏莱曼清真寺圆尖交错的屋顶在暮色映衬下若隐若现。如此美景，真是令人心旷神怡。

博斯普鲁斯海峡上，横跨有三座气势恢宏的跨海大桥，其中一座，还是出自日本人之手。

如今的土耳其，苦苦周旋于叙利亚和伊拉克这两个“火药桶”国家之间，恐怖袭击、暗杀频频发生。身处伊斯坦布尔，只能提心吊胆，再没有闲情逸致去体验这古都之美了。

博斯普鲁斯海峡
乘坐于往返两岸间的游船，将伊斯坦布尔旧市街的景色尽收眼底

伊斯坦布尔（君士坦丁堡）各时间段的人口统计与世界排名			
年份	排行	估计人口	备注
361	1	300,000	国君尤利安，人口排行第二的是泰西封（萨珊王朝首都）
500	1	400,000	国君阿纳斯塔修斯（约 430—518），第二仍是泰西封
900	3	300,000	国君利奥六世（866—912），第一名巴格达
1000	3	300,000	巴西尔一世（约 811—886），第一名科尔多瓦（古罗马城市，现西班牙城市）
1250	12	100,000	第四次十字军东征、拉丁帝国统治时代，第一名杭州
1450	26 后	?	罗马帝国覆灭三年前，第一名北京
1500	6	200,000	奥斯曼帝国建都伊斯坦布尔四十七年，第一名北京
1550	2	660,000	国君苏莱曼一世，第一、第四、第六位分别是北京、开罗、巴黎
1650	1	700,000	国君穆罕默德四世，第二名江户，第三名北京（伊斯坦布尔先后在 1650 年、1655 年、1670 年登顶）
1850	5	785,000	克里米亚战争（1853—1856）三年前，第一名伦敦、第二名北京、第三名巴黎
1914	21	1,125,000	第一次世界大战期间，第一名伦敦、第二名纽约、第三名巴黎
2010	（参考）13,256,000		

引用：《城市增长 4000 年：人口统计史》特里斯 · 钱德勒著

伊斯坦布尔历史大记事年表	
西历（年）	历史事件
公元前 660	古希腊国家迈加拉建立殖民市拜占庭
公元前 5 世纪	阿契美尼德王朝（波斯第一帝国）大流士一世（？—前 485）攻占拜占庭
73	罗马帝国占领拜占庭
330	罗马帝国建都于此，并改名君士坦丁堡
408	狄奥多西二世继位，下令建造君士坦丁堡城墙
1000	君士坦丁堡、科尔多瓦、开封并列世界三大最繁华城市
1054	罗马教皇与君士坦丁堡总主教决裂
1204	第四次十字军东征偷袭占领君士坦丁堡，并在这里建立十字军国家拉丁帝国
1453	奥斯曼帝国穆罕默德二世攻陷君士坦丁堡，更名伊斯坦布尔，并建都于此
1520	苏莱曼一世继位，奥斯曼帝国迎来盛世
1808	马哈茂德二世继位，着手国政改革，解散耶尼切里军团

1853	奥斯曼帝国与英法联军联手，在克里米亚战争中击退沙俄
1876	米德哈特宪法诞生并落地实施
1888	“东方快车”驶入伊斯坦布尔
1908	“青年土耳其党”革命爆发，米德哈特宪法重新启动
1912	巴尔干战争爆发，奥斯曼帝国战败，痛失巴尔干半岛上的所有领土
1914	第一次世界大战爆发，奥斯曼帝国、德意志、奥地利作为中央同盟国阵营参战
1920	联合国军占领伊斯坦布尔，穆斯塔法·凯末尔在安卡拉组建土耳其大国民议会
1922	大国民议会否认“苏丹制”（帝制），奥斯曼帝国就此覆灭
1923	土耳其共和国诞生，穆斯塔法·凯末尔就任首届大总统

第二章

印度的缩影——德里

悠久复杂的历史传奇

丰富多样的民族文化

至今依然生机勃勃

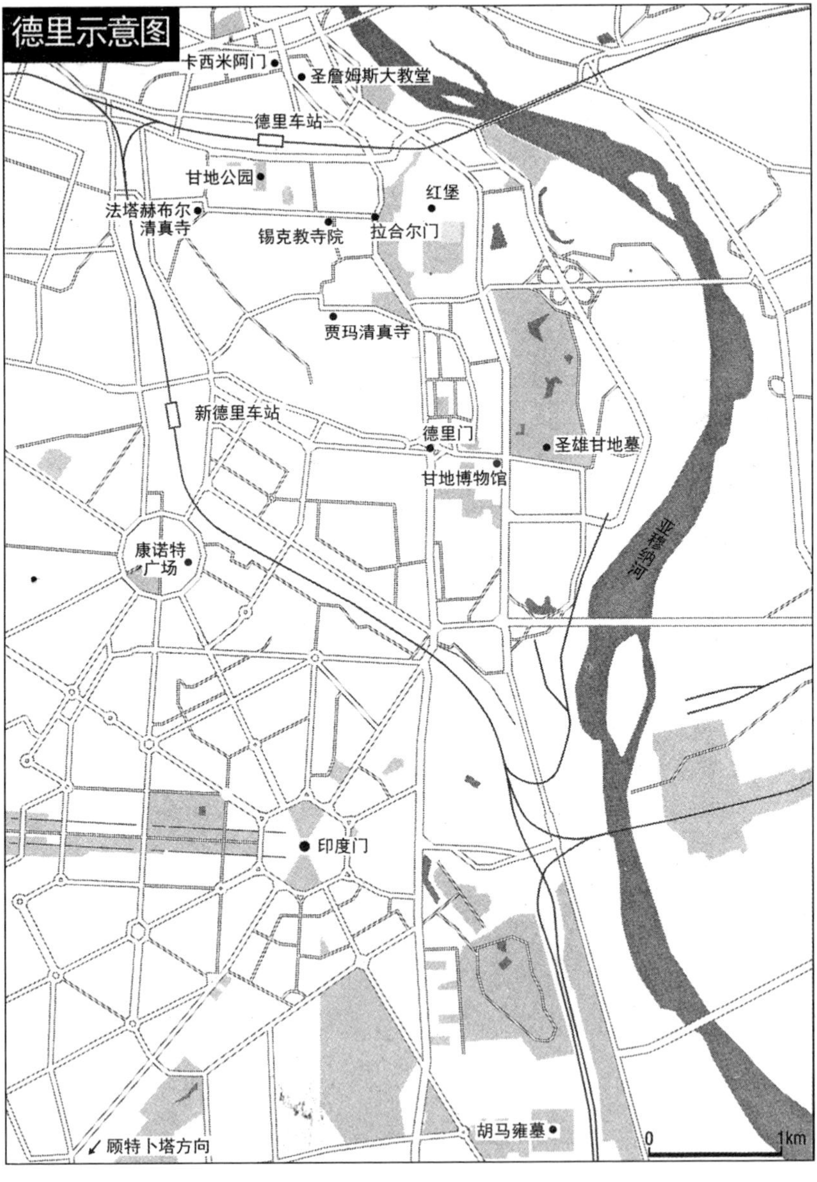
德里示意图
卡西米阿门
圣詹姆斯大教堂
德里车站
甘地公园
红堡
法塔赫布尔
清真寺
锡克教寺院
拉合尔门
贾玛清真寺
新德里车站
德里门
圣雄甘地墓
甘地博物馆
亚穆纳河
康诺特
广场
印度门
胡马雍墓
顾特卜塔方向
0
1km

印度的两个地理特征

如果给当今印度的大城市排个座次，前五名是毗邻孟加拉湾的加尔各答、位于印度南部的金奈（旧称马德拉斯）、坐落于阿拉伯海沿岸的孟买、盘踞在德干高原南部的班加罗尔，以及临近印度西北部的德里。这五个城市，无论是经济还是文化，都把印度的其他地方远远甩在后头。

上述五大城市中，加尔各答、金奈和孟买早在英统殖民时期就是非常重要的城市，如今更是印度工商业的火车头，孟买还是印度的金融中心。班加罗尔外号“亚洲硅谷”，IT 产业享誉海内外。德里作为传统的人口聚集区，自中世纪起，虽然频受动乱之苦，但丝毫没有影响到其作为首都的政治中心地位。也正因为命途多舛，德里历史文化悠久而丰富，城中就有三处世界级的文化遗产。

追溯与德里相关的王朝和国君，可以得出一个结论——这座城市就是印度的缩影。研究德里的发展历程，就是了解印度这个亚洲第二大国的前世今生，展望其未来。这也是德里能够独立成章的原因。

在走进这座古都之前，先来了解一下印度的两个地理特征，即印度次大陆的特征和外族的入侵路线。

先看面积。印度次大陆南北跨度极长，北国境纬度接近日本的九州，南国境几乎触及赤道线。人口迁徙时，由于气候因素，同等距离的东西迁徙要比南北迁徙舒适得多。同理，自古以来，欧亚大陆上横跨洲际的大草原，就是世界人口迁徙的大动脉。

再看地形。印度北部是横跨次大陆的平原地带，往南是连绵险峻的高原山脉，这给南北迁移增加了难度。此外，东面孟加拉湾与西面阿拉伯海沿岸之间的地带被高止山脉所占据。所以，自印度诞生以来，就有“北平原、南高原、东西沿海”的说法。这四个地域，也都有着各自的历史与文化。

正是由于上述地理特征，千百年来，印度难有实现大一统的王朝。前文列举的五大城市，除去与金奈毗邻的班加罗尔，其余四个分别坐落于印度的东、西、南、北，这绝不是巧合。这四个地域都有着各自的民族，历史文化也不尽相同。时至今日，经印度政府认可的官方方言就多达 21 种，卢比上的语言也有 17 个版本。

再看印度的第二个特征，即外族的入侵路线。可以说，外族想要入侵印度次大陆，简直难于上青天。最能说明这一点的，就是横跨印度半岛的“北城墙”——俗称“世界屋脊”的昆仑山脉与喜马拉雅山脉。因此，印度半岛常被称作“陆地上的孤岛”。不过，这并不意味着侵略者无路可走。位于印度西国界上的开伯尔山口就是一例，只要成功地跨越这道天险，就能到达幅员辽阔的旁遮普上游平原地带。

说完这些，再来了解一下印度建都德里之前的历史。

公元前 1500 年，如今印度的支柱民族雅利安人率先翻过了开伯尔山口，迁徙至旁遮普地区。公元前 10 世纪，他们将势力范围扩大至恒河流域。在这个过程中，吠陀文化诞生了，并孕育出了印度两大叙事诗《摩诃婆罗多》和《罗摩衍那》。

雅利安人统治恒河流域后，将脚步踏向恒河中下游，即如今的比哈尔邦州地区。东南亚原住民已在这片肥沃的土地上聚居耕种多年，雅利安人后来居上，征服并同化了他们，由此统治了整个北印度。

雅利安人崛起后，可谓多灾多难。公元前 6 世纪，波斯阿契美尼德王朝入侵；公元前 4 世纪，马其顿亚历山大大王来袭。继雅利安人之后，印度出现过几个统一王朝，如广泛传播佛教的孔雀王朝（约前 324 年—约前 188 年），以及盘踞北方的笈多王朝（320 年－500 年）等，但终究都是雅利安人建立的政权在恒河中上游流域分分合合。德里地处恒河上游地段，更是纷争的中心舞台。

卡瑙杰的三角纷争

在德里的东南方，有一个名为“卡瑙杰”的县。公元 7 世纪初，戒日王尸罗逸多以此为都城，开辟了戒日王朝。该王朝只有一位皇帝，维持了不到五十年，之所以能够青史留名，其中一个原因是玄奘到访。进入 8 世纪，三个敌对政权以卡瑙杰为中心展开了角逐，印度进入“三国时代”。

“三国”之首是巴利哈尔王朝（740 年—1036 年），该政权诞生于印度西北面的拉贾斯坦地区，势力延伸至恒河中上游地带，君临整个北印度，卡瑙杰就在其统治下。该王朝的统治阶级是拉杰普特人，其种姓为“刹帝利”，他们认为自己的先祖是从日月降临而来

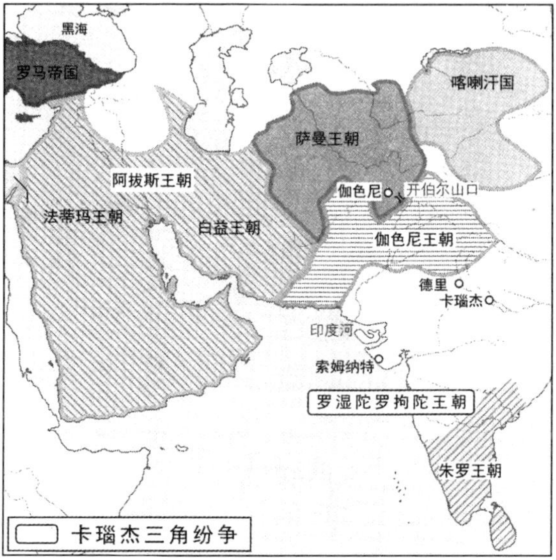

巴利哈尔王朝、波罗王朝和罗湿陀罗拘陀王朝
它们围绕卡瑙杰展开了数个世纪的争夺，期间还要忍受北方伽色尼王朝的侵扰

的，因此自称“月之子”。第二个王朝是盘踞卡瑙杰东南、恒河中下游流域的波罗王朝（750年—1174年）。该王朝曾从拉杰普特人手中夺下卡瑙杰，一度跻身三国之首。波罗王朝盛行佛教，密宗佛教在其统治下如日中天，国家还在比哈尔的恒河下游兴建了当时世界上最大的佛教大学——超戒寺。第三个王朝是罗湿陀罗拘陀王朝（753年—973年），它起源于德干高原西南部，势力延伸至西北，是一个印度教政权。举世闻名的埃洛拉石窟群[1]就出自该王朝之手。

[1] 埃洛拉石窟群：位于印度马拉哈斯特拉邦奥兰加巴德市，建于公元4世纪中叶至11世纪，是古印度佛教、印度教和耆那教艺术的杰作。

卡瑙杰的三角纷争持续了近三个世纪，卡瑙杰几度易主，三个王朝也耗尽了国力。印度西北部一度陷入权力空窗期，就在这个时候，伽色尼王朝翻越开伯尔山口，入侵了觊觎已久的印度半岛。

伽色尼王朝起源于阿富汗，都城为开伯尔山口脚下的伽色尼，并因此而得名。该王朝的统治者是突厥人，建国君主出生于马穆鲁克。1018 年，伽色尼军攻陷了巴利哈尔王朝统治下的卡瑙杰，一通劫掠后满载而归，又撤回了开伯尔山口之外。

伽色尼王朝当时的君主是马哈茂德（998 年—1030 年在位），他不愿意在异国的土地上久留，几次侵扰印度国境，都只是为了掠夺，而不是为了占领。其中有一次，伽色尼的铁蹄踏入印度西北部卡提瓦半岛上的印度教圣地——鹿野苑，将当地寺院化作灰烬。马哈茂德信奉伊斯兰教，对印度教宣扬的偶像崇拜深恶痛绝，才会做出如此极端的举动。直到 20 世纪初，该寺院才得以重建。

在印度的百姓眼中，马哈茂德是灾星，但不可否认的是，他确实也是一位明君。马哈茂德在位期间，东至阿姆河流域，西至伊朗中部，都被纳入伽色尼王朝的版图。他也是伊斯兰世界的第一位苏丹，极其重视波斯文化。

当时，波斯有一位万众敬仰的大诗人，名叫菲尔多西。他费尽半生心血，完成了叙事诗《列王纪》。该书的艺术价值就像日本的《古事记》[1] 与《平家物语》[2] 的集大成。菲尔多西把这部杰作献给

[1]《古事记》：日本第一部文学作品，包含了日本古代神话、传说、歌谣、历史故事等。

[2]《平家物语》：作者信浓前司行长，主要叙述了以平清盛为首的平氏家族的故事。

马哈茂德，以赞颂其统一波斯的丰功伟绩。根据仅存的史料来看，这位马哈茂德皇帝是第一位举兵进攻印度的伊斯兰君主。

德里登上历史舞台

马哈茂德驾崩后，伽色尼王朝对卡瑙杰的侵略掠夺一如以往。而就在这时，位于阿富汗中部的古尔地区爆发民变，同时又有西部的塞尔柱王朝向外扩张，且势力已经延伸到了伊朗国境附近。内忧外患之下，伽色尼王朝再没有精力可以放在侵略印度上。

与此同时，在拉贾斯坦地区，一股小规模的拉杰普特势力也从巴利哈尔王朝的统治下独立，这些人建立起查哈马拉王朝。同样的，这个新王朝也渴求一个位于恒河上游的安身之所，旧主巴利哈尔王朝蜷居的卡瑙杰自然不在候选之列。

百般斟酌之下，查哈马拉王朝将视线投向了卡瑙杰的西北——德里。如果按地理条件来说，卡瑙杰东临恒河，其余三面都是地势平坦的田野。相比之下，德里位于素有“德里金三角”之称的高原地带，东侧有恒河支流阿姆河流经而过，西侧是怪石嶙峋的丘陵，南部是稍有起伏的台地[1]。查哈马拉王朝在德里南面立起城郭，将这里建设成一座中心城市。

12 世纪后叶，德里作为查哈马拉王朝的都城首次登上历史舞台。然而，查哈马拉王朝仅仅是昙花一现。前文提到阿富汗中部的

[1] 台地：四周有陡崖的、直立于邻近低地、顶面基本平坦似台状的地貌。

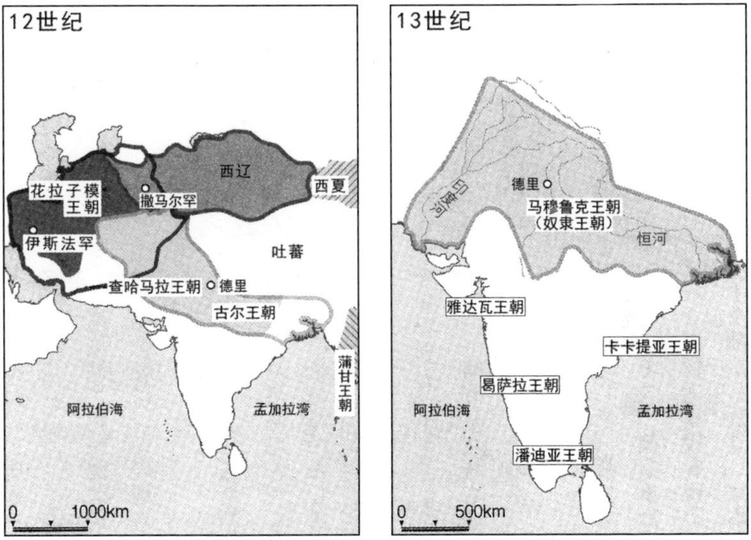

雅达瓦王朝、卡卡提亚王朝、曷萨拉王朝和潘迪亚王朝

它们都属于印度教土邦，由于地形、气候、风俗等因素，几乎不受北方的中央政权的管辖，也促进了印度教在这一地区的繁荣

古尔地区爆发民变，谁能料到在1186年，古尔叛军竟然推翻了伽色尼王朝，新建古尔王朝。虽然王朝更迭，但是对印度的侵扰政策始终如一。1192年，古尔军队力挫查哈马拉王朝的主力拉杰普特军团，攻陷德里。与旧主伽色尼王朝不同，古尔王朝很是眼馋印度北部富饶的土地，于是留军镇守德里。留守的将军名为库特布丁 · 艾伊拜克，他是生在沙俄西部草原上的钦察族突厥人，同时也是一名马穆鲁克。

艾伊拜克镇守德里期间，古尔王朝突逢战乱。从塞尔柱王朝独立出来的花剌子模王朝侵袭古尔王朝。战火中，古尔王朝时任苏丹遭到暗杀。转瞬之间古尔王朝已是摇摇欲坠。得到这一噩耗，艾伊拜克不得不开始为自己做打算："既然苏丹已死，上头恐怕也无暇顾及印度，我干脆在印度这片沃土上自立为王。"

心思既定，1206 年艾伊拜克在德里建立新王朝，史称"马穆鲁克王朝"（奴隶王朝）。这个伊斯兰王朝一共历经五个皇帝，国都均设置在德里，因此又得名"德里王朝"或"德里苏丹王朝"。到目前为止，印度经历了五次朝代更迭，有四次都是突厥政权。 不知不觉话题又绕回了德里，但进入正题前，还要先讲讲突厥人与马穆鲁克。

智勇双全的突厥战士

蒙古高原是众多游牧民族的故乡之一。这片广袤的大草原东倚大兴安岭山脉，南接戈壁沙漠和阴山山脉，西靠阿尔泰山脉，北连西伯利亚南界，可谓是幅员辽阔。提到游牧民族，首先浮现在世人脑海中的一定是骁勇善战的蒙古骑士。而蒙古骑士当中最青史留名的就属突厥系的土耳其游牧民了。

到了 6 世纪中叶，也就是公元 552 年，新兴的游牧国家突厥力克同属游牧国家的柔然，一举统治蒙古高原。突厥读音为 Turk，土耳其人就是其后裔。突厥统治蒙古高原的 552 年，被如今的土耳其共和国奉为开国年。

公元 8 世纪，同系突厥的维吾尔族人取代突厥成为草原霸主，然而这霸主之位只坐了百余年，就败给了吉尔吉斯族。但是吉尔吉斯族也没能统一蒙古草原。草原之上群雄割据，比较弱势的部族逐渐西迁。新兴势力在草原上层出不穷，其中最具有影响力的当属契丹族，以及日后诞下成吉思汗的蒙古族。

前文提到的游牧民西迁，据说当时迁徙的人数达到了数万人的规模，涉及部族二十余个。这些迁徙的游牧民穿越蒙古大草原，途经现在的吉尔吉斯共和国、塔什干和撒马尔罕，一直到达了里海东岸地域。西迁沿路所经过的中亚地区的城市全都是中西贸易繁盛之地，并且早已浸润在伊斯兰教之下。西迁的突厥游牧民原本没有信教的传统，然而一路的长途跋涉，在伊斯兰教义的耳濡目染之下，也都成了虔诚的教徒。

狭义上的突厥人，指的就是这些投奔穆斯林的突厥游牧民，其中以乌古斯人最为得势。大名鼎鼎的塞尔柱王朝和奥斯曼王朝都是诞生于乌古斯人之手。

9 世纪后叶，突厥人迁徙到了萨曼王朝[1]统治下的撒马尔罕。萨曼王朝热情接纳了这帮异族移民，主要原因是看中了他们出类拔萃的战斗力。

游牧民族尤其擅长弓马骑射。在策马奔腾的同时，还能用双腿夹住马背，解放双手开弓引箭。这种战术在远程战力匮乏的古战场上可谓是无往而不利，一直到热兵器出现，马上骑射才开始走下坡路。当然，在近身作战和勇武胆识上，游牧民族同样也不逊于任何人。

---

[1] 萨曼王朝：又称萨曼帝国。874—999 年波斯人在中亚地区建立的波斯－伊斯兰教中央集权封建帝国，10 世纪为中亚乃至世界军事强国之一。

萨曼王朝还与突厥人做起“人口买卖”的生意。政府花费重金，从子嗣多的突厥家庭“过继”健康的男孩，加以教育、操练，将其培养成为智勇双全的战士之后，再售卖到中亚和中东的伊斯兰教国家做朝廷的近卫兵。事实证明，这是一桩稳赚不赔的买卖，萨曼王朝尝到了甜头，扩大了生意规模。这些“货物”有自己的名字——马穆鲁克。

马穆鲁克通常被译为“奴隶军人”。但此“奴隶”绝非彼“奴隶”，因为他们很可能有朝一日会出将入相。马穆鲁克和那帮在新大陆的棉花农场上浑浑度日的奴隶工有着本质的区别。马穆鲁克在朝廷中不是军队的将领，就是贵族的私教，其中甚至不乏建邦自立的君主。前文提到的伽色尼王朝的开国之君，就是萨曼的马穆鲁克出身。后来塞尔柱王朝等突厥马穆鲁克王朝的陆续登场，使马穆鲁克在世人眼中更是与奴隶绝缘。

第一章的主角奥斯曼帝国，实际上也属于乌古斯系突厥王朝，但奥斯曼帝国的主力军耶尼切里是步兵，不是骑兵。因为奥斯曼帝国的发家地在巴尔干半岛。这里地势险隘，没有游牧民生活，也无法发挥骑兵的战斗力。而且奥斯曼帝国境内的储备兵源只有信奉天主教的农民。条件如此受限，奥斯曼帝国只得制定因地制宜的募兵选能方针。他们招募青年，将他们改造为伊斯兰教徒，同时也给他们进行文化教育和军事训练，这一制度被称作“德夫希尔梅”。奥斯曼帝国将新出炉的兵士组编为步兵团，并且配给当时最先进的火器，这就是最初的耶尼切里。

纵观世界战争史，战场上的主角从最初的重甲步兵、二轮战车，衍变为骑兵、持枪步兵，最后升级为装甲车（也就是俗称的坦克）。

由此可见，近代以前，突厥族的骑兵部队在战场上可谓是一枝独秀。

说了这么多题外话，是时候引入正题了，聊一聊本章的主角——德里。

昙花一现的短命王朝

马穆鲁克王朝与德里宣礼塔

为了让门户更加庄严肃穆，马穆鲁克王朝的开国君主艾伊拜克在国都德里兴建了一批豪华的清真寺，以及一座高耸的尖塔。他明令要求国境内的伊斯兰教徒每日五次、准时准点面向圣地麦加的方向进行礼拜。每到礼拜的时刻，就会有人登上塔顶，召唤信众礼拜。因此，这座尖塔又名“宣礼塔”或“拜塔”。这座塔高达 72 米，是当时世界上最高的塔。如今，它以“顾特卜塔”的名字跻身世界遗产之列。尖塔的外观借鉴了古尔王朝时期建造的贾姆尖塔。

艾伊拜克还不遗余力地“清洗”当地的印度佛教。前文提到的“卡瑙杰三角”之一的波罗王朝，在恒河下游流域建造了一座宏伟的佛教大学——超戒寺。然而三个世纪后，随着艾伊拜克的一声令下，这座佛教大学被烧成了一片焦土。伽色尼王朝的君主马哈茂德也曾破坏印度教的圣地，因而广受诟病。艾伊拜克作为其后辈也毫不逊色，摧毁了不计其数的佛教寺院。

印度佛教本就是小众宗教，几番横遭厄运之后，算是被斩草除根了。伊斯兰教在印度的统治地位越发稳固。然而好景不长，马穆鲁克王朝建国不到四年，苏丹艾伊拜克就意外离世，他的儿子阿拉

宣礼塔

这座建在顾特卜清真寺中的宣礼塔，用作提醒教徒进行礼拜。其堪称世间最高、最壮观的塔，是德里的世界遗产之一

姆沙继位，但很快就被艾伊拜克的女婿伊勒图特米什篡位。伊勒图特米什成为马穆鲁克王朝的第三任苏丹（1211 年—1236 年在位）。

伊勒图特米什篡位的始末现在已经无史可考，但在他掌权以后，马穆鲁克王朝可谓命运多舛。伊勒图特米什篡位的数年以前，也就是艾伊拜克开国时的 1206 年，正好撞上了成吉思汗在蒙古草原起势，迈出开疆拓土的第一步。之后成吉思汗建立蒙古帝国，逐步向西方扩张，在中亚战场上屡奏胜歌。

同一时间，在中亚里海东岸，花剌子模王朝正值鼎盛时期，它以迅雷之势吞并了周边的小国。这也是塞尔柱王朝的马穆鲁克一手建立的。它先是征服了波斯，而后又将阿富汗全境收归麾下。

一山难容二虎。13世纪初，这两只来自东西的猛虎终于发生了碰撞。花剌子模王朝一招走错，满盘皆输，其王子逃往德里，恳求收留避难。伊勒图特米什再三权衡，决定不得罪蒙古帝国，于是把这位王子遣返了。从那以后，花剌子模王朝退出了历史舞台。

伊勒图特米什的治世之道中规中矩，而他的儿子却极尽昏庸之能事，倒是他女儿拉齐亚巾帼不让须眉，曾亲赴前线披甲迎敌。因此，伊勒图特米什力排众议，决定让女儿拉齐亚继承王位。然而，拉齐亚的地位尚未稳固，伊勒图特米什就意外去世了。朝廷大臣趁势排挤拉齐亚，扶持昏庸的王子继位。拉齐亚不服，她凭借自己的实力夺回了王位，名正言顺地成了穆斯林历史上首位女苏丹（1236年）。然而在当时的世道下，她登基后众叛亲离，仅仅四年后，她就死在了战火中。

卡尔吉王朝与世界最大的钻石

随着马穆鲁克王朝的日渐衰微，卡尔吉族突厥人趁机推翻朝廷，创建了卡尔吉王朝。开国君主菲鲁兹·卡尔吉似乎费不了多少笔墨，倒是第二任苏丹阿拉乌丁·卡尔吉更值得一书。

阿拉乌丁带领子民，几次抵御来势汹汹的蒙古铁骑，被臣民视为英雄。他自己也毫不客气，自称“亚历山大转世”。除了天才的军事才能，在国家内政方面，他改革税制，也留下了不俗的业绩。

不过，比起阿拉乌丁的这些丰功伟绩，那颗号称世上最大的钻石似乎更为人津津乐道。相传，这颗钻石在雅利安人定居印度半岛的时候就已经存在了，民族叙事诗《摩诃婆罗多》中就曾提及。这颗钻石名为“光之山”。阿拉乌丁将钻石收入后宫之后，这颗宝石就一直被视为国宝，在印度君主手中代代相传。它的最后一任主人，是印度皇帝兼大英帝国女皇维多利亚。如今，“光之山”被展览在伦敦塔中，它以 105 克拉（21.6 克）的重量，稳居世界钻石之首。

卡尔吉王朝也是昙花一现。阿拉乌丁驾崩后，王朝就陷入了混乱。

图格鲁克王与两次朝迁

14 世纪初，卡尔吉王朝渐渐不支，曾经抵御蒙古有功的加兹・图格鲁克将军趁乱夺下王位，建立了图格鲁克王朝。

图格鲁克王朝的第二任苏丹穆罕默德・图格鲁克继承了父亲的军事才华，开疆拓土，将王朝的版图拓展到了东印度乃至德干高原。享誉国际的大冒险家伊本・白图泰曾侍奉穆罕默德・图格鲁克长达六年。穆罕默德将国都从德里迁到了德干高原上的道拉塔巴德。在他看来，德里太过北陲，他坚信定都南部才是统治印度的关键。如今驰名海外的埃洛拉石窟和阿旃陀石窟，就坐落在道拉塔巴德附近。

道拉塔巴德地处高原，疏于开发，又是岩石地质，土地贫瘠。市内既没有酒肆，也没有咖啡厅，唯有满天璀璨的星空，聊以消遣慰藉。原生态的条件让那群习惯了都市繁华的达官贵族怨声载道。迁都不过七年的光景，穆罕默德・图格鲁克不得不把首都迁回德里。

十年内两次迁都，可以说是兴师动众、劳民伤财，不过也因此开辟出了一条贯通印度南北的大道。这条大道为后世的莫卧儿王朝统一印度提供了最为必要的基础设施条件。

迁都和镇守东南部地区耗费巨大，图格鲁克王朝再也无力抵御帖木儿军团怒涛般的进攻（1398 年）。帖木儿王朝是突厥・蒙古系王朝，军事鬼才帖木儿（1336 年—1405 年）先后占领了中亚、阿富汗、伊朗和伊拉克，最终将战争的矛头指向印度半岛。他洗劫了德里，但没有逗留，而是挥师直取盘踞东方的巨龙——明帝国。所幸由于帖木儿病殁于征途，图格鲁克王朝才保得一息尚存。

短命的赛义德王朝

帖木儿去世了，但油尽灯枯的图格鲁克王朝并未因此逃过厄运。

帖木儿军团的将领赫兹尔・汗接管了部分军队。他化名为“赛义德”，是压倒图格鲁克王朝的最后一根稻草。之后，他顺势接管了德里。“赛义德”意为“预言者穆罕默德的后裔”。这个名字在如今的阿拉伯半岛很普遍，但是在当时，可不是凡夫俗子能用的。赫兹尔既没有名望也没有家世，只能为自己取一个响亮的名字。然而，他的王朝却辜负了这个名字，开国不过三十多年就被扼杀在了德里三角地带。

洛迪王朝与陪都阿格拉

一举歼灭尚在襁褓中的赛义德王朝的，是阿富汗的联合部族，其首领是普什图人巴赫鲁尔·洛迪。由此，洛迪王朝诞生了。阿富汗人体格强壮、性格火暴，一言不合就拳脚相对。

第二任苏丹锡根德尔·洛迪统治期间，致力于发展中央集权，并进行了大刀阔斧的改革，包括制定“尺度法”（统一长度、体积、重量计算单位）、废除贸易征税和整顿地租台账等。通过一系列的良性改革，王朝既实现了税收稳定，又体恤了人民生活。

锡根德尔觉得德里地窄偏僻，于是把位于印度东南的阿格拉开发为陪都，兼备王室避暑的功能。阿格拉城将在后来的莫卧儿王朝时期大放异彩。

“锡根德尔”并不是第二任苏丹的本名，这个词的词源是波斯语“伊斯根德尔”（Iskandar），意为“亚历山大大王”。因为巴赫鲁尔之子是个有勇有谋的“马上皇帝”，所以才被世人敬称为“锡根德尔”。

在这位明君的治理下，洛迪王朝盛极一时，但终究逃不出昙花一现的命运。锡根德尔去世后，帖木儿的后裔穆罕默德·巴布尔立刻推翻了洛迪王朝。至此，洛迪王朝（1206年—1526年）的统治彻底画上了休止符。

莫卧儿王朝的霸业

开国君主巴布尔

在帕尼帕特战役中，帖木儿的后裔巴布尔击败了洛迪王朝，拉开了德里苏丹王朝的帷幕。巴布尔以枪炮作为主要装备，这是借鉴了奥斯曼帝国以火枪队力克骑兵的先例。“第二帖木儿王朝”——莫卧儿王朝就此诞生。

巴布尔的全名是查希尔丁·穆罕默德·巴布尔（1483年—1530年），他是帖木儿家族的第五代直系男丁。帖木儿王朝被昔班尼汗率领的乌兹别克一族推翻后，巴布尔和残余的军队撤退到了阿富汗的喀布尔。他曾几度兴兵进攻撒马尔罕，但都失败了，不得不放下收复失地的念头，剑指印度，开辟新天地。

第一次帕尼帕特战役（1526年）中，巴布尔的军队力克洛迪王朝，打开了印度的门户。为了复兴帖木儿王朝，巴布尔建立了莫卧儿王朝（1526年—1858年）。因此，后世的历史学者也称莫卧儿王朝为“第二帖木儿王朝”。无论如何，“复兴帖木儿”作为治国宗旨，在莫卧儿王朝中历代相传。

“莫卧儿”这个名字又是从哪里来的呢？原来在过去的数个世纪里，印度深受成吉思汗铁蹄之苦，民间普遍认为，巴布尔势力是蒙古族的后裔，而在印度语中，“莫卧儿”就是“蒙古”。

说到这里，有必要更详细地讲述一下帕尼帕特战役。

帕尼帕特位于德里北郊，这里一共爆发过三次大规模的战役，巴布尔入侵就是其中的第一战。根据史料记载，在这场战役中，入侵印度的巴布尔军队仅一万到两万人，而作为防守方的洛迪王朝则拥有五万到十万人的军队。巴布尔之所以能以少胜多，依靠的是先进的军备——枪炮。

早在帕尼帕特战役的十二年前（1514年），奥斯曼帝国的耶尼切里步兵团就在查尔迪兰战争中，以枪炮轻松击溃了号称“中亚无敌”的萨非王朝[1]骑兵。这使得世人不得不重新审视火器在战争中的地位。巴布尔根据这一成功的例子，在战斗中舍弃了传统的骑兵，改用枪炮步兵为主力。插句题外话——1575 年的日本长筱之战中，织田信长也是借枪炮之力挫败了武田胜赖的骑兵团（不过织田信长能取胜，主要还是因为兵力上的优势）。

依靠枪炮，巴布尔成就了一番霸业，然而，莫卧儿王朝建国不过四年，他就在阿格拉驾崩了。他生前所写的自传《巴布尔回忆录》，详细记录了 15 至 16 世纪中亚及印度的历史实态。作为伊斯兰帝国创立者的杰作，这本书的研究价值不亚于恺撒的《高卢战记》。

土耳其武将、波斯文臣与印度庶民

自从突厥族入主欧亚大陆，政权机构采用突厥族土耳其人为武将军士、波斯人为治国官僚，塞尔柱王朝就是一个典型的例子。

自阿契美尼德王朝之后，波斯政权稳固，一直是一个统一的帝国。正因为如此，波斯的官僚世族发展趋于成熟。阿拉伯的阿拔斯王朝就重用波斯籍文臣，军队则由阿拉伯或土耳其人为主力。马穆鲁克政权入主印度后，也沿用了阿拔斯王朝的这套制度。到了莫卧儿王朝，这一架构更加完善，甚至时至今日，仍在印度和中亚的政坛上保有痕迹。今天，印度的官方语言是印度语和乌尔都语。乌尔

---

[1] 萨非王朝：又称萨法维王朝、沙法维王朝、波斯第三帝国，是由波斯人于 1502 年建立统治伊朗的王朝。

都语其实就是印度语和波斯语的融合。

不过在印度，无论是波斯人还是土耳其人人口基数不大，因为他们是侵略者。说印度语的雅利安人在人数上始终占据了压倒性的优势。这让远道而来的统治者伤透了脑筋。

“不世圣主”舍尔沙

1530 年，巴布尔驾崩，他的嫡长子胡马雍继承大统。但这个新皇帝掌权不到十年，就被舍尔沙推翻了。舍尔沙是阿富汗人，他的家族在巴布尔一朝是镇守印度东北部的封疆大吏。舍尔沙把胡马雍拉下王座后，以迅雷不及掩耳之势统一了北印度与阿富汗全域，建立了苏尔王朝。

舍尔沙统治印度期间，创下一桩桩丰功伟业，对后世具有深远的影响。其中最值得一提的当属“大干道”（Grand Trunk Road）的开通。这条东起孟加拉湾，途经阿格拉、德里，翻越开伯尔山脉，直抵阿富汗喀布尔的超长道路，时至今日仍是印度北部的主要交通干道。

在行政区划方面，舍尔沙设立行政单位“州”，实现正规化地方管理。在经济方面，他整顿货币，其初创的货币“卢比”沿用至今。舍尔沙也沿袭了洛迪王朝明君锡根德尔的税制，并加以系统化。另外，他还改良了原有的土地丈量制与驿站制。

舍尔沙虽然仅仅在位六年就战死沙场，但被后世誉为“不世圣主”。舍尔沙的治世功绩与中国的秦始皇、隋文帝相仿，他们都为后世的繁荣奠定了基础。

命运多舛的第二代皇帝胡马雍

胡马雍被拉下帝位以后，经由阿富汗潜逃至波斯。当时波斯的萨非王朝如日中天，奉什叶派中的十二伊玛目派[1]为国教。什叶派被视为伊斯兰教的非主流派，而被莫卧儿王朝视为国教的逊尼派[2]才是主流派。两派虽然教义相悖，却信奉同一教典。虽然彼此之间不睦，但是也能和平共处。所以说历史上，两派之间但凡发生难以收拾的纷争，绝对少不了第三者的从中挑唆。

萨非王朝对胡马雍这个异派皇帝热情款待。时至今日，赴伊朗旅游的话，仍可以见到萨非王朝君主与废帝胡马雍把酒言欢的画作。

眼见舍尔沙过世，他的子嗣又都是平庸之辈。在波斯隐忍多年的胡马雍当即向萨非王朝借兵，挥师南下，一举收复印度，恢复了莫卧儿王朝。但是即便如此，他也仍然没有受到幸运女神的眷顾。复国不过一年，他失足从楼梯上跌落，毙命于自家的书房之中。胡马雍十三岁的幼子阿克巴匆忙继位（1556 年—1605 年在位）。胡马雍的陵墓被誉为是将伊斯兰教建筑的简朴和印度教建筑的繁华巧妙融合的杰作，跻身世界遗产之列。

---

[1] 十二伊玛目派：伊斯兰教什叶派主要支派之一。至今是伊朗的国教。什叶派是以拥护穆罕默德的堂弟、女婿阿里及其后裔担任穆斯林领袖伊玛目为其主要特征，故又称作阿里派。

[2] 逊尼派：伊斯兰教主要教派之一，全称“逊奈与大众派”。

摄影 archer10 (Dennis)

胡马雍墓
见证了印度建筑在莫卧儿帝国时期达到的巅峰

阿克巴迁都阿格拉

胡马雍英年早逝，残存在北印度的舍尔沙残党见幼主阿克巴弱小无力，铤而走险挑起战争。1556 年，第二次帕尼帕特战争爆发。可是谁能料到阿克巴少年英才，在战争中展露出天才的军事才华，勇挫乱军。经此一战，历经洛迪和苏尔两朝的阿富汗军团被一举歼灭，从此退出历史舞台。第二次帕尼帕特之战的大捷，也拉开了阿克巴盛世的序幕。

在阿克巴对印度长达近半个世纪的统治中，他创造的丰功伟绩不胜枚举。在舍尔沙奠定的坚实基础上，阿克巴积极开展印度教的融合政策，废止了对非穆斯林的人头税，并且授予印度教豪强（比如拉杰普特人[1]）政府要职。

这样开明的宗教政策为印度赢来了久违的和平，趁此势头，阿克巴大手一挥——迁都阿格拉。这可不是阿克巴的首次迁都了，自从他继位起，首都就先后在阿格拉、法泰赫普尔西克里和拉合尔三个城市之间迁移。单看地名就知晓，这些地方全部是大干道的沿线城市。法泰赫普尔西克里位于阿格拉往西 40 公里处，拉合尔则在德里西北方的印度流域上游，这两个城市均是战略重镇。

阿克巴再三犹豫，最终还是选择定都在阿格拉。他的心思也不难猜测，既然是一国之都，理应坐落在整个帝国的中心位置，这样能有利于中央集权。再者，为了惠及民生，也必须考虑到交通便捷的因素。纵观印度西北部，能同时满足这两个条件的，只有德里与阿格拉。

早在洛迪王朝时代，锡根德尔就曾尝试迁都阿格拉，却以失败告终。在位仅四年的开国君主巴布尔当年也有意建都阿格拉。巴布尔之子胡马雍与苏尔王朝的舍尔沙则执着于德里。轮到阿克巴这一代，他却对德里避之不及了，恐怕是不想留在这片父亲早逝的悲伤之地吧！

阿克巴登基后，法泰赫普尔西克里成了首都的候选地，但短短十四年后就再无人问津了。如今，这里仍残存着五层的无壁建筑和豪华的清真寺，这些极富创意的建筑都进入了世界遗产名录。

---

[1] 拉杰普特人：印度中北部各部族的土地所有者，有 1200 万人。

沙贾汗旧德里与红堡

阿克巴的继承者贾汗吉尔（1605 年—1627 年在位）仍然以阿格拉为首都。此时，德里已经开始走下坡路，贾汗吉尔的继任皇帝沙贾汗为了挽回德里的颓势，再次迁都到这里。

说到皇帝沙贾汗，必须要提到他的痴情。他为了纪念亡妻慕塔芝・玛哈在阿格拉的亚穆纳河畔修建的陵墓——泰姬陵。泰姬陵通体采用白色的大理石建造，整个建筑镶嵌以玻璃和玛瑙，具有极高的艺术价值。沙贾汗本来打算将自己的陵墓修建在亚穆纳河畔对岸，好与爱妻隔水相守。但是这个主意遭到了他的第三个儿子也是皇位继承人奥朗则布的强烈反对。最终，沙贾汗也没能为自己修建庙宇，他的灵柩静静地躺在泰姬陵的一角。

就凭这份对亡妻的思念，沙贾汗即使为大局着想而迁都德里，也必定不会忽视爱妻的安息之地。阿格拉至少也是陪都。

聊完了历史，我们再看看德里苏丹王朝之后，德里这座城市在印度的发展地位及其在印度的定位。

先前就已经介绍，德里位于广袤的德里三角南端。德里苏丹王朝的历代君王在占领德里之后，都会根据自身的国力，各自修建城郭。新城一旦建起，原则上前朝的旧城就会被弃用。这样奢侈占地的事，也只有国土面积广袤的印度才能做到。也正是拜这一传统所赐，如今的德里南郊，处处可见各个王朝留下的遗迹。顾特卜塔就耸立其中，沐浴着太阳的光辉。

摄影 Kristian Bertel

泰姬陵
沙贾汗为纪念爱妃慕塔芝 · 玛哈在阿格拉的亚穆纳河畔修建的大理石陵墓，被视为印度伊斯兰文化的代表建筑之一，也是世界文化遗产之一

沙贾汗迁都德里以后，继续沿用了中心城市的构造。中心城市实际上是牺牲土地面积、在中心建筑城堡的城市。时光流转，莫卧儿王朝正值盛世，城建的奢华程度绝非是它的前辈们可以相比的。至于究竟奢华到何等地步，我们可从留下的遗迹中窥见一二。

就拿地处德里最北端的亚穆纳河西岸的王城来说。沙贾汗将这一地区用总长 6.4 公里的城墙围住，王城坐落在东端内城，其外缘再竖起第二道城墙，南北 930 米，东西 500 米。整个皇城的建制真可谓是财大气粗。城内的建筑都是用印度特产的红砂岩打造，因此得名“红堡”。红堡的宏伟壮美，绝对不辜负世界遗产之盛名。“月

红堡

蓝天下的红堡，其城门与城墙皆以红砂岩建造，因此得名“红堡”，是德里的世界遗产之一

光市场”贯穿整个城郭，连通正门与西侧门，至今仍极尽喧闹繁华，为世界各地的游客所喜爱。

德里之所以能复兴，可以说沙贾汗功不可没。因此世人又称德里为“沙贾汗城”，这也就是如今的旧德里。

狭义上来说沙贾汗所建设的旧德里位于北部，而德里苏丹王朝的都城德里则偏向南部，两者之间相隔甚远。到了20世纪初，大英帝国在这两地的中间地区兴建殖民城市“新德里”，那都是后话了。

时至今日，苏尔王朝与莫卧儿王朝初期的德里古城遗迹，仍然残存在新德里东郊。

失落的孔雀宝座

沙贾汗风光一世，晚年却被他的第三个儿子奥朗则布（1658年—1707年在位）软禁。奥朗则布手刃两名皇兄，继任了莫卧儿王朝第六任皇帝。

奥朗则布对伊斯兰教的信仰非常虔诚，将其教义视为治国之道。他的曾祖父阿克巴与父亲沙贾汗采取的宗教宽容政策，引领莫卧儿王朝走向了鼎盛，而奥朗则布却将这项政策弃如敝屣。

奥朗则布登基后，当即挥师南下，远征位于德干高原上的印度教诸国。为了打压印度教，他不惜重新启用人头税制度，甚至在德干高原上建立陪都奥郎加巴德，以便讨伐这些异教国家。

在如此穷兵黩武的政策之下，莫卧儿王朝将整个南印度纳入版图，国土面积达到历史巅峰。然而连年战火不休，阿克巴祖孙三代躬行节俭积攒起的充盈国库，在奥朗则布手里一朝就“败光”了。国库空虚，王朝根基不稳，势必会引发内政动乱。表面上，奥朗则布统一了南印度的印度教诸国，实际上南印度不过是被武力镇压，佯装顺从而已。而今粮草不济，各地反抗组织硬生生把莫卧儿王朝军绑在了德干高原。最终，奥朗则布病死在征途之中，再不能凯旋回朝。

奥朗则布勉强可以算作战死沙场，但是他作为一个皇帝却给王朝留下了一个烂摊子。德干高原上的印度教没有被根绝，而久怀异心的拉杰普特诸侯又趁势起兵造反，再加上境内新兴宗教锡克教蓬勃发展，内忧外患将莫卧儿王朝推到了悬崖边上。眼见陪都奥郎加巴德沦陷，德里也危在旦夕，继任的皇帝只能忍痛放弃南部领土，决定集中国力，固守德里（1707 年）。

1739 年，纳迪尔沙（1736 年—1747 年在位）突袭德里。纳迪尔沙属于突厥系的阿夫沙尔族，他极擅谋略，素有“波斯拿破仑”的美誉。也正是这个人，亲手终结了波斯的萨非王朝。而在建立阿夫沙尔王朝之后，他却被属下刺杀。

在这位军事天才的突袭下，德里一夜沦陷。纳迪尔沙对这个富饶的城市进行了毫不留情的屠杀，数万人血洒德里。侵略军队甚至攻入王城，掠走了沙贾汗的孔雀宝座。孔雀宝座因为宝座顶上的两只孔雀而得名，该宝座制作耗时七年，用了数不尽的宝石、黄金和珍珠打造而成，堪称当时世界上最奢华的王座。

纳迪尔沙满载而归，只留下千疮百孔的德里。后来纳迪尔沙被暗杀后，他麾下将领、阿富汗籍军人艾哈迈德沙·杜兰尼[1]趁机在阿富汗的坎大哈自立为王，建立起杜兰尼王朝。杜兰尼王朝一举统一了阿富汗，就把进攻的目标放到了德里。德里这座红堡早已经不复当年之勇，几番抵抗，虽然没有沦陷，但是也是大限将至了。

与此同时，在南方的德干高原上，马拉塔联盟正在崛起。

让我们把时间拨回到中世纪前后，在当时的德干高原上，诞生

---

[1] 艾哈迈德沙·杜兰尼（1722—1772）：阿富汗斯坦历史上第一个统一的独立普什图族王朝杜兰尼王朝的创建者、阿富汗斯坦国父。

了一个名叫“马拉塔”的刹帝利民族。时至17世纪后半叶，马拉塔族的英雄希瓦吉（1674年—1680年在位）称王，并且建立了马拉塔王国。

马拉塔王国建立以后，希瓦吉和他的父亲就一直顽强抵抗莫卧儿王朝奥朗则布的侵略。长年战乱，国力渐衰，希瓦吉索性联合德干高原上的印度教诸侯，共同抵御莫卧儿王朝的入侵，这就是马拉塔联盟的起源。

后来发生的事，上一节都提到了。奥朗则布死在了征战途中，杜兰尼王朝进军德里。马拉塔联盟生怕杜兰尼王朝入主德里之后，下一个攻击目标就会是位于德干高原的自己。联盟的高层权衡利弊之后，决定协助莫卧儿王朝共同抗敌。

于是，两股势力在德里郊外的帕尼帕特发生碰撞，史称第三次帕尼帕特战争。不过遗憾的是，昔日的对手虽然联手抗敌，但是却仍然抵挡不住杜兰尼王朝的攻势。这里得插一句，帕尼帕特这个地方着实是印度的命运之地。先是巴布尔军在这里大破阿富汗人的洛迪王朝（1526年），接着阿克巴在这里歼灭了阿富汗苏尔王朝的残党。如今阿富汗的杜兰尼王朝又在这里力克印度教的马拉塔联盟。这三次战役，无一不左右印度半岛的历史走向。

马拉塔联盟战败退回德干高原，独木难支的莫卧儿王朝也自知大势已去。谁知造化弄人，1772年杜兰尼病故，杜兰尼王朝就此一蹶不振，只得放弃德里班师回朝。当时阿富汗正值国内爆发皇族内乱，首都也从坎大哈迁到了喀布尔。

就这样，德里物归原主，但是此时的莫卧儿王朝已经是名存实亡。马拉塔联盟的地方豪族辛地亚家随后成了德里的新主人。然而，辛地亚家正待入主德里时，有人对此发出了异议。发话的不是其他什么人，而是远道而来的不列颠势力。他们自从登陆印度开始，就收买当地豪强，并且先后控制了金奈、孟买、加尔各答等地，觊觎内陆城市德里也不是一日两日了。双方交涉，你来我往。

不列颠势力："鄙国不列颠愿意保护莫卧儿王朝不受北方侵犯，我们将带领印度走向繁荣。"

马拉塔联盟："我印度的家务事，怎么能容你外人插手，给我让开！"

双方既然话不投机，那只得靠拳头来解决。1775 年，双方开战。起初的时候，英国和印度双方还打得有来有回。但是后来不列颠势力用计分裂了马拉塔联盟，最终轻松取胜（1817 年）。

战争的结果是德里和阿格拉周边地区，以及德干高原西北部，全都沦为了不列颠帝国的殖民地。

从德里到新德里

不列颠帝国在印度的权力一直都是由东印度公司把持支配。自从 1600 年，英国女皇伊丽莎白一世便授予东印度公司特许权，其中包括了外交权和军事权。不列颠在印度的主要军力就是东印度公司在当地的雇佣兵队伍，当然，雇佣兵队伍的军官都是由英国籍军人担任的。这些印度籍的雇佣兵又被叫作"西帕希"（Sipahi），无论是在地位还是人种上，他们与白人军官之间都有着严苛的尊卑之别。

然而，这并不意味着他们可以任由外来者鱼肉。

1857 年，东印度公司为北印度雇佣兵配备的弹药包上涂有猪和牛的油脂。这一举动可是犯了印度教的大忌[1]，西帕希以此为由，举兵夺回了德里的控制权，并且拥护垂垂老矣的莫卧儿皇帝，意图终结不列颠的殖民统治。

各地印度民众纷纷响应号召，揭竿而起，史称“第一次印度独立战争”。然而，在起义形势渐入佳境时，起义军却遭遇了内部“窝里反”，最终还是被英军镇压。莫卧儿皇帝作为起义的精神象征，也被迫退位，莫卧儿王朝这才真正地灭亡（1858 年），莫卧儿王朝一共维持了 331 年。

英国吸取了这一次的教训，也不再拐弯抹角地用公司的名义来“经营”印度了，而是直截了当地由英国国王来统治印度。这才有了名副其实的日不落帝国。

之前莫卧儿王朝虽然名存实亡，但是德里名义上还是王朝首都。如今王朝已经不复存在，德里自然也失去了“首都”头衔。再加上大英帝国把首都设在加尔各答，德里更是落得一朝人去楼空。不过幸好后来大英帝国计划在印度铺设铁路，考虑到新首都加尔各答的地理位置偏东，又把首都迁回了德里（1911 年）。

德里（旧德里）的首都之位失而复得，然而大英帝国的殖民者刚刚踏入这座古老都城，就打起了退堂鼓。

---

[1] 在印度，牛是主神湿婆的坐骑，超过 80% 的印度人都是印度教徒，敬牛如敬神。

原来自伊斯兰教徒统治德里以来，便有意无意地将这座城市建立成一个巨型迷宫。建设的目的自然是为了抵御外敌入侵。到了沙贾汗统治的时代，甚至把正门附近的道路也设计得蜿蜒曲折，路面也是坑坑洼洼，车马都不能通行。

但英国的殖民者来都来了，也没有折回去的道理。正如前文所提到的，英国人就开始修建“新德里”。英国的城市设计师埃德温·鲁琴斯将新都市的选址定在了旧德里以南和德里苏丹王朝遗迹以北的中间地带。

新德里效仿伦敦的城市结构，每隔数公里就有一个广场公园。以广场为中心呈放射状的道路相互连接，组成交通网。城市中也少不了政府、法院、大使馆等官方建筑。“二战”结束以后，印度宣布独立，但是新德里至今仍然作为印度的政治中心被保留了下来。

如果要把新德里比作日本东京的话，旧德里就相当于浅草和上野，这里喧闹又充满世俗气息。而阔步在南部地区的遗迹中时，放眼望去都是古城堡和寺院，仿佛回到了奈良县的飞鸟地区。繁华如大手町和霞关的新德里则位于世俗喧嚣与古色古香之间。

三个世界遗产，花团锦簇的公园，在路边悠闲散步的牛儿……德里仿佛是一台时光机器，带领游人在过去与未来之间穿梭。

本章结语

相传，雅利安人从里海地区而来，往东迁徙，最后成了印度人；而往西的那部分现在则是如今伊朗人的祖先。第一批迁徙到印度的雅利安人以巴拉塔族（Bharata）为主。现在世界上的人都叫印度“India”，但是谁人知道，“India”只是印度的英文官方国名。在印地语中，印度的发音是“巴拉特”（Bharat）。印度两大叙事史诗之一的《摩诃婆罗多》所讲述的就是巴拉塔族的故事。

那么，雅利安又是什么意思呢？如今的阿富汗和伊朗地区，在古时候被称为“雅利安那”（古希腊语），所以生活在这片土地上的人也得名“雅利安人”。自然而然，跨越开伯尔山脉、入侵印度的阿富汗人，也被视作是雅利安人。然而时过境迁，雅利安那逐渐成为伊朗的专称。而说到20世纪纳粹自称为高等种族的“雅利安族”，这个说法纯粹是子虚乌有。

1947年，巴拉特终于脱离了大英帝国的殖民掌控，实现了民族独立。如今，德里作为亚洲第二大国的首都，也是仅次于日本东京的世界第二大人口都市，国际地位真称得上是举足轻重了。

德里历史事件年鉴	
西历（年）	历史事件
公元前 1500	雅利安人迁徙至印度，公元前 1000 年前后，势力延伸至恒河流域
8—10 世纪	三国时代（德里三角纷争）
1018	伽色尼王朝在苏丹马哈茂德的领导下攻陷卡瑙杰
12 世纪后半叶	查哈马拉王朝建设都市德里，并以之为据点
1192	古尔王朝攻陷德里
1206	艾伊拜克成立马穆鲁克王朝（奴隶王朝），建都德里。德里苏丹王朝开幕
13 世纪初	成吉思汗进军中亚，攻破花剌子模王朝，印度半岛岌岌可危
1290	卡尔吉王朝成立。第二代苏丹阿拉乌丁几度击退蒙古军
1320	图格鲁克王朝成立，迁都道拉塔巴德，又迁回德里
1398	帖木儿军占领德里
1414	赛义德王朝成立
1451	阿富汗洛迪王朝成立，建设新都城阿格拉
1526	巴布尔军击溃洛迪王朝（第一次帕尼帕特战争），成立莫卧儿王朝，建都德里

1556	莫卧儿王朝第三任皇帝阿克巴扫清阿富汗系残党（第二次帕尼帕特战争），迁都阿格拉
1648	莫卧儿王朝第五任皇帝沙贾汗将都城迁回德里
1707	奥朗则布在德干高原上建陪都后驾崩，都城固定在德里
1739	波斯人纳迪尔沙攻陷德里，掠走孔雀宝座
1759	杜兰尼王朝进攻德里，马拉塔联盟奋力抵抗（第三次帕尼帕特战争），撤兵回国
1775	马拉塔联盟为争夺德里控制权，与不列颠王国交战
1817	不列颠王国击退马拉塔联盟，德里周边地域沦为殖民地
1857	印度籍雇佣兵动乱，对抗不列颠帝国
1858	动乱失败，莫卧儿皇帝被迫退位，莫卧儿王朝灭亡，德里一蹶不振
1868	大英帝国在印度铺设铁路，德里作为交通要冲，再次崛起
1911	大英帝国建都德里，建设新德里
1947	印度独立

第三章

无数英雄铸梦折戟之地——开罗

异族的征服者们轮番在此

扎根、繁盛、衰亡

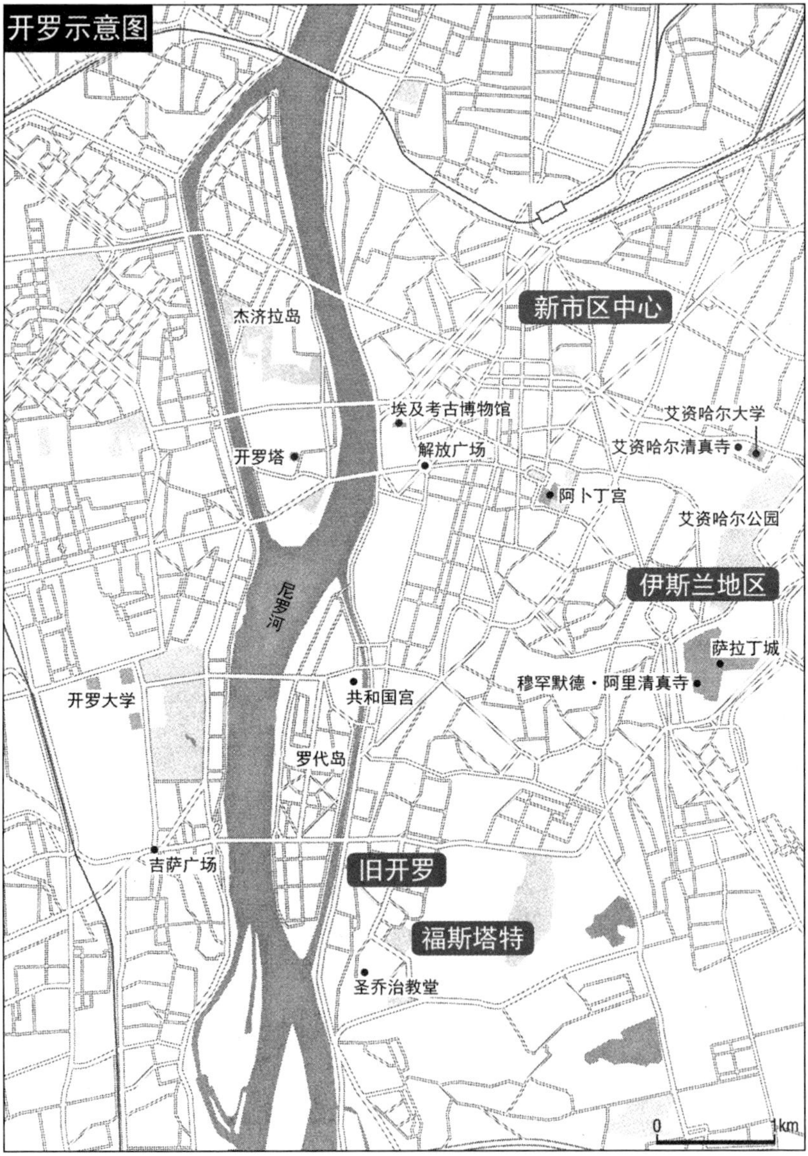
开罗示意图
新市区中心
杰济拉岛
埃及考古博物馆
艾资哈尔大学
开罗塔
解放广场
艾资哈尔清真寺
阿卜丁宫
艾资哈尔公园
伊斯兰地区
尼罗河
萨拉丁城
穆罕默德·阿里清真寺
共和国宫
开罗大学
罗代岛
吉萨广场
旧开罗
福斯塔特
圣乔治教堂
0
1km

尼罗河上的珍珠

公元前27世纪，历经后来五个世纪的埃及古王国时代拉开帷幕。随后埃及在中王国和新王国时代几经兴衰沉浮，最终在公元前12世纪一蹶不振。最终在公元前525年，埃及沦为了阿契美尼德王朝（波斯第一帝国）的属地，被波斯人统治。

公元前332年，亚历山大大帝率领马其顿王朝军入主埃及。亚历山大驾崩之后，埃及复国，成立了托勒密王朝。然而好景不长，公元前30年罗马帝国吞并了托勒密王朝，埃及再次沦为大国的行省。

古埃及在公元前20世纪至前10世纪的这一段时间，由埃及人统治了两千余年之后，就被迫沦为了周边列强的附庸，从此辗转于异族统治之下。埃及不断被异族侵略的原因也很明显：经流埃及的尼罗河将这片地区分割成了广袤富饶的三角洲。埃及自古以来盛产小麦，罗马帝国一直视这里为粮仓。正如希腊史学家希罗多德所说——埃及是尼罗河上的珍珠。

现在的开罗贵为一国之都，但其实在罗马帝国吞并埃及以前，这里只不过是一片部落聚居的湿洼地带。

最先迁徙到这里建造城市的是伊斯兰帝国的阿拉伯人。后来埃及的价值被开发出来以后，众多的民族争相竞往，想要争夺这颗

“尼罗河上的珍珠”。所以，讲述开罗的主线就是述说埃及历史上众多民族兴旺衰败的传奇。

开罗与福斯塔特

公元 641 年，伊斯兰帝国[1]吞并埃及。帝国的第二任“哈里发”（阿拉伯帝国最高的统治者称号）在位期间，驻军城市福斯塔特在如今的开罗地区拔地而起。驻军城市通常建立在争夺而来的土地上。

伊斯兰帝国对侵略地笃行怀柔统治，这在当时的侵略者之中很难能可贵。阿拉伯人自知本民族人口稀少、兵源匮乏，所以竭尽所能地避免军事冲突以保存实力。他们攻下一个城池，采取的第一个举措就是在纳税上做文章。简单来说，就是与当地人商量：“如果你们愿意改信伊斯兰教，就能享受减税政策。如果不愿意，我们也不强求。只要你们不反抗，帝国保证你们过去怎样，现在还是怎样。”

侵略者这样讲道理，当地民众为了既保生活无虞又能享受减税，改信伊斯兰教何乐而不为？伊斯兰帝国这样的政策使得各地民心依附，国势也日益强盛起来。

以驻军城市为例，这也是典型的怀柔政策。当时，入侵的军队迫害无辜平民的事件屡见不鲜。阿拉伯人为了避免不必要的军民冲

[1] 伊斯兰帝国：又称阿拉伯帝国，是由中世纪的阿拉伯人所建立的，唐代以来的中国史书均称之为大食。

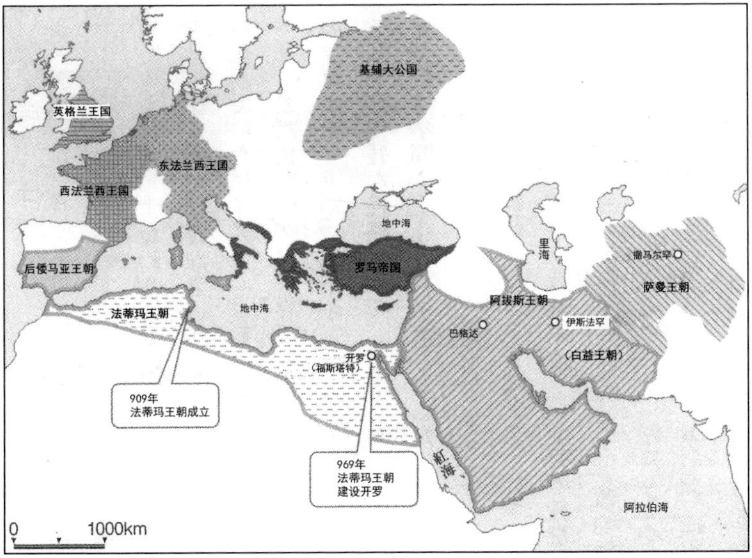

10 世纪时期的阿拔斯王朝与法蒂玛王朝示意图

突，就在侵略而来的土地上新建城市，专供军人居住，这就是驻军城市的由来。南起阿拉伯半岛，北至美索不达米亚地区，成片都是驻军城市，其中某些城市的部分遗迹至今尚存。位处幼发拉底河中游的库法与下游的巴士拉，就还留有一些驻军城市的遗迹。

伊斯兰帝国在穆罕默德的正统哈里发[1]时代，以及后来的倭马亚和阿拔斯王朝时代，都是以福斯塔特为据点来统治埃及的。然而

[1] 正统哈里发：即四大哈里发，指穆罕默德逝世后自公元 632 年至 661 年相继执掌阿拉伯伊斯兰国家政教大权的四位继承人。

到了10世纪，起源于北非突尼斯地区的法蒂玛王朝[1]（909年—1171年）国势愈盛，在969年占领了伊赫昔迪王朝[2]统治下的埃及。

法蒂玛王朝攻陷福斯塔特时，军队的领袖是一位名叫乔海尔的欧洲人。乔海尔出生于西西里岛，他原本是一个基督教徒。但是在法蒂玛王朝占领西西里岛之后，乔海尔投奔王朝麾下。而且为了博取前程，他还改信了伊斯兰教。

乔海尔率军攻破了福斯塔特，却没有领兵进城，而是径直赶赴到东北方向兴建“胜利之都”。这个“胜利之都”就是开罗的前身了。顺带一提，福斯塔特其实就是“巨大的营帐”的意思，单单听这个名字，就可以知道这是一座驻军城市。

乔海尔在“胜利之都”城内兴建了伊斯兰寺院——艾资哈尔清真寺，也建造了一系列的政府机构，将这里打造成了政治中心。973年，法蒂玛王朝将首都从突尼斯迁到了开罗。直至12世纪，开罗和福斯塔特分别作为政治和经济中心，各司其职，相辅相成，一度将埃及推向巅峰。

法蒂玛王朝独占尼罗河的时间近一个世纪，国势一时无两，王朝的疆土也延伸到了叙利亚。法蒂玛王朝的子民自诩为“伊斯兰教

---

[1] 法蒂玛王朝（909年—1171年）：北非伊斯兰王朝，又译法提马王朝，中国史籍称之为绿衣大食，西方文献又名南萨拉森帝国。以伊斯兰先知穆罕默德之女法蒂玛得名。

[2] 伊赫昔迪王朝：由突厥奴隶伊赫昔迪成立的埃及王朝，统治时间为935年至969年。他被阿拔斯王朝哈里发任命为总督，但事实上独立，他的国家生存至969年法蒂玛王朝征服福斯塔特为止。

伊斯兰清真寺
建造于 10 世纪，位于开罗老城区。世界上最早的大学之一的艾资哈尔大学就坐落其中

的正统”，君主更是自称“哈里发”。“哈里发”意为“预言者的代理人”，从古至今只有先知穆罕默德的继承者——倭马亚和阿拔斯王朝的君主才敢如此自称。在文化上，法蒂玛王朝主张本国是伊斯兰教学的无上权威，所以大力发展宗教学。艾资哈尔清真寺中的艾资哈尔宗教大学就是在当时建成的。

时至今日，艾资哈尔大学作为世界首个大学之一，又是伊斯兰教学问的权威，学校的影响力丝毫不减当年。大学自从成立起，就恪守“三不限”的信条，分别是入学时间不限、出勤时间不限、修学时间不限。校训也言简意赅——学至无疑。由此可以看出，当时穆斯林社会的文化和教育发展领先世界。相较之下，10 世纪的欧洲可以说还是个未开化的野蛮社会。

既然说到了法蒂玛王朝的科教文化建设，有一位君主一定要提及，那就是第六任哈里发哈基姆（996 年—1021 年在位）。这位哈里发个性古怪，在位期间留下了不少奇闻异事，但是丝毫不影响他作为治国明君的地位。

哈基姆极为重视文化教育，甚至不惜自费兴建教育机构“科学馆”。想要了解“科学馆”的起源，需要先追溯到公元前 387 年哲学家柏拉图在雅典创建的阿卡德米学院。这所学院当年的世界地位，相当于如今的东京大学之于日本，可谓是顶级学术殿堂。然而在 529 年，罗马皇帝查士丁尼一世（527 年—565 年在位）为了讨基督教欢心，勒令关闭了阿卡德米学院。失业的学者们纷纷携希腊罗马的古文献流亡到了萨珊王朝，在君迪沙浦尔[1]的学校再就业。萨珊王朝灭亡后，阿拔斯王朝第七任哈里发马蒙在巴格达创立“智慧宫”（Baytal-Hikmah），全盘继承了君迪沙浦尔学校的学问。当时，阿拉伯王朝鼎盛，大量的希腊罗马的文献被翻译成阿拉伯语。到了 10 世纪，阿拔斯王朝衰微，科学教育也逐渐滞后。法蒂玛王朝取代阿拔斯王朝之后，哈基姆就在开罗创设了“科学馆”来发展科学文化。

“科学馆”问世之后，立刻就夺走了巴格达的伊斯兰文化中心的地位。当世学者纷纷转战开罗，其中就有光纤反射理论的发起人、被后世称作“光学之父”的伊本 · 海赛姆。

---

[1] 君迪沙浦尔：今伊朗库吉斯坦。

不过人无完人，功绩颇丰的哈基姆也有自己的缺点。相传，他是个虔诚又苛刻的伊斯兰教徒，对破戒者毫无仁慈可言，对异教徒更是绝不姑息。耶路撒冷的基督教圣地“圣陵教堂”也毁于他之手。如此的暴行也成为后世十字军东征的导火索之一。

另外还有坊间传闻说，哈基姆每到夜晚就会在宫外街巷中徘徊，身边只带一秘书随行，美其名曰“微服私访”。然而就在某个夜晚，哈基姆一出城就没了踪影。不久之后，有人在尼罗河湖畔发现了他的衣裳。皇帝失踪，世间自然众说纷纭，有的人说，他被刺客害了性命；更有人说，他决心舍弃皇袍，归隐山林。这一逸闻也给哈基姆披上了一层宗教的神秘感。

经济中心福斯塔特与政治中心开罗将法蒂玛王朝推向盛世，然而盛极必衰。自从 12 世纪起，法蒂玛王朝就奔忙于抵御十字军国家的入侵，国势逐渐衰弱。

当时，叙利亚和巴勒斯坦等新兴的十字军国家，频频侵扰法蒂玛王朝边境。王朝虽然陷入苦战，损失了大量的财产和人口，但是所幸平定了边患。然而 1168 年，百万十字军大举进攻福斯塔特，势不可当。敌军兵临城下，法蒂玛王朝的高层不得不痛下决断——烧毁福斯塔特，死守开罗！这就是后世所称的“焦土战术”。

福斯塔特化作一片废墟之后，来自叙利亚的强力后援才姗姗来迟。当时，由库尔德人谢尔 · 库赫总督率领下的赞吉王朝[1]军，正在叙利亚和北伊拉克地区一家独大，开拓疆土。谢尔的军团才抵达

[1] 赞吉王朝：在叙利亚和伊拉克北部由突厥人建立的伊斯兰教王朝（1127 年—1262 年），亦称努尔王朝、曾吉王朝。

开罗，第二股援军相继赶来。这股援军的领袖不是别人，正是谢尔的侄子——萨拉丁·阿尤布（1138 年—1193 年）。谢尔一向器重这个侄儿，这次远征开罗，也喊上了他。

十字军早就听说了赞吉王朝军的凶悍之名，不敢应战，全都仓皇撤退了。为什么赞吉王朝要大老远赶过来救援埃及呢？原来赞吉王朝和法蒂玛王朝两国的国教虽然分别为逊尼派和什叶派，但是两个派系同属伊斯兰教，所以对他们而言，信奉基督教的十字军是异教徒，是共同的敌人。谢尔自告奋勇，表示愿意协助法蒂玛王朝重振国威，但是他的心思说直白些，就是想要谋权篡位。

可笑的是法蒂玛王朝方面非但没有察觉谢尔的狼子野心，还把他奉为了救国恩人，箪食壶浆迎他们入城。然而谢尔刚刚进城不久就染病暴毙了，但是他的侄子萨拉丁机敏果断，以麾下雄师作为筹码，设法交换到了法蒂玛王朝的宰相之位，成功手握实权。后来萨拉丁几经政治斗争，终于在 1171 年，趁当时的哈里发驾崩，他推翻了法蒂玛王朝，建立了逊尼派阿尤布王朝，定都开罗。

萨拉丁是典型的征战型皇帝，他刚刚登上皇位就下令挥师北上，进攻旧主赞吉王朝。阿尤布王朝成功吞并叙利亚之后，国势大增，萨拉丁这时才把矛头指向了真正的死敌——十字军。1187 年，阿尤布王朝军攻占了十字军国家耶路撒冷，并在 1192 年，成功击退了英格兰“狮心王”理查一世领导的第三次十字军东征。翌年，萨拉丁在大马士革感染风寒病逝。

如今位于开罗东侧的穆盖塔姆山上的“萨拉丁城堡”，就是萨拉丁当年为了抗击十字军入侵而建造的。这座城堡在后来的七百年间都是开罗的政治中枢。直至 19 世纪后半叶，其政治中心的地位才被阿卜丁宫取代。福斯塔特的遗迹至今仍然屹立不倒。

守护开罗的突厥美女

把时间轴往后推移，直接进入阿尤布王朝第七任苏丹萨利赫时代（1242 年—1249 年在位）。

萨利赫拥有当时世界上最为精锐的马穆鲁克禁卫军。为了避免军民之间的矛盾，萨利赫将手下的部队驻扎在尼罗河的一个岛屿上。尼罗河当时被本地人唤作“巴赫里”（Bahri），意为大海。所以萨利赫掌管的马穆鲁克禁卫军又被称作“巴赫里马穆鲁克”或“巴赫里亚”。

在外有马穆鲁克御敌，在内有自己的爱妻舍哲尔 · 杜尔辅政，萨利赫登基后将埃及治理得井井有条。这时，远在西方的法兰西卡佩王朝的路易九世加冕登基（1226 年—1270 年在位）。这位被后世尊称为“圣路易”的皇帝是一名虔诚的天主教信徒，他将天主教痛失耶路撒冷的罪责推到了阿尤布王朝的头上。1249 年，他亲率十字军从马赛出发，在尼罗河河口登陆，南进直奔开罗，史称“第七次十字军东征”。

面对来势汹涌的十字军，巴赫里亚军团当即北上迎敌，双方势力在尼罗河下游的曼苏拉对峙。然而在战火一触即发之际，巴赫里亚军团中却传出噩耗——苏丹萨利赫驾崩！

巴赫里亚禁卫军不敢擅自主张，只好将噩耗透露给了王妃舍哲尔。舍哲尔秘不发丧，命令前方的将士专心迎敌。最终阿尤布王朝大破法军，并俘虏了法军的领袖路易九世。巴赫里亚禁卫军全军都拜倒在了舍哲尔王妃的机智胆识之下。然而，这却为后来的王位继承纷争埋下了隐患。

萨利赫与结发妻子育有一子，名叫突兰·沙。这位皇子在赶赴巴格达公办的途中，听闻自己的父皇驾崩，连夜赶回开罗。萨利赫膝下只有突兰·沙一个儿子，皇位继承人非他莫属。然而突兰·沙资质平庸又嫉贤妒能，继位之后，处处给自己那位巾帼不让须眉的继母使绊子。

舍哲尔本身就在禁卫军中颇有人望，曼苏拉大捷之后，更是被众人奉作女神。“舍哲尔”在阿拉伯语中有“珍珠木”的意思。在军中憧憬这位突厥美人儿的莽汉估计也不在少数。在他们眼中，突兰·沙身无寸功却继承大统，竟然还敢欺辱自己的女神，着实可恨。

突兰·沙知道巴赫里亚禁卫军不把自己放在眼里，心中恼怒，可是他居然昏庸到妄图以皇权打压军权。结果可想而知，1250年巴赫里亚军团联合舍哲尔直取突兰·沙性命，阿尤布王朝血脉就此被斩断。阿尤布残存的势力逃亡到了叙利亚，在当地建立了地方政权，只维系了几十年，就自生自灭了。

女苏丹与王朝复仇记

巴赫里马穆鲁克推翻阿尤布王朝之后，扶持舍哲尔·杜尔为女苏丹，建立了新王朝，史称“埃及马穆鲁克王朝”。

女性苏丹在伊斯兰世界里是何等的惊世骇俗，自然是不必多提了。即便有印度马穆鲁克王朝的拉齐亚做先例，舍哲尔登基后还是受到了不少的外界阻力。反对势力中最大牌的人物，当属时任阿拔斯王朝的哈里发。他顽固保守，甚至以长辈身份为舍哲尔“说亲”，道：“你只是女流之辈，怎么能担任苏丹？如果贵国真的没有贤能的人，我已经派去了一位治国英才到贵国做苏丹，你可以和他结婚，然后继续做后宫的主人。”

舍哲尔怎么可能对异国的君主唯命是从？再说她也不可能与素未谋面的男子结婚。但是为了避免与阿拔斯王朝撕破面皮，舍哲尔向全军统帅艾伯克求婚，并且承诺将苏丹之位让给他。前提是艾伯克必须与现任妻子离婚。苏丹之位和风情万种的王后，这样的诱惑世间没有男人能拒绝。艾伯克当即与发妻一刀两断，接任苏丹之位。

相传舍哲尔曾经只是一名奴隶女侍，她凭借出类拔萃的才貌，受到了萨利赫青睐才一跃为妃。舍哲尔下嫁艾伯克并让出苏丹之位，却并没有将座下千万财产交给新夫君毫厘。由此可见，舍哲尔嫁给艾伯克只不过是权宜之策，她仍然是王朝的主人。

可惜舍哲尔到底还是低估了人的权力欲。艾伯克一朝得势，恨不得能一呼百应，唯我独尊。然而，打下王朝根基的巴赫里马穆鲁克军团，却不大看得起这位靠“吃软饭”上位的苏丹，他们承认的主子始终只有舍哲尔一人。

艾伯克唯恐巴赫里马穆鲁克军团有一天会举兵反对自己，于是他开始着手培养自己的马穆鲁克亲卫队。他伙同亲卫队的队长赛福丁·忽都斯·贝尔巴斯，先后陷害了数名巴赫里亚的高层。最终在1254年，将巴赫里亚势力悉数流放到了叙利亚。

抵御路易九世一战中，立下了赫赫战功的副官拜巴尔也是被流放的一员。他重返开罗之后，执笔记录下了巴赫里亚军团在叙利亚荒漠的辛酸岁月。

艾伯克除掉了巴赫里亚这一心腹大患之后，气焰愈发嚣张，甚至瞒着正妻舍哲尔将北伊拉克将军的千金收入后宫。

舍哲尔对丈夫过往种种的出格行为视若无睹，但是唯独纳妾这一件事，触动了她的逆鳞。1257 年，艾伯克在入浴时遇刺身亡，幕后黑手自然是舍哲尔。艾伯克虽然无能，他培养出来的亲卫队队长忽都斯・贝尔巴斯却不是泛泛之辈。他在第一时间就缉拿了杀死艾伯克的侍女，并且将行刺的主谋舍哲尔下狱。忽都斯・贝尔巴斯为了避嫌，把舍哲尔交给艾伯克的前妻处置，舍哲尔终究难逃一死。

艾伯克和舍哲尔先后死于非命，只好让艾伯克与前妻之子继位苏丹。但是这位皇帝的皇位还没有坐稳，旭烈兀就已经率领蒙古铁骑入侵了叙利亚。旭烈兀是成吉思汗的孙子、托雷的儿子，也是伊儿汗国的建立者。

1258 年，旭烈兀攻陷巴格达，手刃了阿拔斯王朝的哈里发，伊斯兰教逊尼派的正统王朝至此灭亡。旭烈兀领军一路势如破竹，西进吞并了叙利亚，下一个目标就是丰沃的埃及。翌年，忽都斯・贝尔巴斯以艾伯克之子年幼为由，取而代之。如此一来，抵御蒙古的重任就落到了他的肩上。

忽都斯・贝尔巴斯登基后的第一道命令，就是把自己当年亲手流放到荒漠的拜巴尔召回开罗，并且向他承诺：“你帮助我抵御外敌，我保证你官复原职。”

1260 年，忽都斯・贝尔巴斯与当年的巴赫里亚第一勇士联手，在巴勒斯坦的艾因·贾鲁平原与蒙古猛将怯的不花交战，结果埃及军大获全胜。这场战役也因为打破了蒙古骑兵的不败战绩而留名青史。

然而，就在埃及军凯旋回朝的途中，拜巴尔却暗中取了忽都斯·贝尔巴斯的性命，为曾经的女神舍哲尔报了仇。自这时起，拜巴尔的时代拉开序幕。

拜巴尔的英雄传说

拜巴尔手刃仇人之后，继位埃及马穆鲁克王朝第五任苏丹（1260 年—1277 年在位）。他在位期间的一系列举措，为后世马穆鲁克王朝的鼎盛打下了根基。

军事上，拜巴尔开展了大小规模的远征总计 38 次。其中，有 21 次主动进攻十字军国家，9 次击退旭烈兀的蒙古铁蹄。为了牵制旭烈兀势力，他还与金帐汗国结为了战略同盟。

这一外交策略意义匪浅。金帐汗国是蒙古四大汗国之一，创建者是成吉思汗的长子拔都。金帐汗国的疆界北起钦察草原，纵跨里海、黑海，南至高加索山脉，而旭烈兀的伊尔汗国的北境直逼高加索山脉南缘。两国虽然是同宗同族，但是因为高加索山脉归属的问题，两国关系剑拔弩张。拜巴尔出生在钦察草原上，与金帐汗国算是半个同乡。拜巴尔与金帐汗国结盟，让旭烈兀首尾难顾，这样就可以保证埃及高枕无忧。

解决了边境隐患，拜巴尔也就可以放开手脚去实现自己的雄图伟业——让自己的王朝成为伊斯兰世界之主。

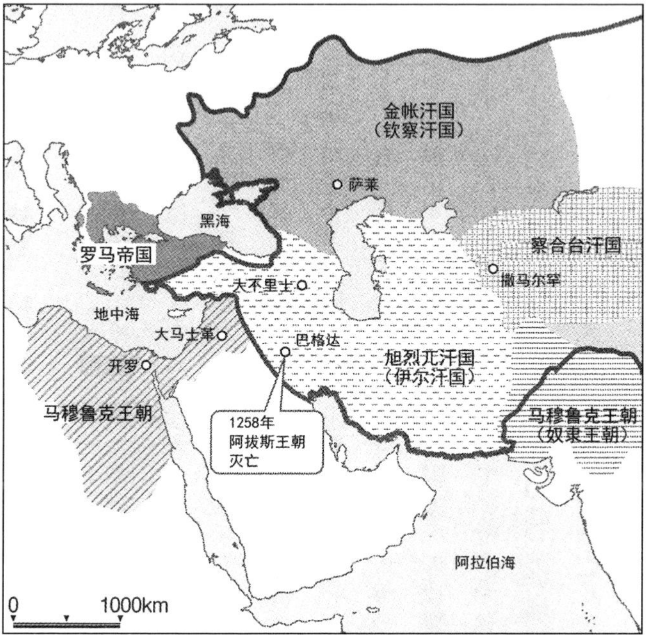

13 世纪时期的马穆鲁克王朝与蒙古各汗国示意图

拜巴尔先是包揽了给圣地麦加的克尔白神殿提供“基斯瓦”（幕布）[1] 的责任，并且向伊斯兰世界散播一个观念——提供“基斯瓦”者，就是圣地麦加和麦地那的守护者。

接着，拜巴尔善待阿拔斯王朝的皇室后裔，并从中扶植了新一

[1] 克尔白神殿：这是一座立方体的建筑物，有“天房”之称。克尔白神殿外覆黑色丝绸布，上绣金质的经文。这种布在阿拉伯语称为“基斯瓦”，每年都要在朝圣节前换新。

任的哈里发。当然，这所谓的皇族后裔是真是假，现今已经无从考证了。但是凭此一举，马穆鲁克王朝保护伊斯兰教传统的美名算是打了出去。拜巴尔从不允许这位哈里发出现在公众视野之中，所有的旨意都由自己代为“传达”。久而久之，民众眼中只认识拜巴尔这个传话人，哈里发反倒无足轻重了。

拜巴尔也重新启用了波斯阿契美尼德王朝创立的驿站制度，在开罗到大马士革的途中设置了多个驿站，每个驿站都配备人马。自古以来，大马士革就一直是埃及的陆上重镇，拜巴尔更是视其为守护开罗的最后一道壁垒。如此卓越的战略眼光，与先前提到的明君萨拉丁不谋而合。而且可巧的是，萨拉丁的陵墓正坐落在大马士革。

随着驿站制度逐渐完善，马穆鲁克王朝对十字军国家的攻势也愈发不可阻挡。1271 年，拜巴尔率军攻陷了大马士革西北部、位于地中海沿岸的十字军防御重镇“骑士堡”（法语：Krak des Chevaliers）。这座宏伟的古堡，如今位列世界遗产。1277 年，拜巴尔因为误饮了为他人准备的毒马奶酒，在大马士革驾崩，他的陵墓就坐落在萨拉丁墓的不远处。

说来也是缘分，萨拉丁与拜巴尔两位同为埃及历史上最受赞誉的两位明君，驾崩后，竟然葬在了同一个地方。

通往黄金乡的航线

马穆鲁克王朝的根基——巴赫里亚对外团结一致，对内却竞争意识极强。所以不管谁继任了苏丹，如果资质平庸，也会被剥夺权力。拜巴尔的两个子嗣就曾先后继位，但都不足一年就被废。

1279 年，拜巴尔的战友嘉拉温接任苏丹。嘉拉温驾崩后，阿什拉夫·哈利勒继位不过三年便遇刺身亡。这位阿什拉夫在位的时间虽然短暂，但却因他歼灭了残存的十字军国家阿卡（1291 年）而留名青史。

阿什拉夫的同胞弟弟纳绥尔·穆罕默德少年继位，登基不足一年就被部下篡位夺权（1293 年—1294 年在位）。但是纳绥尔好歹保全了性命，隐忍了五年之后，卷土重来夺回了苏丹之位（1299 年—1309 年在位）。然而造化弄人，十年后，他再度被权臣赶下王座。翌年，他又第三次被捧上帝位（1310 年—1341 年在位）。三次登基、两次被废，足以见其过人的运势与人望。虽然掌权的历程十分坎坷，但在纳绥尔的治世期间，马穆鲁克王朝迎来了盛世。

盛世的降临自然与纳绥尔的励精图治有关，但实际上还有个更为关键的原因——马穆鲁克王朝垄断了海上贸易的航线。

13 世纪时，中国、印度等东方大国与埃及展开贸易往来的途径，可以分为海上、草原两种。其中，草原路线是从东方一路向西，横跨欧亚草原地带，直抵黑海。海上路线则有两条，其一是从霍尔木兹海峡出发，途经波斯湾，在科威特登陆，终点在巴格达的阿拉伯半岛的北部路线；其二是从也门出发，经由红海北上，直通埃及苏伊士的南部路线。

由于阿拔斯王朝灭亡，巴格达地区动乱频发，如果要走北部路线就必须途经这里，于是北部路线后来就无人敢问津。至于南部路线，纳绥尔占领了地处红海入海口处的也门，并且与坐拥印度西海岸的穆斯林王朝古吉拉特王国联手，共同掌管了印度洋至红海的航道。如此一来，马穆鲁克王朝就垄断了对亚贸易。

当时自东方舶来的抢手货，除了中国特产的丝绸、茶叶与瓷器以外，还有印度特产的砂糖。伊斯兰教禁酒，甘甜的糖水就是教徒们的“佳酿”。在马穆鲁克一朝，没有比砂糖更能令人欣喜的礼品或赏赐了。

这些东方的舶来品在埃及登陆以后，再从亚历山大港走海路运到欧洲各国。而掌握了这条航线的威尼斯也因此跻身欧洲经济中心，占据这里的十字军也赚得盆满钵盈。纳绥尔的马穆鲁克王朝政权稳固之后，第一个政治举措就是在亚历山大港开设领事馆，同时积极与威尼斯政府交好。在政治和宗教方面，埃及马穆鲁克王朝是老手；但是说到做买卖，威尼斯可是前辈。

于是，埃及和威尼斯两国联手掌控了这条对亚航线，从而彻底垄断了东西方贸易。马穆鲁克王朝也自此正式步入了鼎盛期，在繁华的中心开罗，宏伟的清真寺、奢华的豪宅一座座拔地而起，这些建筑至今仍然是开罗城内一道靓丽的风景线。

说到这里，不得不提一个逸闻。1324年，西非马里帝国的国君曼沙·穆萨（1312年—1337年在位）曾经跨越撒哈拉大沙漠，千里迢迢赴圣地麦加朝拜。相传，曼沙的御驾骆驼途经开罗时，向坊间大肆施舍黄金，直接导致当地金价大跌。

“黄金之乡”Sub-Saharan（撒哈拉以南）的名头愈传愈广。这才有了九十年后，葡萄牙“航海王子”恩里克扬帆起航，寻找传说中黄金乡的那段事迹。

恩里克在这次探险中开辟了“好望角—印度洋”航线。而这条航线的繁荣在后来的历史中，间接影响了马穆鲁克王朝的国运。

前文中说到，统治埃及的马穆鲁克是尼罗河岛屿上出身的“巴赫里马穆鲁克”。其实在埃及，还有另外一股马穆鲁克势力，那就是驻守在开罗城内要塞布尔吉（Burji）的“布尔吉马穆鲁克”。布尔吉马穆鲁克的队伍不断发展壮大，渐渐也渗入了王朝的权力中枢。

巴赫里马穆鲁克王朝创立于女苏丹舍哲尔时期，到了纳绥尔这一朝时，皇室的血脉已经基本断绝，但是王朝依然延续了140年之久。1382年，布尔吉马穆鲁克出身的巴尔库克就任苏丹（1382年—1389年、1390年—1399年在位）。

巴赫里马穆鲁克大多都是钦察族人，而布尔吉马穆鲁克出身的巴尔库克却是纯种的切尔克斯人。切尔克斯族的人聚居在黑海和里海之间的高加索北侧高原地带，属于突厥系游牧民。

巴尔库克开启了布尔吉马穆鲁克王朝时代，然而就在那时，埃及整个国家已经呈现转衰之势了。导致埃及衰弱的罪魁祸首，就是黑死病。15世纪初，蔓延非洲的黑死病传染到了埃及，短短数年，富饶的农村地带化作一片废墟，饥荒席卷了开罗等大部分城市。偏偏祸不单行，马穆鲁克王朝这时也丧失了东西贸易航线这个长久以来的摇钱树。

上一节中提到，航海王子恩里克为了探求传说中的黄金乡，无意间开辟了一条通往亚洲大陆的新航线。葡萄牙凭借这条“印度—好望角”新航线，与埃及马穆鲁克王朝掌控的“印度洋—红海—地中海”航线展开了激烈的贸易竞争。贸易竞争最终演变成了武装冲突。1509年，两股势力在印度西海岸发生碰撞。最终葡萄牙海军总督亚美达凭借战术，大破埃及马穆鲁克与印度古吉拉特的联合军。这场战争史称“第乌海战”。

葡萄牙夺取了印度洋的制海权，顺势接管了海上财路，马穆鲁克王朝自此一蹶不振。第乌海战之后不过数年的光景，1517年，奥斯曼帝国苏丹塞利姆一世就以武力敲开了开罗的城门，终结了马穆鲁克王朝两个世纪半的统治。埃及也从一国之都沦落为殖民地，在后来的三个世纪里，一直充当奥斯曼帝国的粮仓，为伊斯坦布尔输送小麦。一切仿佛又回到了当年被罗马帝国统治的时代。也是从这时开始，伊斯兰社会的中心从开罗又转移回了伊斯坦布尔。

穆罕默德·阿里王朝的诞生

奥斯曼帝国占领埃及以后，从伊斯坦布尔派遣殖民总督到开罗担任管理长官。原来的马穆鲁克军团于是摇身一变，成为帝国的贵族。开罗变成殖民地之后，商业活动反倒比先前更繁盛了。说来也是，奥斯曼帝国也是伊斯兰政权，只要开罗民众不抵抗，帝国方面也不至于会为难自己的教友。

18世纪末，拿破仑率领法兰西远征军进攻埃及。拿破仑本来无意招惹奥斯曼帝国，但是埃及是他统治欧洲计划中不可或缺的战略要地。如果能够坐拥埃及，以这里为根据地进军印度，就能给自己的宿敌大英帝国造成致命的一击。再者，法军舰队从苏伊士出

穆罕默德 · 阿里
穆罕默德 · 阿里王朝的创建者，英、法军撤离后，就任埃及总督

发，如果能穿越红海，顷刻之间就可以抵达印度。

就这样，在遥望金字塔的开罗城郊，拿破仑军与驻守开罗的马穆鲁克军团发生了碰撞。据说拿破仑当时亲上前线，手指着远方的金字塔，对将士们高声呼喊：“诸位！那座四千年古迹的顶端，将会书写上你们今日的英姿！”

法军听后士气大振，一鼓作气直捣马穆鲁克军心脏。1798 年 7 月，拿破仑入主开罗，法军上下意气风发，仿佛一统欧洲的野心与展望不久就能实现。然而好景不长，同年 8 月，就在开罗的入海口阿布基尔湾，纳尔逊提督率领大英舰队几乎全歼了法军的主力舰队，也斩断了法军的粮草补给和军备供给。拿破仑后来硬撑了一年，最终只能在 1799 年带上几艘小艇，灰溜溜地逃回巴黎。留在开罗的法军面对马穆鲁克军、奥斯曼援军、英军的三路夹击，死守了两年，最后只能开城投降了。

边患既除，英军就打道回府了。埃及也重归奥斯曼帝国管辖，然而如今帝国的统治力已经大不如前，开罗城内分裂为市民、马穆鲁克、伊斯兰教知识分子“乌理玛[1]”三股势力，三方都针对埃及的统治权展开了激烈的角逐。

眼见局面愈发不可收拾，一个名叫穆罕默德·阿里的男人站了出来。这个人曾是雇佣军军队的队长，后来受帝国派遣，在开罗管理粮仓和治安。他是出生于马其顿的阿尔巴尼亚人。据说阿尔巴尼亚人是巴尔干半岛土著的后裔。

穆罕默德巧妙周旋于三股势力之间，尤其是赢得了反法主导势力——商人和知识分子的大力支持，他被选举为新任总督。奥斯曼帝国方面也不敢表示反对。就这样，穆罕默德·阿里王朝诞生（1805 年）。当然，这时的埃及还没有完全逃出奥斯曼帝国的掌控。

穆罕默德·阿里（1805 年—1849 年在位）颇具时代大局观念，他深知埃及的马穆鲁克军团之所以在法军面前如此不堪一击，都是由于国家腐朽、制度落后。皇室的亲卫队马穆鲁克与全民皆兵的法军相比，无论是在队伍素质，还是在装备质量上，都有着云泥之别。

---

[1] 乌理玛：即穆斯林国家有名望的神学家和教法学家的统称。

为了改变现状，穆罕默德·阿里实行了比日本早了整整半个世纪的“维新”，其中就包括富国强兵、文明开化和殖产兴业等政策。

奥斯曼帝国的统治力愈发不堪。面对全国各地日益高涨的独立抗议，帝国政府早已无力镇压，只能委托穆罕默德出兵平定起义。时任奥斯曼帝国苏丹的马哈茂德二世一面与穆罕默德分庭抗礼，一面在帝国内部力行改革。

穆罕默德率领埃及军先后协助帝国镇压了阿拉伯半岛沙特独立运动（沙特第一王国，1744 年—1818 年）、非洲苏丹独立运动以及希腊独立运动。穆罕穆德如此尽力的目的，无非就是希望奥斯曼帝国方面能承认自己的独立地位。然而奥斯曼帝国并不买账，终于两国撕破脸皮，正面开战。

1839 年，埃及舰队直逼伊斯坦布尔。眼见就要破城，以大英帝国为首的欧洲列强却唯恐埃及势力做大，各国纷纷参战，全都站在了奥斯曼帝国阵营。穆罕默德军独木难支，最终落败（1840 年）。

欧洲列强作为战胜国，勒令埃及政府进行大规模裁军，取消国内贸易垄断，并且开设通商口岸。穆罕默德的富国强兵改革就此夭折，但是穆罕默德王朝却换来了西方列强的承认。

从那时开始，一直到后来纳赛尔登场的一个世纪里，穆罕默德一族都是开罗的合法统治者。但是这次战败，也让后世的埃及一直笼罩在大英帝国的霸权阴影之下。

大英帝国入股苏伊士运河

1859 年，穆罕默德 · 阿里驾崩后，法国外交官雷赛布启动苏伊士运河工程，开掘工作于 1869 年完成。

自古以来，“印度洋—红海—地中海”航线不仅是贸易生命线，更是军事战略线。不知道有多少人，盼望有朝一日能自由穿梭于红海和地中海之间。地中海的塞得港与红海的苏伊士实际距离相隔不过 162 公里，但是船只只能绕道好望角，航行距离何止多出数倍。苏伊士运河连通了地中海和红海，大大缩短了欧亚两洲的航程，所以说这条运河的开凿是世界航运历史上的里程碑。

苏伊士运河股份公司的大股东，是穆罕默德 · 阿里王朝和法兰西政府。按照原计划，运河正式运营之后，单是关税这一项就能让埃及赚得盆满钵满。然而现实却是，运河刚刚开通，欧洲资本就如同潮水般涌入，埃及债台高筑，财政预算难以为继。到了第五代总督伊斯迈尔 · 帕夏一朝（1863 年—1879 年在位），埃及政府濒临破产，只能忍痛抛售手中运河的全部股份。

大英帝国觊觎苏伊士运河这棵摇钱树时间已久。1875 年，埃及刚刚放出售卖运河股份的消息，时任英国总理大臣的犹太人迪斯雷利当机立断，向同为犹太人的大财阀罗斯柴尔德家族融资，购买了接近运河总资产一半的股权。自此，苏伊士运河所创造的利润，与埃及再没有任何关系了。

埃及将苏伊士运河这个最后的外交资本拱手相让之后，就开始一步步地沦为了大英帝国的保护国[1]。大英帝国的欺压，再加上欧洲列强的经济操控，这一切都让埃及军民忍无可忍。他们自幼接受穆罕默德·阿里的近代化教育，后来又受西欧式的市民意识冲击，心中早有民主萌芽。终于，埃及民间成立国民政党，民主立宪的呼声也愈发高涨。

1881 年，军队上校艾哈迈德·阿拉比（1841 年—1911 年）揭竿而起，高喊“埃及人的埃及”口号，民主运动迎来白热化。一夜之间，起义军遍布开罗的大街小巷，后来更是包围了阿卜丁宫。1882 年 2 月，埃及政府为了能收拾局面，只得任命阿拉比为陆军总司令，并且允许其组阁立宪。

然而好景不长，大英帝国见埃及国内势头不对，决定采取正面军事介入。同年 9 月，英国军队全歼埃及起义军，阿拉比也被流放到了锡兰岛（今斯里兰卡）。从这时开始，埃及正式沦为大英帝国的保护国。

在“阿拉比起义”的二十年前，大英帝国在殖民地印度镇压了“印度大起义”。这两次绝不姑息的镇压，让大英帝国继掌握印度之后又坐收了军事要冲埃及，正式步入了日不落帝国时代。

埃及人重掌开罗

20 世纪初，第一次世界大战爆发，埃及作为大英帝国的殖民地

---

[1] 保护国：又称保护领、受保护国、被保护国、受保护领地，是受较强国家（宗主国）支配和保护的国家或地区，是殖民地形式的一种。

参战。埃及名义上的宗主国奥斯曼帝国站在同盟国阵营，最终沦为战败国。凯末尔·阿塔图尔克拒绝被战胜国统治，帝国的苏丹被废，奥斯曼帝国灭亡。宗主国不复存在，埃及重获独立，但是仍然没有摆脱保护国的命运。

后来埃及又随大英帝国参加了第二次世界大战。大英帝国虽然再次凯旋，但是接连半个世纪的战乱，大大减弱了英国的国力。英国再也无法压制日益高涨的埃及独立运动。1952 年 1 月 26 日，开罗城内市民暴乱，史称“黑暗星期六”。同年 7 月 23 日，纳赛尔领导自由军团发动武装政变，成功将时任国王法鲁克拉下帝位。至此，埃及彻底挣脱了大英帝国的掌控，实现了名副其实的民族独立。

追溯开罗这座城市的历史，自从 641 年阿拉伯人兴建福斯塔特以来，欧洲人、库尔德人、突厥人（马穆鲁克）、法兰西人、阿尔巴尼亚人，各族英杰争相在这里建功立业，埃及几度易主于异族之间。如果从公元前的埃及新王国时代开始算起，过了二十个世纪，埃及人终于重掌开罗。

纳赛尔是个坚定的民族主义者，他的民族立场对东方还是西方都没有“偏向”一说。但是即便如此，要想实现埃及的近代化，英、美、法等西方强国的政治和军事援助仍不可或缺。可是奈何这三国对埃立场狭隘，不愿意承认纳赛尔政权的合法性，而且这三国非但不援助，还企图孤立埃及。

1956 年，纳赛尔高票获选大总统。同年 7 月，纳赛尔高调宣布苏伊士运河收归国有，以此来对抗西方的封锁政策。运河的大股东英国勃然大怒，当即联手法国，试图以武力强行接管苏伊士运河。

英法此举触动了苏联的神经。苏政府以动用核武器为要挟，勒令英法联军撤出运河。再加上美国也在一旁好言相劝，英法联军才心不甘情不愿地撤军，苏伊士运河也重归埃及所有。埃及虽然在战争中失败，但是却获得了政治上的胜利。总统纳赛尔也被奉为救国英雄。

为了应对日益紧绷的冷战局势，1955 年纳赛尔与中国总理周恩来、印度总统尼赫鲁、印度尼西亚总统苏加诺在万隆会议上结为非同盟组织（第三世界），共同提倡“和平共处五项原则”，在国际社会中赢得一席之地。同时纳赛尔也努力促进中东地区的和平。1958 年，埃及与叙利亚合并为阿拉伯联邦共和国，但是共和国仅维持了三年就不了了之。他晚年仍然为了解决以色列主导的中东纷争而殚精竭虑，最终于 1970 年病逝。

纳赛尔病故，新任总统萨达特一改先前强硬的外交态度，在 1979 年与以色列首相贝京签署了《埃以和平条约》。然而此举激起两国激进民族主义者的强烈不满，萨达特遇刺身亡（1981 年），贝京首相也于 1983 年被迫下台。

本章结语

如今的开罗市区是由尼罗河东岸与两块临近岛屿组成，河对岸是坐落着三大金字塔的吉萨市。开罗以纵 15 公里、横 10 公里的占地面积，位列埃及城市规模之首。

从开罗顺着尼罗河南下，就到了尼罗河流域最古老的城市，俗称“旧开罗”。开罗的前身——驻军城市福斯塔特的遗址也坐落在这里。现在这里仍然可以看到基督教科普特派（起源于埃及）的教堂和犹太教的会堂。

1896年，福斯塔特的犹太会堂“藏书阁”（Geniza）遗迹中出土了总计32万页的古文献。文献记载了犹太人在公元9世纪时期的贸易往来，被视为是古代地中海贸易与民俗的真实记录，其历史价值不可估量。

旧开罗的东北方向是历史悠久的伊斯兰区域（老城区）。这一地区起源于法蒂玛王朝，直至穆罕默德一朝，这里都是伊斯兰世界的中心。四处林立的清真寺与宣礼塔也让这里位列世界遗产之一，并且给开罗带来了一个响当当的绰号——“千塔之城”。伊斯兰区中迷宫般的街区和起源于14世纪的大规模露天市场（souq），更是赋予了这里别样的魅力。艾资哈尔清真寺、穆罕默德·阿里清真寺、萨拉丁宫殿、“死者之街”等，丰富优美的历史建筑都在这里相映成趣。

现今开罗的市中心，也就是所谓的开罗新城，就位于伊斯兰区西北部。地处尼罗河东岸的解放广场是整个埃及的政治中枢，正如前文中提到的，这个广场也是2011年埃及革命的主舞台。坐落在广场东侧的阿卜丁宫，是埃及中央政府大厦。开罗的最大的交通枢纽拉美西斯车站坐落在新城北侧。解放广场以西是新城最受游客瞩目的埃及国家博物馆，在这里你可以畅游古埃及世界。

传统的开罗人对自己古旧的家园，不像西方那样迫不及待地推翻重建，而是加以保留和增建。这使得这座古都的历史长河逃过了被截流的命运，毫不恭维地说，这座开罗城就是一座生动的历史遗产。

漫步之后感觉到乏累了，在街边找家小吃店，点一份甜到掉牙的甜品、一杯鲜榨果汁。对了，别忘了再来一份埃及的国民美食“库莎丽”，新旧杂陈的埃及百味就酝酿其中。

开罗历史大事件年鉴	
西历（年）	历史事件
641	伊斯兰帝国兴建军营都市福斯塔特
969	法蒂玛王朝将军乔海尔兴建“胜利之都”开罗
973	法蒂玛王朝将国都从突尼斯移至开罗，在艾资哈尔清真寺内兴建世界第一所高等学府——艾资哈尔大学
996	哈基姆朝代，兴建学术机构“科学馆”
1168	十字军东侵，商业中心福塔斯特化作焦土，开罗成为政治、经济中心
1169	赞吉王朝总督谢尔入主开罗，十字军撤退。1171 年，其侄子萨拉丁建立阿尤布王朝
1249	路易九世率十字军进攻开罗，阿尤布王朝大破法军于曼苏拉，并俘虏路易九世
1250	阿尤布王朝灭亡，马穆鲁克王朝诞生。舍哲尔继位为女苏丹，后禅位给其夫艾伯克
1257	舍哲尔暗杀艾伯克
1259	忽都斯 · 贝尔巴斯继位第三任苏丹
1260	艾因 · 贾鲁平原之战，拜巴尔大破蒙古军，继位苏丹
1291	苏丹阿什拉夫 · 哈利勒攻陷十字军国家阿卡
1293	纳绥尔 · 穆罕默德先后继位第十任、第十三任、第十五任苏丹，开创马穆鲁克王朝盛世。

15 世纪初	黑死病蔓延，马穆鲁克王朝日益衰败
1509	印度第乌海战，马穆鲁克王朝 · 古吉拉特联盟军惨败给葡萄牙舰队
1517	奥斯曼帝国塞利姆一世入主开罗，吞并埃及全域
1798	拿破仑大破马穆鲁克军团，入主开罗，却在阿布基尔湾惨败于大英帝国
1801	留守埃及的法军投降
1805	穆罕默德 · 阿里王朝在奥斯曼帝国的统治下诞生
1840	穆罕默德 · 阿里王朝落败于英奥联军，逐步陷入大英帝国的霸权掌控
1859	苏伊士运河工程启动（1869 年完成）
1875	大英帝国从埃及购得苏伊士运河主要股权
1882	阿拉比革命爆发（1881 年），埃及建立内阁。大英帝国武力介入，埃及沦为保护国
1922	凯末尔 · 阿塔图尔克推翻奥斯曼帝国，埃及独立，但仍未摆脱大英帝国的保护
1952	埃及七月革命，纳赛尔推翻帝制。翌年埃及共和国诞生
1956	纳赛尔就任埃及总统，宣布苏伊士运河国有化
2011	埃及革命（阿拉伯之春），穆巴拉克独裁政权倒台

第四章

草原上的蓝宝石——撒马尔罕

无数英雄诗篇

回荡在这片中亚绿洲上

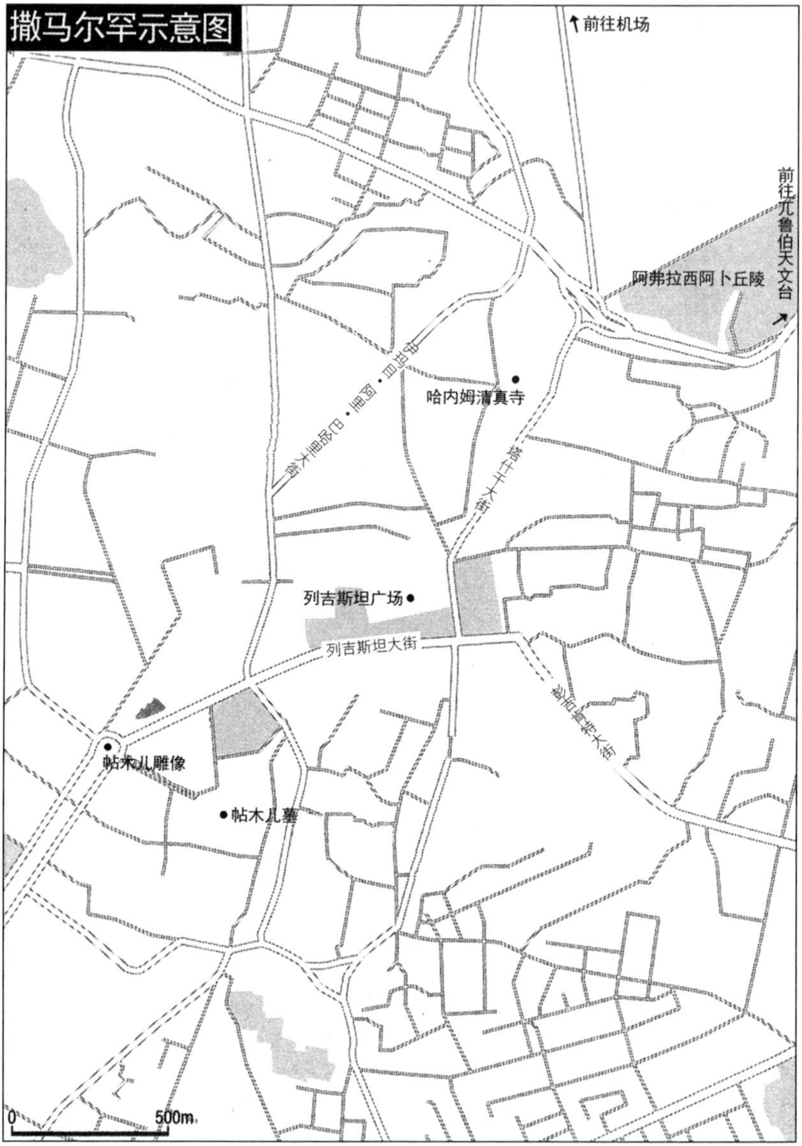
撒马尔罕示意图
前往机场
前往兀鲁伯天文台
阿弗拉西阿卜丘陵
哈内姆清真寺
塔什干大街
列吉斯坦广场
列吉斯坦大街
帖木儿雕像
帖木儿墓
0
500m

绿洲中的马拉坎达

请先翻开中亚地区的地图，可以看到以伊朗北国境为起点，北上跨越土库曼斯坦的荒漠地带，沿着阿姆河继续向北，是一片广袤无垠的草原。在这片草原北端，另一条水脉锡尔河流淌而过。丰沛的水源孕育出了数片绿洲，这两条河流包围的草原区域就是如今的“河中地区”（Transoxiana）。这里虽然是草原地带，却盛产小麦和瓜果。从公元前 10 世纪起，无数城市在这里诞生、消亡。即便时至今日，仍有布哈拉、希瓦、撒马尔罕等大城市坐落于此。这些绿洲城市占尽两条母亲河的恩赐，自古以来都是民熙物阜之地。

河中地区也是中亚的交通要塞，无数商队驮着从中国运来的丝绸、茶叶和陶瓷途经此地。在危机四伏的草原上，星星点点的绿洲城市就是途经商队的避难所。久而久之，与中国做买卖的商人们纷纷在这片区域定居下来。

既然说到了古代的东西贸易路线，就不得不提以天山南路、北路为代表的“丝绸之路”。自从东西方贸易兴起，相对畅通的海上和草原两条道路就是来往商队的首选。“丝绸之路”不仅仅是一条商道，更是东西方文化交流的桥梁。玄奘西行就是一个典型的例子。

“丝绸之路”的最大获益者，除了中国和波斯，就属伊朗的粟特族人了。自从阿契美尼德王朝开始，粟特人就作为中国与波斯的中

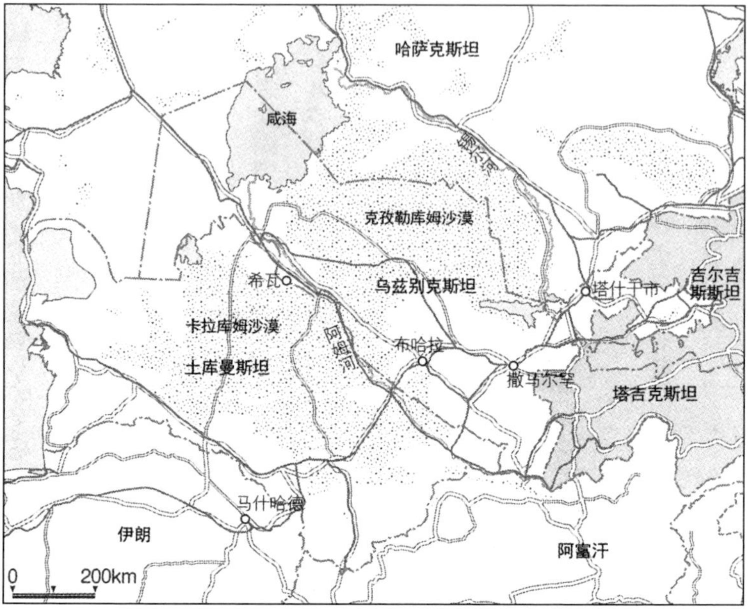

撒马尔罕周围的国家与城市示意图

间商，在欧亚陆路贸易上争得了自己的一席之地。

波斯人（今伊朗）将这些粟特人活跃的主场——也就是阿姆河、锡尔河的两河流域称作“河的对岸”（Mā-warā'an-Nahr）。顾名思义，虽然只有一河之隔，却隔出了两个世界。“河的对岸”这个名字中是否隐约带着几分陌生、几分向往呢？

后来，波斯人建立起人类社会历史上首个跨越欧、亚、非三洲的帝国——阿契美尼德王朝。帝国的疆土东起印度河畔，西至埃及，粟特族的绿洲城市自然也被纳入了国境之内。这片富饶的“对岸”对于波斯来说，开则是中西贸易的门户，闭则是抵御外敌的关卡。

“对岸”的威名传到希腊，希腊人也为这块沃土取了名字——“Transoxiana”（河中地区）。阿姆河翻译为希腊语是 Oxus（阿克瑟斯河），而 Trans 有跨越之意。另外，在伊朗的神话故事中，这里又被称作“Turan”（图兰）。伊朗人自称“雅利安”，而 Turan 则意为“非雅利安”。可见两族虽然同是草原突厥游牧民，但伊朗人始终未将这帮来自东北方的粟特人视作同胞。

公元前 4 世纪，粟特人在此地兴建绿洲城市“马拉坎达”，这就是撒马尔罕的前身。

关于撒马尔罕的起源就介绍到这里。正式开始讲这座城市的历史之前，还有两点要说明一下。首先，阿姆河和亚锡尔河全名为“Amu Darya”与“Syr Darya”，其中“Darya”为波斯语，意为大海、河流。两条河流都是自南向北，最终双双汇流咸海。咸海曾经是世界第四大湖。不过如今水源枯竭，湖水面积大不如前。再者，“丝绸之路”大名享誉世界，但谁又知道这个名字是出自一个德国人之手。19 世纪末，德国地理学家李希霍芬首次提出了“丝绸之路”的概念。

沙尘暴般席卷而至的外族

公元前 4 世纪后半叶，阿契美尼德王朝刚刚拥有河中地区这片沃土，王朝就被马其顿王国吞并。亚历山大大帝率军渡过阿姆河，包围马拉坎达，打算劝降城内军民。谁能想到平日里精于算计的粟特人，在大敌当前竟然有如此誓死护国的勇气。虽然马拉坎达终究也难逃沦陷，但是亚历山大大帝没有毁坏城内一草一木，更未伤及无辜民众的性命。

公元前 323 年，亚历山大大帝驾崩。自那以后，以马拉坎达地区为首的粟特人城市几度易主。先是希腊巴克特里亚王朝、被匈奴驱赶出蒙古高原的伊朗游牧民大月氏[1]，后有疆域扩及阿富汗、西北印度全境的贵霜帝国，紧接着是萨珊王朝、“白匈奴”嚈哒族[2]、突厥……眨眼间，就到了公元 6 世纪后半叶。

自那以后，粟特的事迹在中国的史书中就开始有详尽的记载了。据撰写于 11 世纪初的《新唐书》中的记载，九个姓氏为“昭武”的部族各自为国，聚居在河中地区，统称“昭武九姓[3]”。后来的研究发现“九姓”之中的康国、安国和石国，就是马拉坎达、布哈拉和塔什干。鼎盛的大唐帝国将统治延伸到了整个西域，河中地区自然不在话下。河中地区曾经用过的这些汉文国名，就是这一区域曾臣服大唐的最好佐证。然而没过多久，唐帝国没落，世界霸权的中心渐渐转移到

[1] 大月氏（zhī）：公元前 2 世纪以前居住在中国西北部的游牧部族，后迁徙到中亚地区，建立了贵霜帝国。

[2] 嚈哒（yàn dā）：古代生活在欧亚大陆的游牧民族。根据中国史书，他们原来居住在长城以北，称滑国，是中亚塞种人游牧民族与汉代大月氏人的后裔，西方史学家称之为“白匈奴”。

[3] 昭武九姓：中国南北朝、隋、唐时期对从中亚粟特地区来到中原的粟特人或其后裔十多个小国的泛称，其王均以昭武为姓。

了伊斯兰社会。

公元7世纪前叶，穆罕默德统领的伊斯兰帝国吞并了阿拉伯半岛。他驾崩之后，伊斯兰帝国的扩张之势也丝毫未减。712年，倭马亚王朝将领屈底波・伊本・穆斯利姆征服中亚，并将马拉坎达纳入了王朝版图。然而不过数年光景，倭马亚王朝就在伊斯兰帝国继承者的争夺中灭亡于阿拔斯王朝之手，马拉坎达自然也难逃易主的命运。

时至751年，大唐帝国与阿拔斯王朝爆发武装冲突。冲突的原因是唐国统治下的“石国”塔什干投向了伊斯兰阵营。两军在塔什干方向的怛罗斯湖畔交战，这里是阿拔斯王朝的建国功臣——大将军阿布・穆斯林的封地。还不等阿布将军亲临阵线，他的麾下干将就已大破唐军。经此一战，河中地区完全落入伊斯兰阵营之手，大唐再不敢觊觎，但是仍然不甘心地在史书中保留了“昭武九姓”这一记录。

实际上这场武装冲突规模不大，本来不至于载入史册。然而，相传在战乱中，伊斯兰军俘虏了一个唐朝的制纸工匠，制纸技术由此传入西洋，所以这一战才为后世人所津津乐道。这一野史不免有些故弄玄虚的成分。先不说河中地区自古就接触东方文化，单单一名工匠就能改变西洋世界的发展进程？不仅仅是制纸，还有传言说，面条也是通过这场战争传入西方，可见这更是无稽之谈。

这样一个民族，怎么可能会对近在咫尺的东方大国的先进技术置若罔闻？就拿迄今仍未被完全解读的希腊罗马古文献来说，早在这些文献刚传入的时候，阿拉伯人就迫不及待地对其进行翻译，从

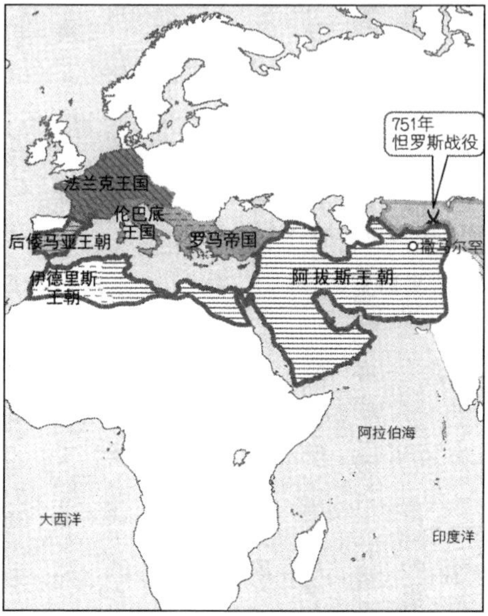

8 世纪时期的阿拔斯王朝示意图

而拉开了世界两大翻译运动的序幕。所谓“世界两大翻译运动”，指的是中国对梵文“大乘佛法”的翻译与伊斯兰帝国对希腊罗马古文献的翻译。

759 年，最早的一座制造翻译用纸的工厂就坐落在了撒马尔罕。由于河中地区植被稀少，当时生产的纸多数是以破布为原材料的。纸张产量之巨大，撒马尔罕一时得名“纸都”。如今的撒马尔罕，仍然留存有当年制纸的设备。

公元 9 世纪，阿拔斯王朝一蹶不振，时任哈里发为求自保，忍痛将河中地区的管辖权拱手让给了伊朗籍豪族纳斯尔 · 萨曼。875

年，纳斯尔·萨曼的胞弟伊斯梅尔[1]建立萨曼王朝，吞并了伊朗东部与北方草原地带。布哈拉作为首都，也致力于文化和学术的发展。这位伊斯梅尔一手撑起了图尔库与马穆鲁克之间的贸易往来，是一位贤明的治世之君。到了20世纪末，随着苏联解体（1991年），地处萨曼王朝疆域的塔吉克斯坦共和国宣告独立。政府为巩固“国家正统”的地位，将伊斯梅尔搬上台面。塔吉克货币统称“索莫尼”，这也是伊斯梅尔的姓氏之一。

萨曼王朝风光一世，最终毁在了自己精心培养的马穆鲁克之手。9世纪中叶，萨曼马穆鲁克创建喀拉汗王朝，吞并萨曼王朝（999年）。自那以后，河中地区就成了突厥系伊斯兰的天下。

公元1210年，喀拉汗王朝被同属马穆鲁克政权的花剌子模王朝吞并，长达372年的统治宣告终结。“花剌子模”原本是指阿姆河的下游地区，这一地区自从阿契美尼德王朝统治时代起就以富庶闻名。11世纪末，花剌子模王朝诞生，到了第七任苏丹阿拉丁·穆罕默德一朝时，王朝的疆域达到巅峰。花剌子模的第一个征服目标，就定在了富庶的河中地区。

阿拉丁入主河中地区之后，坐镇国都撒马尔罕，并以此为据点逐步向四方进行军事扩张。花剌子模王朝的版图西起里海，东至吉尔吉斯草原，南临阿拉伯海，阿拉丁也仍然没有停止侵略的脚步。与此同时，来自蒙古的成吉思汗军团也以破竹之势向西侵袭。两股

[1] 伊斯梅尔：全名阿布·伊卜拉欣·伊斯梅尔·本·艾哈迈德，通常被称作伊斯梅尔·本·艾哈迈德、伊斯梅尔·索莫尼或伊斯梅尔·萨曼。

摄影 Adam Harangozó

伊斯梅尔萨曼耐迪陵墓
伊斯梅尔 · 萨曼为其父与子孙后代建立的陵墓，是中亚最古老的伊斯兰建筑之一

势力最终在欧亚交界处正面交锋，正如第二章中所提到的，这场战争以花剌子模王朝惨败告终。我们在这里深入剖析一下花剌子模王朝战败的原因。

在与蒙古成吉思汗军团的战争中，花剌子模始终采取游击策略，极力避免与蒙古军在草原战场上硬碰硬。实际上双方的兵力不相伯仲，而花剌子模军坚持避战的原因众说纷纭。但是十有八九是花剌子模军企图一路后撤，一路焚烧草原，诱敌深入，再进行围剿。这一战术在第一章也介绍过，是欧亚草原乃至俄罗斯平原部族战争中的惯用战术。后世拿破仑和希特勒都吃过这一战术的亏。然而，花剌子模军的战略撤退，却正中了日行千里的蒙古铁骑的下怀。最终，反倒是自己被困在撒马尔罕，不得不破釜沉舟了。

战争的结果可想而知。那时的蒙古军团，已经配备了当时最先进的火器。撒马尔罕的城防，终究没有抵御住枪炮火器的狂轰滥炸。

当时，撒马尔罕的城市建设领先世界，整齐的水泥街道下甚至建设有地下水道。亚历山大大帝初临这里时，也曾不禁感叹："早就听说撒马尔罕宏伟壮丽，今日一见，竟然比想象中更加美轮美奂。"然而，在蒙古军团无情的炮火之下，撒马尔罕几乎被夷为平地。

如今，在撒马尔罕的东北部，有个名叫阿弗拉西阿卜（Afrasiab）的丘陵。这里一片荒芜，只有稀稀落落的、被当地人称作"骆驼草"的杂草随着风沙摇曳。谁能想到，在数个世纪前，这块荒凉的山丘竟是富丽宏伟的撒马尔罕。近几年的考古工作，使一幅幅被深埋地底的壁画重见天日，粟特人曾经的辉煌才得以重现人间。

废墟中重生的撒马尔罕

13 世纪初，蒙古帝国已经称霸中亚全域。然而随着成吉思汗的驾崩，他的四个儿子因为王位继承而剑拔弩张，这才有了四大汗国（详参左表）。撒马尔罕最终被纳入次子察合台所创建的察合台汗国版图中。按照蒙古草原上"废长立幼"的传统，可汗驾崩后，长子必须继承最边陲的领土，次子邻之，以此类推。也就是说，可汗的

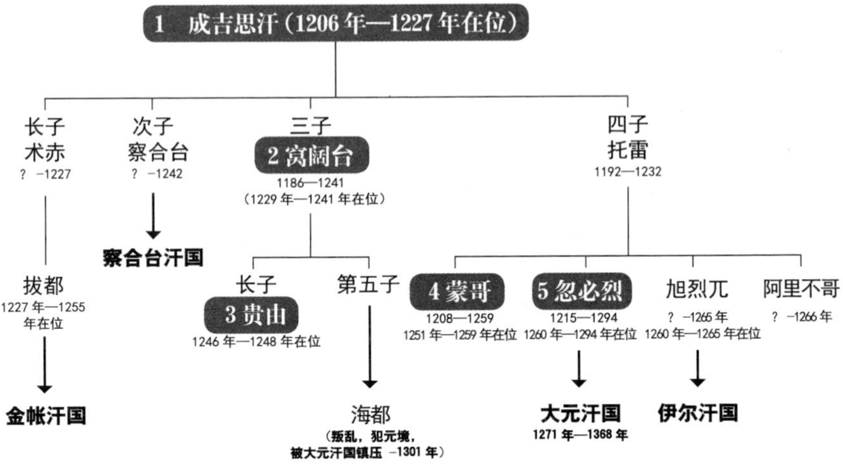

蒙古皇室族谱

* 数字代表皇帝继位顺序

继承人往往是末子。

然而，细看附表就能看出，成吉思汗这一脉，继承可汗之位并不是末子托雷，而是三子窝阔台。窝阔台身为三子，却能继承大统，可以见其能力出众。然而，窝阔台的长子——第三代可汗贵由就没有他父亲那样走运了。贵由继位后不久，其帝位的正统性遭到质疑。结果第四任可汗再与窝阔台一脉无缘，而是由托雷的长子蒙哥继承。蒙哥登基后，对窝阔台一族残酷打压，窝阔台及残党顽强反抗，一时间蒙古帝国内政局动荡。

察合台汗国统治下的撒马尔罕却全然游离于这场动乱之外，统治者好像忘却了这个城市的存在，任这里的残垣破壁经受风霜摧残。

1333年，摩洛哥籍阿拉伯大冒险家伊本·白图泰也曾游历撒马尔罕。他在著作《白图泰游记》中提及了这趟撒马尔罕之行，表达了对曾经辉煌城市的心驰神往，还有对如今断壁残垣的扼腕叹息。

察合台汗国身处中亚，与蒙古草原相隔千里，加上当地文化的潜移默化，汗国在突厥化和伊斯兰化的道路上分道扬镳。国内蒙古贵族“埃米尔”的内部分歧也愈演愈烈。最后结果汗国分裂为东、西两个政权，各自为政，剑拔弩张。

东部政权的势力范围是天山山脉以北的吉尔吉斯草原，而西部政权者则坐镇以撒马尔罕为中心的河中地区。这种分裂局面并没有持续多久，就被一个名作帖木儿的男人（1336年—1405年）终结。

帖木儿是蒙古贵族，出生于撒马尔罕以南80公里的沙赫里萨布兹。1370年，帖木儿出面统一了分裂下的察合台汗国，自立为王，改国名为帖木儿王朝，建都撒马尔罕。阿弗拉西阿卜丘陵的旧城废墟早已不堪重建，帖木儿索性在废墟的西南另起新城。

撒马尔罕新城还没有建成，帖木儿就已经迫不及待地展开了侵略战争。短短十年时间，帖木儿军队的铁蹄踏遍了中亚的所有主要都市。帖木儿每征服一地，不仅是掠夺财产、毁坏城池，还不忘将当地手艺人和艺术家劫掳到正在建设中的撒马尔罕新城中。

14世纪中叶，帖木儿吞并了忽必烈胞弟旭烈兀所建的伊尔汗国，继而远征痛击了印度与金帐汗国。15世纪初，帖木儿从埃及马穆鲁克王朝手中夺下大马士革。在土耳其的安卡拉又大破奥斯曼帝国军。此番大败险些让奥斯曼帝国灭亡。帖木儿将掠夺而来的财宝与人才悉数投入撒马尔罕的复兴建设中，但是他本人还没有享受到这份繁华，就在转战大明帝国的途中染病驾崩了。

撒马尔罕在帖木儿一朝重拾当年荣光。这时有人要问了，帖木儿为什么如此执着于复兴撒马尔罕呢？原来帖木儿自小就把蒙古英雄成吉思汗视为偶像，并且醉心于撒马尔罕曾经的传奇。然而凑巧的是，这座他憧憬已久的传奇之都，偏偏又毁于自己的偶像之手，这让帖木儿怎么可能忽视这座城市？

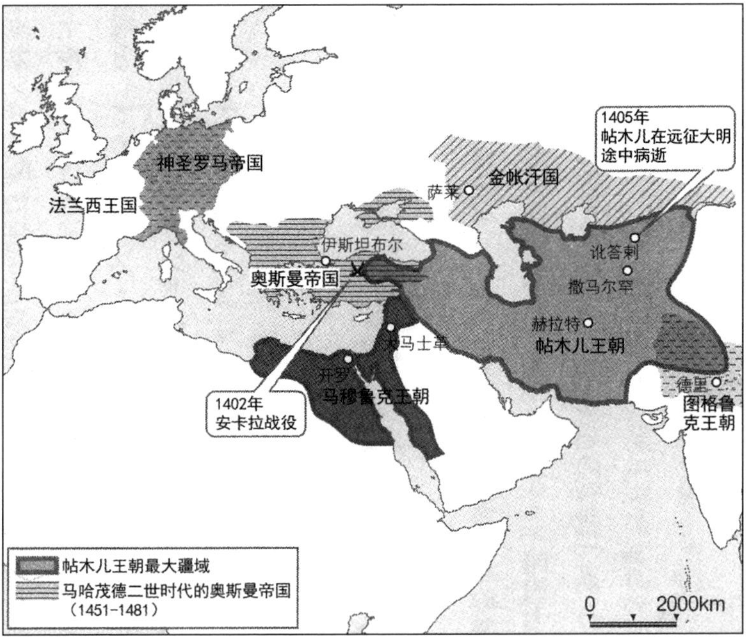

15 世纪时期的帖木儿王朝疆域示意图

兀鲁伯与大天文台

开国皇帝帖木儿驾崩后，帖木儿王朝一度陷入王位之争。一直到帖木儿的第四子沙哈鲁继任第三代君主（1405 年—1447 年在位），政局才逐渐稳定。

沙哈鲁虽然继承了大统，却因先皇帖木儿的命令，必须坚守在赫拉特（现今阿富汗西北部城市），不能移居到首都撒马尔罕。于是，沙哈鲁将他的长子兀鲁伯派到撒马尔罕。兀鲁伯天纵英才，后来也当之无愧地继任第四任君主（1447 年—1449 年在位）。就这样，国君坐镇赫拉特，皇长子掌管撒马尔罕，父子协力，将王朝引入盛世。

兀鲁伯被委任掌管撒马尔罕时，只是一个年仅十六岁的少年。他的父亲沙哈鲁在位三十八年，再算上兀鲁伯继位的两年，兀鲁伯总共统治撒马尔罕长达四十年。这四十年可谓是撒马尔罕的黄金岁月。如今留存于撒马尔罕的文化遗产多半出自这个时代。

在众多文化遗产中，最令人印象深刻的、毋庸置疑就是兀鲁伯的天文台了。在近代德国天文学家开普勒制定新版天文表之前，兀鲁伯天文台所制的天文表一直是世界之最。

天文表是什么呢？简单来说，天文表是用于观测恒星位置与运动轨迹的图表。例如说，凭借这张表人们可以预测出某年 3 月 2 日，处女座星团位于夜空的哪个地方。想要制作一张精密的天文表，高等数学不容或缺。相传，兀鲁伯是当时世界闻名的数学家、天文学家。1420年，兀鲁伯斥巨资兴建了这座享誉世界的天文台。现今，这座天文台的遗迹仍然保存在撒马尔罕旧城废墟旁的山丘上，天文台那媲美地下宫殿的地下结构让现代建筑师也不禁感叹。

那么，兀鲁伯是出于什么意图，不惜重金兴建这栋天文台呢？说到建造的原因，还是离不开蒙古帝国的传统。蒙古帝国第二任可汗，也就是成吉思汗的第三子窝阔台继位后，指名让自己长兄术赤的儿子拔都率军远征欧洲，并让自己的长子贵由，还有四弟托雷之子蒙哥随伍。很显然窝阔台是有意磨砺成吉思汗的孙辈。然而，远征军还没上前线就已经自乱阵脚，尤其是贵由自恃皇子身份，与领将拔都频繁闹出矛盾。

蒙哥对表兄弟们的钩心斗角嗤之以鼻，率领麾下部队想要一举攻陷沙俄的主要城市基辅。然而，他正打算长驱直入，横穿西伯利亚直抵匈牙利平原时，才注意到了一个严重问题——时差。

按照草原上的传统，大事之前必须要事先占卜择日，行军作战也要遵循这一传统。早在这次出兵之前，首都哈拉和林的占星师就算出了进攻基辅的吉日是某年某月某日的早上七点，然而当蒙哥领军抵达基辅城下时，却已是日暮时分了。古代人那时哪里晓得时差一说，所以说蒙哥可谓是这方面的先驱了。

要解决这个问题，说来也容易，统一帝国内时间即可。蒙哥自幼热爱欧几里得几何学，所以也了解统一标准时刻对帝国统治的重要性。

蒙哥继位后，任命自己的弟弟旭烈兀领军再次远征西方。后来旭烈兀在波斯成立伊尔汗国，蒙哥要求他帮助自己制定帝国的标准时间，并以建造精密天文台为由，让他将波斯的天文学家带回哈拉和林。

蒙哥驾崩后，旭烈兀继承兄长的遗志，在汗国首都蔑剌哈建造天文台。这个天文台的观测范围甚至可以到达西欧。忽必烈在建设大都（现北京）时，也效仿两位族兄建造天文台，并于 1280 年制成了“授时历”。1684 年，日本涉川春海参考“授时历”，制定“贞享历”，进一步调整了北京与江户之间的时差。

时移世易，帖木儿入侵伊尔汗国，蔑剌哈天文台被毁于战火之中。但是对天文台的执着在帖木儿一脉中代代相传。终于到了第三朝，秉性爱好与蒙哥惊人相似的兀鲁伯开始着手重建天文台。如果说撒马尔罕的天文台见证了蒙哥以后那波澜壮阔的蒙古历史，也丝毫不为过。

兀鲁伯驾崩后，帖木儿王朝分裂为撒马尔罕、赫拉特两股势力。第七代君主阿布 · 赛义德（1451 年—1469 年在位）明面上统一全国，建立以撒马尔罕为中心的政权，但实则人心离散，国将不国。

帖木儿王朝之后的三个王朝

日益衰弱的帖木儿王朝最终还是难逃被征服的命运。而征服者正是成吉思汗长子术赤一脉的后裔昔班尼汗。昔班尼汗眼见祖国金帐汗国积重难返，就率领部众侵占了河中地区，创立了昔班尼王朝（1501 年—1599 年）。最初，昔班尼汗建都撒马尔罕，后来又迁都到布哈拉。

昔班尼王朝延续不足百年，皇室血脉就断绝了。无奈之下只能请金帐汗国的皇室札尼家族前来继承皇位。札尼一族源于俄罗斯的阿斯特拉罕，所以札尼王朝又叫阿斯特拉罕王朝（1599 年—1785 年），王朝的首都仍然设在布哈拉。

两个王朝都是成吉思汗后代创建的政权，因此王朝的国君都称“可汗”。阿斯特拉罕王朝虽然频遭“亚洲拿破仑”纳迪尔沙侵扰，布哈拉与撒马尔罕却没有遭受战乱之苦。然而王朝经受住了战火，却没有幸免于内乱。曼吉特族宰相穆罕默德・马桑・沙・穆拉德篡位，成立曼吉特王朝（1756 年—1920 年）。曼吉特一族没有成吉思汗血脉，所以国君不再称“可汗”，而是改称为“埃米尔”（总督）。

昔班尼和阿斯特拉罕两朝共计三百六十八年，国都都是设在了布哈拉，所以两个王朝又被统称作“布哈拉汗国”。在此期间，河中地区东北部大小部族林立，战乱频发。然而布哈拉与撒马尔罕作为连接欧亚的经济贸易中心，影响力越来越大。也是在这种影响力的庇护下，布哈拉汗国这样的小邦才得以在战火中幸存。

沙俄转战中亚

盘踞在欧亚大陆北端的“巨人”沙皇俄国，一直都梦寐以求想打开通往南方的门户。最理想的地方，莫过于黑海与克里米亚半岛了。但是随着克里米亚战争（1853—1856）的失利，沙俄已经不敢觊觎克里米亚半岛这条路线。摆在沙俄面前的只剩下黑海路线，也就是转战中亚，吞并阿富汗，直逼印度。

1867 年，沙俄在塔什干成立突厥斯坦总督府，作为征服中亚的战略前线。总督府隶属于军部，总揽殖民地的军政大权。突厥斯坦并不是一个国家，而是泛指突厥人聚居的地区，也就是河中地区与横贯帕米尔高原东西的草原及绿洲地带。

突厥斯坦上的小城小邦如何抵挡得了来势汹涌的沙俄军队？1868 年，布哈拉汗国沦陷，撒马尔罕失守。当时的突厥斯坦，除去布哈拉汗国以外，还有两个同样根源于金帐汗国的“汗国”，分别是位于阿姆河下游花剌子模地区的希尔汗国，与地处帕米尔高原费尔干纳地区的浩罕汗国。突厥斯坦总督府略施武力，就将三国纳为保护国。中亚全境尽数落入了沙俄之手。

突厥斯坦总督府首任总督考夫曼是军人出身，颇有统治才能。他一踏上中亚土地，心中就有了计划——这里的气候正适合种植棉花。果然如他所料想，棉花的种植大获成功，只不过数年的时间，阿姆河流域就被雪白的棉花田覆盖，撒马尔罕也得以复兴。然而，棉花种植需要大规模的引水灌溉，阿姆河难以供给，种植方不得不从锡尔河引流。这样一来直接导致了两条河的水量枯竭，导致咸海面积锐减。时至今日，咸海早已不见当年的身影，同时也备受各种环境问题困扰。

自那以后，河中地区就再没有诞生过独立政权。20 世纪初，沙皇俄国覆灭，这一地区顺势被转手给苏联统治，独立之日更是遥遥无期。直至 1991 年苏联解体，河中地区才重归国际视野。

本章结语

1991年塔吉克斯坦从苏联独立，政府重提萨曼王朝国君伊斯梅尔的名号为自国正名。乌兹别克斯坦从苏联独立后，也同样向国内外大肆宣扬帖木儿王朝的英雄事迹。这直接导致有一段时期乌兹别克斯坦举国上下都染上帖木儿色彩。时至今日，曾经作为帖木儿王朝首都的撒马尔罕仍然是“帖木儿”当道。

如今的撒马尔罕人口不过50万。给这座亚历山大大帝眼中的梦幻之都再补充两点，就可以带领诸位结束这趟旅程。

三座神学院

列基斯坦广场周围的建筑是三座神学院，左侧是兀鲁伯神学院；正面为提利亚－卡里（意为镶金的）神学院；右侧为希尔－多尔（意为藏狮的）神学院

撒马尔罕虽然是绿洲城市，却地处干旱的高原地带，四季少雨。如果诸位有机会造访这座城市，必定会感叹于当地的苍穹之美。撒马尔罕的天空高远湛蓝，丝毫不亚于北京深秋的天空。撒马尔罕也因此得“蓝色之都”美名。

然而，撒马尔罕的“蓝色之都”之名，还有另外一个来源，这座城市随处可见以鲜艳的青蓝色为主基调的帖木儿时期的建筑。一幢幢幽蓝的清真寺和神学院，帖木儿墓也是由湛蓝的穹顶覆盖。天地两相容，令人感慨无限。其中，比比·哈内姆大清真寺、列吉斯坦广场和供奉帖木儿一族灵柩的埃米尔帖木儿墓是最典范的三个景点。

自帖木儿时代起，中亚地域就流传着一种名为“馕”的地方美食，其中撒马尔罕的馕更是“香”名远播。

眼下，如果有朋友想要一睹这座传奇古城的风采，建议先飞往韩国首尔机场，转乘大韩航空或韩亚航空到塔什干，再从当地转机（一小时）或转乘火车（三小时），就能抵达撒马尔罕了。这是目前能找到的最近路线了。

撒马尔罕历史事件年鉴	
西历（年）	历史事件
公元前10世纪	以贸易为业的粟特人，在阿姆河、锡尔河流域（河中地区）兴建多个绿洲城市
公元前550	波斯阿契美尼德王朝王朝诞生，吞并绿洲城市
公元前4世纪	亚历山大大帝攻陷马拉坎达（撒马尔罕前身），城市未遭到破坏
7世纪前	继巴克特里亚王朝、贵霜帝国王朝、萨珊王朝、突厥之后，大唐帝国统治河中地区。《新唐书》记载“昭武九姓”，其中就有康国（撒马尔罕）、安国（布哈拉）、石国（塔什干）
712	倭马亚王朝短暂统治后，易主阿拔斯王朝
751	阿拔斯王朝大败唐帝国，确定绿洲城市统治权（达罗斯战役）
759	撒马尔罕出现造纸工厂
875	伊朗萨曼王朝统治撒马尔罕
999	马穆鲁克，突厥喀喇汗王朝统治撒马尔罕
1210	马穆鲁克，花剌子模王朝建都撒马尔罕
1220	成吉思汗击溃花剌子模，将撒马尔罕夷为平地。其后，察合台汗国统治此地
1333	大旅行家伊本·白图泰造访撒马尔罕废墟，在作品中为其惋惜
1370	帖木儿（1336—1405）统一察合台汗国，重建都城撒马尔罕
1409	沙哈鲁继位帖木儿王朝第三任君主，委任长子兀鲁伯管辖撒马尔罕
1420	兀鲁伯建设天文台
1500	穆罕默德·昔班尼建立昔班尼王朝。1552年，迁都布哈拉（布哈拉汗国）
1599	札尼王朝（又名阿斯特拉罕王朝）诞生
1756	曼吉特王朝诞生，建都布哈拉，撒马尔罕仍是政经中心
1867	沙皇俄国在塔什干设置突厥斯坦总督府
1868	沙皇俄国控制布哈拉汗国，占领撒马尔罕。突厥斯坦首任总督考夫曼大兴棉花种植，河中地区再度繁荣，却也直接导致咸海枯竭
1991	苏联解体，乌兹别克斯坦独立。撒马尔罕成为乌兹别克斯坦的重要城市

第五章

三位巨人筑起的世界都城——北京

安禄山、忽必烈、永乐帝

谱写了它波澜壮阔的历史

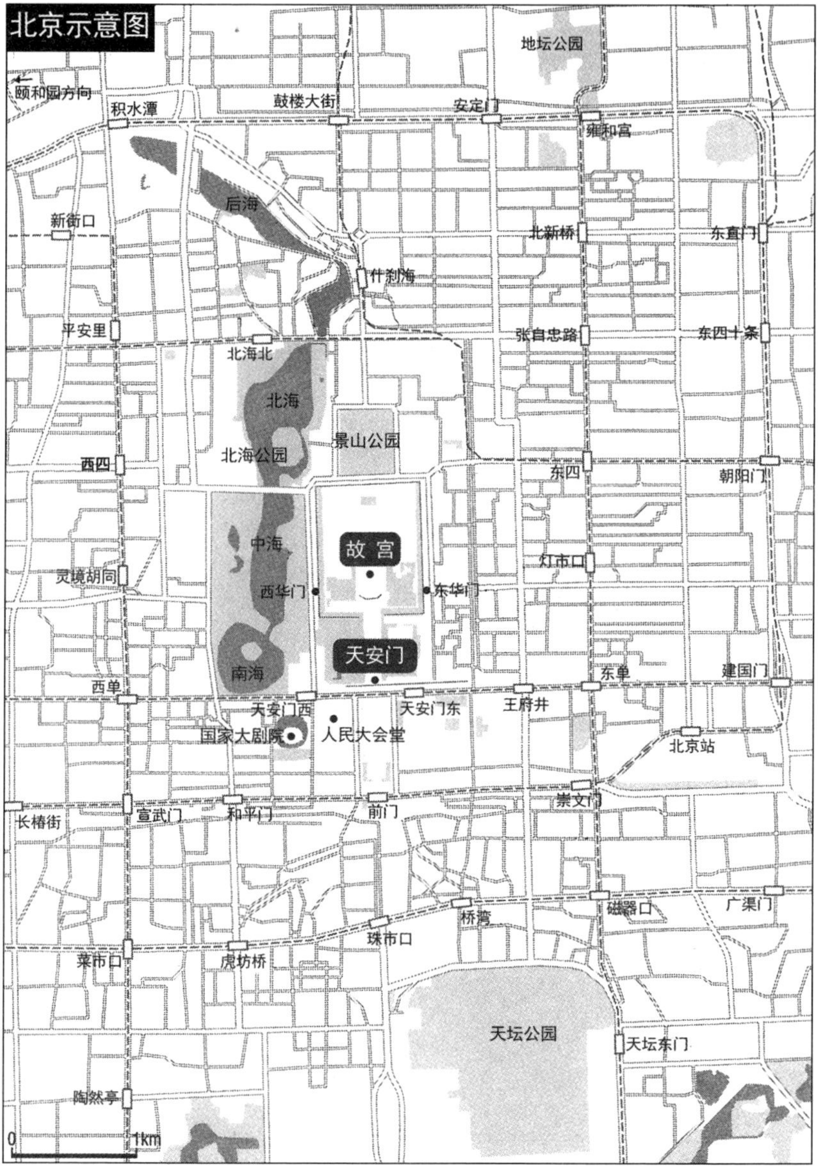
北京示意图
地坛公园
←颐和园方向
积水潭
鼓楼大街
安定门
雍和宫
后海
新街口
北新桥
东直门
什刹海
平安里
张自忠路
东四十条
北海北
北海
景山公园
北海公园
西四
东四
朝阳门
中海
故宫
灯市口
灵境胡同
西华门
东华门
天安门
南海
东单
建国门
西单
天安门西
天安门东
王府井
国家大剧院
人民大会堂
北京站
崇文门
长椿街
宣武门
和平门
前门
磁器口
广渠门
桥湾
珠市口
菜市口
虎坊桥
天坛公园
天坛东门
陶然亭
0
1km

京杭大运河开凿前的北京

华夏文明起源于黄河中游流域，也就是所谓的“中原”地区。然而北京的位置，却是在中原之外的北境。

中国历史上第一个王朝叫作夏朝。公元前 16 世纪，商（殷）灭夏之后，商朝统治中原五百余年，直到公元前 11 世纪被周朝所灭。周朝是中国历史上统治时间最长的朝代，长达七百九十年。中国幅员辽阔，古人把全国划分为九个区域，称为“九州”[1]。如果用欧洲来类比，九州就相当于英、法、德、意、奥等不同的国家。九州中的幽州就是如今的北京地区。幽州，顾名思义，从前这里是北部蛮荒之地，终年浓雾弥漫，很有遁世幽居之感。周王朝（西周）的国都镐京是中原文化的中心，和镐京相比，北京的地理位置确实称得上“幽”。

公元前 770 年，逐渐没落的周王朝迁都到洛邑（洛阳），开启了东周时代。当时铁器农具开始出现，农业生产力空前提高。随着粮食产量的增加而来的社会变革，加速了周王室的衰微。终于，地方

[1] 关于九州的划分，不同的古籍有不同的说法。《禹贡》称九州为冀、兖、青、徐、扬、荆、豫、梁、雍；《尔雅》按殷制，称九州为冀、幽、兖、营、徐、扬、荆、豫、雍，分冀为冀、幽两州；《周礼》按周制，称九州为冀、幽、并、兖、青、扬、荆、豫、雍，分冀为冀、幽、并三州。

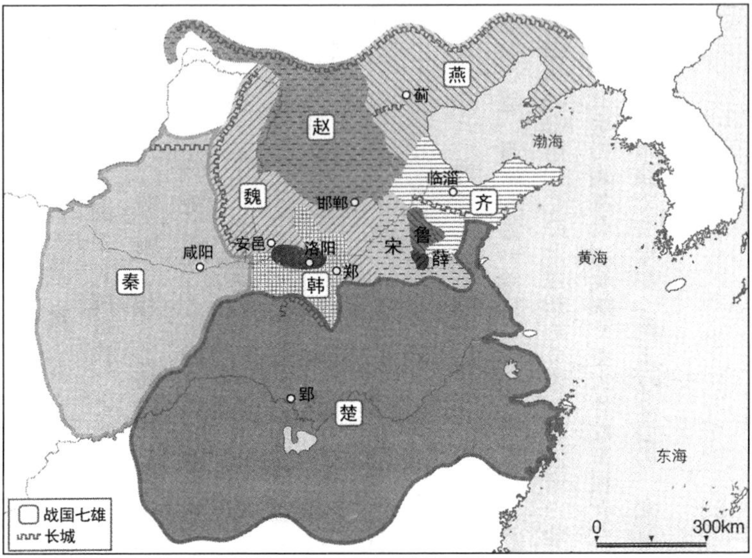

战国七雄示意图

诸侯纷纷脱离了周王室的统治，各自建国称君。起初，从周王室分裂出来的独立国家达两百多个，历史上将这一时期称为“春秋时代”。经历了三个世纪的诸侯混战，只有七个诸侯国坚持到了最后，这就是“战国七雄”——齐、楚、燕、韩、赵、魏、秦。战国时代（前475—前221）[1] 由此拉开序幕。

七雄之一的燕国把首都设在蓟，也就是如今的北京地区。燕国本来只是一个边隅小国，直到名将乐毅登场，才在他的带领下走向

[1] 战国时代：此处采用《史记》定战国开始时间，周元王元年即公元前475年。

强盛。

紧邻燕国南部的齐国占据着富饶的胶州半岛，当时，齐国的国力可以和后来成为七雄之首的秦国一争高低。燕昭王自知与齐国的一战在所难免，于是不遗余力地搜罗可用之才。根据《战国策》的记载，燕昭王向名士郭隗征询寻找良才的办法，郭隗给了他四个字——卑身厚币[1]。

“若陛下对臣这样的庸才，尚能予以厚待，以师事之，何愁没有才能高于臣十倍、百倍的贤才，慕陛下爱才之名前来投奔？”

燕昭王采纳了郭隗的建议，后来果然有大批贤才慕名来投奔，其中就有乐毅。在燕国与齐国的战争中，乐毅力挽狂澜，率领联军以弱胜强，接连攻下七十多城，差点儿灭了齐国。随着战争的胜利，燕国将胶州半岛和朝鲜半岛都纳入囊中，跻身强国之列，而燕国首都蓟也占尽了风光。

这里补充一句，日本现代作家宫城谷昌光创作了《乐毅》一书，讲述了这位战国名将的传奇人生，可见乐毅在日本也是有一定人气的。

燕国虽然一时势起，但最终难敌秦国的雄师，蓟陷落，燕国灭亡。从燕灭齐走向强盛（前 258 年），到后来秦灭燕统一中原（前 221 年），这期间大约半个世纪，北京迎来了属于自己的第一个巅峰期。

秦统一中国之后，仅仅经历了两个皇帝，就被汉推翻（前 202

---

[1] 卑身厚币：放下君主的架子，甘心执弟子礼，以贤者为师，且不惜重金，对贤者待遇优厚。

年）。西汉被王莽窃国，之后复辟的朝代史称东汉（25 年—220 年）。东汉末年，王权统治衰微，中国进入了魏、蜀、吴三国鼎立的时代（220 年—280 年）。后来司马晋（西晋）统一三国，但中原却频遭游牧民族的侵扰。在北方大地上，分裂的政权林立，这段时期史称“五胡十六国”（304 年—439 年）。“五胡”指匈奴、鲜卑、羯、氐和羌。历经了一百多年的战乱以后，中原地区出现了南北朝对峙的局面，这就是南北朝时期（420 年—589 年）。北方游牧民政权北朝的中心是现如今的河北省；南朝是汉人的政权，占据了河南省与江南地区。

在秦汉两朝，蓟曾一度被更名为北平，后来又改回了蓟。581 年，隋王朝再度统一中原，结束了自西晋末年以来近三百年的分裂局面。隋文帝（581 年—604 年在位）、隋炀帝（604 年—618 年在位）两位皇帝倾尽国力，开凿了“京杭大运河”。这条运河始于涿郡（今北京西南郊），止于余杭（今杭州），是中国历史上首条连通南北的水运动脉。京杭运河的价值不亚于后世连接罗马与埃及的运粮航道。北京的崛起指日可待。

大唐帝国与安禄山

说到中国的粮仓，一定就会提到长江下游的广袤平原地带。然而在唐朝以前，历代王朝的首都都集中在黄河中游流域的中原地带，比如咸阳、长安、洛阳等。兴建一条将江南的粮食妥善运送到首都的粮道，就成了历代王朝的第一要务。运送大量的物资，水路比陆路更加省时省力，这就有了后来运河的开凿。北京占据了京杭运河的便利条件，再加上这里自古以来就是抵御北方异族入侵的战略重镇，北京的地位可谓一跃千里。

隋朝建国不过四十年就被唐朝取代（618 年）。隋、唐同根同源，都不是汉族，而是五胡十六国时代入侵中原的游牧民族——鲜卑。鲜卑中的最强者拓跋部从五胡十六国的斗争中脱颖而出，建立了北方统一政权——北魏。拓跋部为了能顺利统治中原地区，习汉制，易汉服，彻底融入了汉族。南北朝末期，北魏分裂，拓跋部的后裔创立了隋朝政权，后来又建立了唐朝。

说个题外话，隋唐两朝本身就有游牧民血脉，所以对北方民族有亲近感。秦始皇当年苦心建造的长城，在隋唐两代就失去了原本的作用。实际上自秦汉以后，重视长城工程的只有朱明一朝，现如今残存的城墙一大半都是建于明朝。

公元 712 年，唐玄宗李隆基登基（712 年—756 年在位），年号“开元”。玄宗继位初期，朝野太平，天下富足，史称“开元盛世”。然而，玄宗后来宠爱杨贵妃，逐渐怠慢朝政。北方归顺的异族见唐朝内部政局不稳，都产生了谋反自立的主意。当时，中原附近的异族当属回鹘[1]与突厥最为强盛。早在唐睿宗年间（711 年），朝廷就已经在东、西、南、北国境处设置了“节度使”这一官职，让节度使来管束异族。

节度使坐镇边疆，总揽管辖地区的军政大权，权力机构名为

[1] 回鹘：即回纥，是中国的少数民族部落，维吾尔族的祖先。

“幕府”。没错，在后来的 12 世纪时，日本照搬了这个称呼用作最高权力机关的名字，掌权的人称为“征夷大将军”。所谓“征夷”，指的是征讨陆奥国[1]的“虾夷”。而中国一直以来都是称边境地区的外族为“蛮夷”。这就看得出征夷大将军与节度使的权责十分接近。

唐开元二十一年（733 年），唐玄宗调任张守珪坐镇范阳，担任节度使。范阳就是幽州，也就是如今的北京地区。张守珪收有一个义子，名叫安禄山（703 年—757 年）。安禄山这个人极擅曲意逢迎，不仅深受义父张守珪喜爱，更是使得杨贵妃对他十分疼爱。安禄山身材肥硕，却跳的一手好胡旋舞，当真是人见人爱的“丑角”。

后来安禄山接任范阳节度使，之后又被委任为平卢（今辽宁）、河东（今太原）的节度使，与当时权倾朝野的宰相杨国忠（杨贵妃族兄）势力分庭抗礼。755 年，安禄山以“诛杀国贼（杨国忠）”为名起兵谋反，一举攻占了洛阳、长安等地。唐玄宗携杨贵妃匆忙逃亡蜀地，逃亡途中唐玄宗为了安稳军心，只能忍痛处死杨贵妃，杨国忠自然也是难逃一死。

这次叛乱一直到唐玄宗和安禄山两人死去都仍然没有平息。直到唐玄宗的儿子唐肃宗彻底扫清了史思明（703 年—761 年）势力，这场叛乱才算逐渐落幕，这也就是后世常说的“安史之乱”。

唐帝国遭遇了安史之乱的摧残，国势一蹶不振，幸好后来得到回鹘游牧势力的帮助才免于亡国。唐朝想要平定内乱竟然要借助异族的力量，可见唐朝当时国力的衰弱。但是这也足以证明华北之地

---

[1] 陆奥国：日本古代的令制国之一，属东山道，又称奥州。

完全有潜力动摇中原。可以说，安禄山的登场，为北京的历史翻开了崭新的一页。

乍看之下，安史之乱只是一场国家的内乱，然而如今的国际观点却赋予了这件事新的解释。

据传说，安禄山是粟特与突厥的混血，出生在中亚呼罗珊地区，史思明是他的同乡。呼罗珊意为“日出之地”，大概是如今的伊朗中部和阿富汗西北部地区。呼罗珊的西北方向就是上一章中提到的河中地区。

公元750年，一场以呼罗珊地区为起点的大革命席卷了整个伊斯兰世界。当时，大唐帝国与倭马亚伊斯兰帝国犹如巨龙猛虎盘踞在欧亚大陆之上。然而，正值鼎盛的倭马亚帝国却被阿拔斯家族灭亡。阿拔斯是伊斯兰教鼻祖穆罕默德的叔父，他趁着什叶教暴动之际，联手波斯势力推翻了倭马亚政权，史称“阿拔斯革命”。这场革命的主力就是呼罗珊的地方武装。阿拔斯王朝成立翌年（751年），就在达罗斯河畔大败唐军。或许这场大捷之后，阿拔斯王朝就已经萌生了入侵大唐帝国的想法。

根据这些相关历史事件的发生顺序，容笔者斗胆做一番假设。安禄山、史思明二人虽然是在唐帝国的北方起家，但是两人都是在呼罗珊地区出生的。或许安禄山与呼罗珊地方武装有着千丝万缕的联系？如果真是这样的话，接下来的事就不难猜测了。8世纪中叶，正值欧亚大陆上的两大霸主进入疲软期，安禄山与处于两国中间位置的呼罗珊地方武装合作，也不是绝非不可能：我图东方，你图西方，相互增援。如果事成，你我平分天下。

结果西边的呼罗珊武装高奏凯歌，改朝换代。东边的安禄山一时得势，而后却节节败退。分明是同一个时间点发生的兵变，胜利了则被称为“革命”，失败了则被称为“乱”。

“卸任”国都

唐朝灭亡以后（907 年），位于黄河中下游流域的中原先后经历了五次朝代更迭，周边地带也是小国林立。直到赵宋再度统一中原（970 年），这一分裂状态已整整持续了将近七十年，史称“五代十国”。

五代十国中的“五代”，指的是后梁、后周、后唐、后晋和后汉。后三者都是突厥游牧民政权。其中后晋的国君石敬瑭（892 年—942 年）是影响北京历史的重要人物。

石敬瑭为了巩固自身的权力，不惜向北方蒙古的游牧国家契丹求助。当时契丹雄踞中原北部乃至俄罗斯东部沿海地区，国力强盛。太祖皇帝耶律阿保机（872 年—926 年）统一了契丹各部族之后，建立王朝。耶律阿保机还给王朝取了个汉名——“辽”，可见其觊觎中原的野心。

契丹出兵为石敬瑭巩固政权，而作为报酬，石敬瑭必须将燕云十六州割让给契丹。燕云十六州就是现如今北京及天津全境、河北北部地区还有山西北部地区。这里原来一直是汉民居住的土地。燕云十六州中的“燕”就指的是原来战国七雄之一燕国的所在地。“云”指的是云州，也就是如今的山西大同。割让的区域也包括了位于北京西北部的北魏首都平城。

契丹依照本国的管辖制度，把广大的燕云十六州划分为五道，设置了“五京”来治理。“五京”分别是东京辽阳府（今辽宁辽阳）、上京临潢府（今内蒙古巴林左旗南）、中京大定府（今内蒙古宁城西大名城）、西京大同府（今山西大同）和南京析津府（今北京）。这里需要注意一点，契丹口中的南京正是当时地处州境最南端的北京。

自那以后，南京（北京）就成了契丹实现占领中原霸业的门户，其战略地位可想而知。

到了“五代”时期最后的王朝后周，国家幼主无力，武将赵匡胤兵变称帝。赵匡胤登基（960 年—976 年在位）之后，改国号为“宋”。赵匡胤的弟弟赵光义后来也登上了皇帝的宝座。燕云十六州以外的中国全境都收归到了宋的统治范围（979 年）。

宋朝一反常例，没有将国都设置在地处中原的长安或洛阳，而是选择了当时名不见经传的开封。开封地处洛阳以东，邻接黄河，而且是大运河的沿岸城市之一，但这些都不足以成为把这里建设为首都的原因。不过在揭露具体的原因之前，有必要先分析一下宋朝的对辽政策，从政策中解析出宋朝的民族性格，那么宋朝选择建都开封的原因也就不言而明了。

契丹眼见宋朝统一中原之后，征服的野心日益膨胀，挥师南下讨伐中原。宋朝也一向明白契丹野心，但是也浑然不惧，北上迎敌。两军在开封以北、黄河沿岸的澶州对峙，两军人数合计接近百万。双方权衡利弊，一致决定停战，签署和平条约，这就是著名的“澶渊之盟[1]”（1004 年）。

“澶渊之盟”的主要条款有两条。一是两国国境维持现状，并且互相结为兄弟国。二是宋朝作为兄长国，每年赠予契丹一定量的岁币，或者也可以用丝绸替代。宋朝坐拥江南沃土，契丹用岁币向宋朝采购物产。如此一来，契丹改善了民生，宋朝取回岁币，双方互利共赢。也正是因为这一系统的良好运作，两国和睦相处达两百五十年之久。但是同时也让中原彻底与燕云十六州绝缘。

实际上，第一个定都开封的王朝并不是宋朝。早在五代十国之初，后梁灭唐之后就曾迁都到了开封（当时称汴梁）。自那以后，长安、洛阳等传统的中原国都再未登场。

自古以来，建都长安或洛阳的王朝都是以强大的军事实力见称的。这样才能坐镇中央，统治全国。然而，单是从宋辽签署“澶渊之盟”就可以看出，赵宋治国凭借的是经济手段。所以国家的理想首都就不再是深处腹地的中原，而是一切向交通便利和商业繁荣看齐的地方。开封地处京杭大运河沿岸，连接黄河流域与江南杭州，确实是商业都城的不二之选。

持续了两个多世纪的“澶渊之盟”在金灭契丹之后宣告终结。金地处契丹以北，统治者就是后来创立清朝的女真族。金占据北方之后，改北京为中都大兴府，并把首都建设在这里。

金不像契丹那样通事明理，定都之后直接挥师南下直取宋土。

[1] 澶渊之盟：北宋与辽在澶（chán）州签订的盟约，因澶州在宋朝亦称澶渊郡，故史称“澶渊之盟”。

宋不得不放弃开封逃往南方，跨越长江迁都杭州，始为南宋。杭州是京杭大运河的终点，也是全国物资的集结地。南宋倚靠富庶的江南，利用大运河之便，坚持了一个半世纪之后才彻底终结。

京杭大运河始于北京，终于杭州，贯穿中国南北两千五百余里，开通后的一千多年里始终主导着中国的历史走向。

重登王座

金国在中国北方仅仅昙花一现，就被随后而来的蒙古帝国取代（1234年）。蒙古帝国的第五任可汗忽必烈（1260年—1294年在位），在原来金国首都中都大兴府城郊的平原上，兴建了一座新的都城，起名“大都”（1267年）。

放眼在这之前的中国历代国都，无论是长安、洛阳，还是开封，在建都的时候都已经初具城市规模。像大都这样为建都而“建”的都城，在中国历史上还是独一份。可见忽必烈是多么执着于在异乡建造一座属于蒙古人自己的城市。

大都的城市结构谨遵中国古典《周礼》上记载的一套严格的建都准则。其中说到，都城必须坐北朝南，北侧倚靠丘陵，东侧毗邻河流，西侧铺设大道。如果上述的地理条件难以满足，《周礼》中还记载有补救的方法。如此说来，日本的寺院与神社都无一例外是坐北朝南，而且南面开阔，显然也遵循了《周礼》的准则。

这时有朋友要问了，既然是建设蒙古人自己的城市，为什么要遵循汉人的传统呢？

忽必烈继位第五任可汗的时候，蒙古帝国分裂成了四大汗国，分别是中国（元帝国）、金帐汗国、察合台汗国和伊尔汗国。忽必烈虽然是蒙古可汗，但是他深知身在中原汉土，想要巩固自己的统治，还是需要“入乡随俗”，接受中原文化。城市建设就是其中的重点。

大都内建有多处钟楼和鼓楼，主要是为了报时和联络。相传日本天守阁的建筑造型就是借鉴这些建筑。大都城内蒙古族的住宅都是四房围一院（四合院），院与院间隔的小巷称作“胡同”。如今的北京老城区仍然保留着当时的风貌。

忽必烈建造的天文台就位于大都的东南方向。这座天文台所用的精密“授时历”出自天文学家郭守敬之手。忽必烈选址定都北京，大都城由刘秉忠负责规划设计，另外还请了一个名叫黑迭儿的阿拉伯人一旁帮助。当时任都水监的郭守敬也参与了大都的建筑工作。国都已经确定，忽必烈为自己一手打下的江山取了一个响亮的国号——大元汗国（1271 年）。“大元”二字出自儒教经典《易经》，“元”既表示起源，又有天空之意。在元朝出现以前，历朝历代的国号都是来自开国者的相关词汇，例如汉王刘邦、唐国公李渊、宋州节度使赵匡胤等。而自忽必烈开始，国号可以由开国者自行拟定，可以说也是忽必烈开辟的一个先例。

大都威名席卷欧洲

马可 · 波罗所著《东方见闻录》在欧洲大陆上名噪一时，也令无数欧洲人对书中记载的神秘而繁华的大都魂牵梦萦。关于马可·波罗（1254 年—1324 年）这个人，后世众说纷纭。但是唯独有两点可以确证无误，一是马可·波罗是威尼斯人；二是他在威尼斯的牢狱中口述了这本《东方见闻录》。

如今蒙古帝国的相关古文献可谓是满坑满谷，其中并不乏汉文和波斯文文献。据传，马可·波罗当年随进行远东贸易的商船来到中国。残存至今的航海日志中，还完整保留了这次航行的船员和乘客名单，但是其中却唯独少了马可·波罗的名字。

据《东方见闻录》中的记载，马可·波罗当时受到了蒙古皇室的厚待，地位举足轻重。然而在元朝正史上，却不见马可·波罗的名字出现。《东方见闻录》的真伪难免存疑。但是如果对照史实，书中记录的正确内容却是十之八九。例如说，书中提到了南宋的故都杭州，马可·波罗称其为“行在”，也就是陪都之意。当时富饶的杭州仍然是中原的政治中心，早年宋朝廷放弃开封迁都到这里，确实把这里视为陪都。这一细节如果不是亲眼所见，恐怕是无法从别的地方得知的。

那么问题来了，如果说马可·波罗在书中记录的并非虚构，元朝方面为什么会没有任何的官方记录呢？所以面对这一矛盾，部分严谨的历史学家从来都不直呼马可·波罗其名，而是称他“名作马可·波罗的人”。

《东方见闻录》一经问世，很快就风靡欧洲，“富饶大都”的印象深深根植在每个欧洲人脑海中。书的影响经久不衰，直至 15 世纪的“大航海时代”，大都仍然可以说是每位航海家心中的目的地。意大利航海家哥伦布发现新大陆之后，也坦言大都才是他心中的罗盘所向。探险家雅克·卡蒂埃奉法国国王弗朗索瓦一世的命令赴加拿大探险时，自圣劳伦斯河逆流而上，也是因为怀疑大都就在五大湖对岸。而实际上，在当时大都已经覆灭百年，但是欧洲人对它的憧憬却丝毫未见消退。

近至中东叙利亚，远至东欧匈牙利，大都的影响力几乎遍及全球。加上大元帝国对外宽容，来者不拒。大都自从建成，集富于东方，闻名于西方，所以慕名而来的外国人从没有断绝过。

然而，自由的贸易、蜂拥而至的异族，带来的不仅是巨额的财富和文化的碰撞，还有病菌的传播。14 世纪，全球进入冰河期，粮食产量锐减直接导致人体抵抗力衰弱，黑死病肆虐，这为蒙古帝国衰亡埋下了一大伏笔。

笔者始终觉得“大航海时代”这个说法有些言过其实，以当时船舶的吨位与续航能力，真的能完成所谓的“大航海”吗？例如说，哥伦布驶往北美新大陆的船舶载重不过一百五十吨，船员也才八十八人。不过想来也是，“大航海时代”本就是日本学者提出的概念，与欧美无关。

忽必烈的苦心

忽必烈建立大都之后，对京杭大运河的便利深有体会，于是他萌生了一个新的点子。他开凿了京杭运河的北京到天津段，这样一来大运河就可以连通外海。自那以后，长江流域的运粮船可以从宁波行驶到黄海，再一路北上，进入天津港，然后驶往大都。

随着内河、外海两条航道的开通，大都的地位越发不可撼动。忽必烈的想法很简单，只要两条航道同时运转，大都的人口即使增长到一百万，甚至两百万，都不足为虑。

事实证明忽必烈的决定无比正确。元朝末年,“红巾之乱”（1351年—1363年）农民起义运动席卷中原，烽烟四起，京杭大运河也被起义军占领。然而大都却在京津航道的庇佑下岿然不动。

后来总揽中原运河的张士诚起义，找准了元朝的脉门，一举攻占宁波和苏州，斩断了大都的粮草供给。其后朱元璋率北伐军挥师攻打大都（1367年），元军粮草不济，只能弃都北逃。元朝灭亡。

忽必烈煞费苦心地将大都连通海洋，难道仅仅是为了保证首都的吃穿用度？显然不是，他是在盘算着更大的一盘棋。

自古以来，中国通往欧洲的途径有海路、陆路两条。所谓陆路，就是顺着草原一路西行。然而海路就要复杂得多，需要先从广州或泉州起航，途经马六甲海峡，穿越印度洋，最后抵达波斯湾或是红海。忽必烈将大都到天津的航道打通，船只进而可以经由宁波，再通往广州和泉州，这就开辟了一条更加便利的海运贸易路线。忽必烈把贸易视为一国繁荣的根本，特意为帝国的贸易开通了海洋、草原两条道路。

大元帝国作为蒙古世界帝国的盟主国，开辟对外道路，不单单是为了发展贸易，也是为了向其他的联盟国派遣节度使。例如说，忽必烈胞弟兀旭烈创立的伊尔汗国（现伊朗）就是联盟国之一，汗国的国都大不里士位于现在伊朗的阿塞拜疆省。每逢年初，伊尔汗国方面都必须派遣使节携带贡品赶赴大都朝奉，忽必烈方面再赐予回礼。回礼通常是成箱的马蹄形状的银块，俗称“银锭”。使节将这些银锭带回国，伊尔汗国再将这些钱借贷给“斡脱”（突厥语 ortaq，意为合伙），坐吃回扣。所谓斡脱，就是元朝经营高利贷的官商，其中成员主要由犹太、阿拉伯和波斯籍商人组成。

“斡脱”利用这笔资金向中原购入大量丝绸、陶器、茶叶等特产，再转手高价售卖到西方。忽必烈在这一过程中会征收一定比例的消费税，用以充盈国库。如此一来，既实现了钱滚钱，又避免了白银外流。用现代的话来说，这就是国际货币的良性循环。

另外，忽必烈严禁地方官员对港口和市场私设关税，并且严厉打击企图在白银流通中分一杯羹的“中间组织”。这可谓是世界规模的“乐市乐座[1]”政策。就这样，在政策与交通相互连动之下，中西贸易迎来了空前的盛况。

这就是令马可波罗念念不忘、令哥伦布魂牵梦萦的东方之珠——大都。忽必烈亲手为北京的历史翻开了这波澜壮阔的第二页。

从“大都”到“北平”

上节说到，大元汗国遭遇黑死病，国势渐衰。宗教团体“白莲教”趁元政府疲敝，揭竿而起，史称“红巾之乱”。一时之间，中原

[1] 乐市乐座：“乐市”与“乐市”是两个互有联系的独立概念。免除城下町的市场税和商业税，废除座商人特权，称为“乐市”。“座”其实就是日本式的封建行会，它起源于以公家、寺社为本所的同业特权团体，本所从座人处征收座役、座钱；进一步废除“座”本身称为“乐座”。

的汉族豪杰纷纷起兵呼应，伐元烽火席卷全国。

元军寡不敌众，张士诚所率领的起义势力攻陷宁波、苏州，截断了大都的粮道，将元政府逼入绝境。然而最终平定中原的却是原本隐忍在河南一隅的朱元璋。

朱元璋消灭张士诚，统一江南，建立了明朝政权（1368 年）。明军继续追击撤离到蒙古高原的元朝残存势力，也顺道入主大都，把这里改名为北平府。

朱元璋没有选择建都开封或杭州，而是选择了位于两者中间的南京。他委任皇长子——也就是钦定的皇太子朱标坐镇首都南京。而北平方面则委派能力仅次于太子的皇四子朱棣前去管辖。元朝势力虽然已经是强弩之末，但是仍然拥兵数十万，撤离到蒙古高原后，建立了残存政权"北元"，依旧不死心地觊觎中原。朱元璋派遣朱棣赴北平就是为了给朝廷看守国门。

洪武帝朱元璋（1368 年—1398 年在位）出身贫贱，幼时没有读过什么诗书。悲惨的身世造成朱元璋性情多疑。在他眼中，除了皇室亲族以外，其余文臣武将全都暗藏私欲，士大夫阶层尤其。所以在明朝政权稳定以后，朱元璋就开始着手肃清跟随自己打江山的开国元勋。据说这次肃清行动的受殃及者多达十万人。杰出的将领、朝臣和学者，一杀就是十万人，可见朱元璋狠辣。不过想来也是，朱元璋如果不是这样一个狠辣之人，也不会派遣自己的亲骨肉驻守北疆，而且一守就是二十年。

然而天理循环，报应不爽，朱元璋倾尽心血培养的皇位接班人朱标英年早逝。无奈之下，朱元璋只能扶持朱标之子——皇长孙朱允炆接替皇位。

建文帝朱允炆（1398年—1402年在位）继位时，不过是个二十一岁的少年。因为自己的皇祖父杀尽了前朝的元老贤良，导致他当政的一朝竟没有一个可用之人。从朱元璋的屠刀下幸存的，只有一帮满口君君臣臣的朱学腐儒，着实难堪大用。

难堪大用倒也算了，这帮腐儒还空谈误国，教唆建文帝除掉几位皇叔（削藩），以绝后患。朱元璋膝下四子，除去英年早逝的长子朱标以外，四子朱棣驻守北平，三子、五子分别统治大同、开封。以上提及的三座城市都是北方的军事重镇，朱元璋只派遣至亲驻守，可见他多疑多思的性格。然而朱元璋自认为他已经杀光了皇权的威胁，却终究还是为接班人留下了三个心腹大患。

这时这帮朱学腐儒又给建文帝出馊主意了："从势力较弱的开刀，一个一个地除掉他们。"建文帝听从谏言，轻易地除去了大同、开封的两个皇叔，然而四皇叔朱棣可就棘手了。毕竟北平府是抗元的前线，兵多将广。狗头军师们又发话了："不妨先从军队下手。"于是建文帝找借口将北平府的驻军削减分散。转眼之间，朱棣只剩下了亲兵数千人。

事已至此，摆在朱棣面前的道路只有两条，要么坐以待毙，要么破釜沉舟。1399年，朱棣以"清君侧"为名举兵造反，鏖战三年，拿下了最后胜利。建文帝死于宫中大火，朱棣登基，改年号为"永乐"（1402年—1424年在位）。

永乐帝与紫禁城

后世将这场夺位战争称为“靖难之变”（1399 年—1402 年），关于这场战争的细节始末，还请诸位细细看来。

靖难之变是一场典型的以少胜多的战役。建文帝坐拥朝廷雄师数十万，而朱棣的军队不过数千人。但是建文帝苦于军中缺乏良将（被朱元璋诛杀殆尽），军队空有规模，却没有实战经验。相较之下，朱棣的军队虽然人数上不占优势，但是每个人都是饱经沙场历练的勇士，而且对他忠心耿耿。两股势力交锋，鹿死谁手，还真未有定数。

双方鏖战三年，仍然没有分出胜负。可是谁能料到，建文帝最终竟败在了宦官的倒戈之下。

朱元璋的猜忌心之盛，他生怕宦官会走漏自己亲笔文书的内容，就一声令下将识字的宦官全部诛杀。但是正所谓匹夫不可夺其志，宦官虽然身份卑贱，但是也盼望着有朝一日能出人头地。所以识字的宦官根本斩杀不尽，因为其中假装文盲的大有人在。

试问如果说识个字都会有性命之虞，这样的主子还有谁敢侍奉？就这样，不堪迫害的宦官们纷纷倒向了朱棣的阵营，给他透露南京城内的情报。所以说朱棣最终取得胜利的很大一部分原因就在于有了这些宦官的协助。

朱棣虽然成功夺得帝位，但是只要在南京这个地界上，他就永远是个篡位之君。所以他登基不过一年，就力排众议，迁都到了自己的地盘北平，改北平府为北京。

而此时大元汗国的大都已经在朱元璋的北伐战争中被破坏殆尽了。永乐帝在大都以南垒起城墙，将这片区域围住，再在中心新建皇宫，这就是后来的紫禁城。

紫禁城始建于1406年，工程规模巨大，直至1421年才大致竣工。其实明朝迁都北京的理由，除去永乐帝的私心，还有个更为现实的问题。那就是蒙古残存势力（北元）仍然在北方虎视眈眈，建都北京，也是为了实现“天子守国门”。

永乐帝一生五次出征漠北，最终在第五次北征的归途中驾崩（1424年）。然而蒙古政权在永乐帝驾崩后，仍然苟延残喘了两百多年，最终被清王朝（1616年—1911年）所灭。清太宗（第二任皇帝）皇太极迎娶了一位科尔沁部的女子（满蒙联姻），据说蒙古后来还将忽必烈所制的传国玉玺相赠。

后来清灭明，直接建都北京。北京临近盛京[1]（前旧都，后陪都），又经过明朝数百年的发展，城市机能完善，而且还有宏伟壮阔的皇宫紫禁城，清朝着实是找不到理由建都别处。

郑和与他的“航母群”

自从永乐帝迁都北京以来，元帝国创立者忽必烈的传奇事迹在他的耳边就从未断绝。永乐帝也是争强好胜的性格，产生了与忽必

[1] 盛京：如今的辽宁省沈阳市。

烈一争高下的心思。

忽必烈的诸多功绩当中，当属连接海陆运输、开辟国际贸易的商道最为青史留名。然而明朝建国起，太祖皇帝朱元璋就厉行“海禁”，禁止本国与海外的贸易往来，只承认政府间的“朝贡贸易”。永乐帝不敢悖祖制，只能在朝贡贸易上做文章。他组建远洋船队，任命亲信宦官郑和作为船长，先后七次出海，寻找朝贡国，史称“郑和下西洋”。

史料记载，郑和船队的船舶超过六百艘，船员总数多达两万七千多人。其中的旗舰“宝船”载重超过两千吨。先前说到的半世纪后哥伦布船队只有船舶三艘，船员还不到百人，而船队的旗舰吨位只有一百五十吨，连郑和宝船的十分之一都不到。

笔者斗胆做个比喻——当年的郑和宝船，仅以同时代船舶中的规模和技术而论，堪比现今的美军核航母（核动力航空母舰）。根据美军的官方发言，单艘核动力航母的核定配员大约七千人，母舰相当于一个村镇级别的自治体。听有幸亲身登舰的朋友说，航母上竟然还配备有邮局。而且核航母极少会单独出现，一旦出航，必定有数十艘巡洋舰和潜水艇在周边护航。要知道航母如果受损，可就不是修修补补的小问题了。另外，核航母只要浮在海上一日，期间的费用就需要以千万为单位计算。“3・11”日本地震（东日本大地震）时，美方派遣核航母进行救灾援助。如果笔者没有记错，当时停靠在岩本港口的庞然大物可不止一艘。据说这几艘救援航母每天的维护费用就高达数十亿日元。

话归正题，15 世纪的“航母群”郑和船队出航以后，从马六甲海峡驶向印度洋，最远曾抵达了非洲的东海岸。郑和一一造访沿途国家，邀请他们来华进贡。所谓“朝贡贸易”，简单说来就是外国带着贡品来朝觐见，大明朝廷再以成倍的丰厚回礼相赠。所以对于进贡国来说，朝贡是稳赚不赔的买卖。就这样，凭借“郑和七下西洋”的宣传，永乐一朝对外贸易的规模得以比肩忽必烈时代。

另外，郑和船队七趟出航，还顺带扫荡了印度洋上猖獗已久的海贼。甚至如果在航行途经的陆地是处于战乱纷争，郑和也会出面平息，并将地方政权收入明朝的管辖之下。久而久之，郑和船队成了印度洋上的海上治安官。郑和船队和美国的舰队一样，都配备有陆战部队，而且装备精良（火器），这也使得这支无敌舰队可以驰骋海贼猖狂的印度洋，如若进出无人之境。

多亏了郑和船队的打击，印度洋是当时世界上最安全的海域。然而永乐帝驾崩之后，明朝政权愈发趋于保守，对蒙政策也从剿灭转为防守，甚至谋划增筑长城来抵御敌人入侵。印度洋已经没有海贼的祸患，而且继续远航西洋已经无利可图。所以这时就有朝臣向皇帝谏言：“皇上，既然出航已经没有必要了，为什么不解散郑和的船队，把资金花在增建长城上呢？”

这里要解释一下，万里长城不是单纯的城墙，而是翻山越岭、延续万里的军事碉堡建筑。工程量与耗资的巨大可想而知。所以即便是以原本花在郑和船队维护和作战上的费用来填补，对这巨大的工程来说也只是杯水车薪。

1499 年，葡萄牙航海家瓦斯科・达・伽马率领三五艘一百五十吨级别的帆船，外加一百五十人左右的船员，毫无阻拦地驶入了匪患灭绝的印度洋，不费吹灰之力就占领了印度西海岸的科泽科德。如果当时是有郑和船队在，哪里容得下这样一支弱小的舰队作威作福？达伽马占领印度西岸，为后来印度、东南亚以及中国沦为帝国主义的殖民地埋下了伏笔。

郑和船队称呼婆罗（文莱）以东海域为“东洋”，以西海域为“西洋”，这也是东洋、西洋名称的诞生。

硝烟中的北京城

明朝末年，朝廷腐败，天灾频发，中原地区爆发了大规模的农民起义。1644 年，“闯王”李自成率领农民起义军攻入北京，明朝灭亡。

然而明帝国并不是亡于“闯王”一人之手。明朝中后期，长城以北的满洲族政权后金（女真族，后来建立了清朝）频繁侵扰明朝的北国境，朝廷疲于应对，国力渐衰。但是后金几次侵袭却无功而返，都是因为无法攻破明帝国的北国门——山海关。山海关是万里长城的最东端，也是明朝的全部心血所在。山海关的东侧是渤海湾，高耸的城墙几乎延伸到海面上，着实是天险之关。后金军队每每进犯中原，一路南下势如破竹，却总会止步于此。然而，李自成入主北京之后不过几日，山海关的守将吴三桂竟然亲手为后金敞开了这道大门。

原来李自成入主北京以后，将一个美人收入房中。凑巧的是，这个美女是吴三桂留在北京的爱妾。吴三桂听说爱妾被夺，妒火中烧，当即倒戈，引清军入关，推翻了李自成的大顺政权，清朝就此

明长城
东起鸭绿江，西至嘉峪关，蜿蜒六千余公里，气势宏伟，耗费巨大

诞生。这个说法虽然是出自野史，却还是有一定根据的。

大清入主中原之后，将南部富庶之地赐封给了三名投降清朝的有功明将，世称“三藩”，其中就有吴三桂。但是说白了，这三人不过只是叛国求荣之辈。然而“三藩”割据一方，后来势力壮大藐视朝廷，最终被“千古一帝”康熙拔除（1681 年）。

大清帝国经历“康乾盛世”就逐渐走向衰败，19 世纪被大英帝国打败之后（1840 年第一次鸦片战争）更是一蹶不振，而后又接连遭受西欧列强与新兴日本的蚕食，沦为半封建半殖民地。沦陷的个中细节在这里就不详细叙述了。

20世纪初，民间起义组织义和团高举“扶清灭洋”的旗号屠杀在华的外国人，甚至一度攻破北京（1900年），但最终还是被中外势力联合剿灭。1911年，孙中山发起辛亥革命（1911年—1912年），建立中华民国政府，建都南京。新政权确立后不久，北京再次更名为北平。

清廷任命手握北洋军权的军阀袁世凯南下讨伐中华民国，然而谁能想到，野心勃勃的袁世凯竟然倒戈民国阵营，后来又以花言巧语窃取了临时大总统之位。袁世凯就任后随即威逼清朝的末代皇帝溥仪（宣统帝）退位，清王朝正式宣告灭亡（1912年）。自秦统一六国算起（前221年），持续了两千多年的中国封建王朝也在此落下了帷幕。

本章结语

中华民国时期，南京夺走了北京的首都之位。到了1949年，首都再次回到北京。毛泽东在天安门的城楼之上，向全世界宣布中华人民共和国成立。天安门往北走就是紫禁城（如今故宫博物院就在这里）。紫禁城这座巍峨华丽的宫殿，可谓是中华文化遗产的集中之地。

诸位如果有幸能登上天安门城楼，就可以看见紫禁城西侧的湖泊——“西苑三海”。相传这里曾是忽必烈挖掘的运河，可以直通外海。而时至今日，这里仍然被称作“海”，其中的北海开放为北海公园。

追溯中国的历史，可以看出自从忽必烈建设大都以来，就从来没有一座城市真正地动摇过北京的国都地位。即便朝代更迭，北京的政治、经济和战略价值永远不会改变。

图片来源 Creative Commons

天坛
始建于明永乐十八年(1420 年)，是明、清两代皇帝“祭天”“祈谷”的场所。坛域北呈圆形，南为方形，寓意“天圆地方”

北京历史事件年鉴	
西历（年）	历史事件
公元前5—6世纪	战国七雄之燕国建国都蓟于幽州（现北京）。秦汉时代蓟更名北平，后改回
7世纪初	隋朝开通大运河，连接涿郡（北京）与杭州
732	张守珪赴任范阳（幽州）节度使
742	安禄山接任范阳节度使，兼任平庐、河东节度使
750	中亚阿拔斯王朝呼罗珊地方军推翻倭马亚王朝（阿拔斯革命）
751	唐军在达罗斯湖畔大败于阿拔斯王朝军
755	呼罗珊出生的安禄山起兵叛乱，攻占洛阳、长安。安史之乱以失败告终，却向世间展示了范阳（北京）的军事潜力。有观点称安史之乱与阿拔斯王朝是一场东西方的军事共谋
936	后晋石敬瑭将燕云十六州割让给契丹，契丹设五京，其中的南京就是如今的北京
1004	宋与契丹结成“澶渊之盟”
1115	金灭契丹，建都中都大兴府（现北京）
1267	忽必烈着手于中都大兴府郊外建设新都城大都
1271	忽必烈建都大都，大元汗国成立。元政府开拓海运贸易，大都空前繁盛。马可·波罗（1254—1324）的《东方见闻录》风靡欧洲，大都成为欧洲探险家的憧憬之地
1368	朱元璋建立明政权，建都南京。明军攻陷大都，改其名为北平府

1380	朱元璋派四子朱棣镇守北平
1399	朱棣举兵造反（靖难之变）
1402	朱棣登基，年号“永乐”
1403	永乐帝改北平为北京，建都于此
1406	紫禁城在北京城建开工，1421 年竣工，明朝完成迁都
1644	李自成灭明。清灭李自成，入主中原，建都北京
1900	义和团高呼“扶清灭洋”攻入北京，杀害诸国使节（义和团事件）
1911	孙中山发动辛亥革命
1912	中华民国成立，建都南京，孙中山就任临时大总统。北洋军阀袁世凯倒戈，窃取大总统之位，逼迫宣统帝退位（清灭亡）
1949	中华人民共和国成立，建都北京

第六章

现代都市的典范——纽约

海纳世界各地移民的自由天地

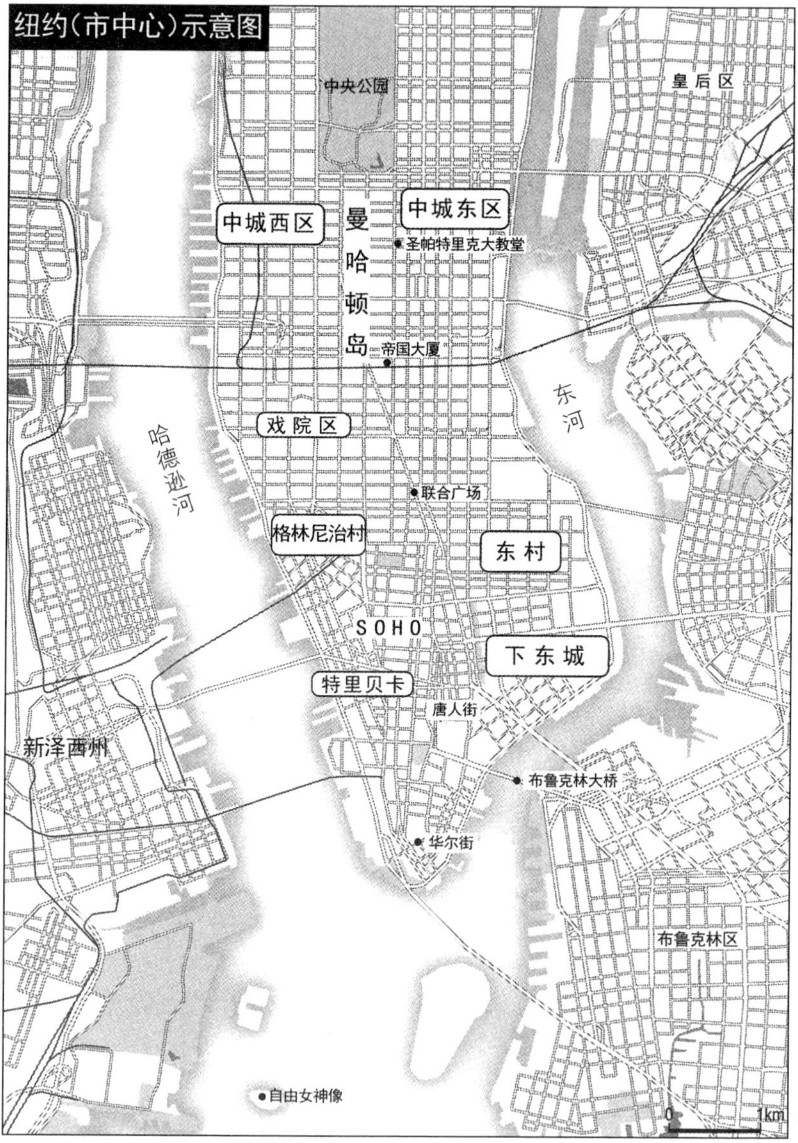
纽约（市中心）示意图
中央公园
皇后区
中城西区
曼哈顿岛
中城东区
圣帕特里克大教堂
帝国大厦
东河
戏院区
哈德逊河
联合广场
格林尼治村
东村
SOHO
下东城
特里贝卡
唐人街
新泽西州
布鲁克林大桥
华尔街
布鲁克林区
自由女神像
0
1km

纽约的前世今生

对美国地理稍微有点儿了解的朋友都应该知道，纽约市隶属于美利坚合众国纽约州，该州位于美国东北部，其西北临接北美五大湖中的安大略湖和伊利湖，东南有哈德逊河连通大西洋。如今，世人口中的纽约城（NYC）是以哈德逊河口处的曼哈顿岛为代表的“纽约五大区”。但历史视角下的纽约独指曼哈顿岛，这也就是本章所要讲述的纽约。

为了便于讲解，这里特地准备了一张现代纽约市的简易地图（参照 148 页）。如图所示，纽约城结构复杂，不是几行字能描绘得清的，所以还请在阅读本章时，在这一页放张书签，时时参考。还有一点恐怕诸位都会想当然地误解——纽约州的州府并不是纽约市，而是地处哈德逊河中游的奥尔巴尼市。那么接下来，就让我们一起进入探寻纽约的前世今生。

最初的来访者——受雇于法国国王的意大利人

根据现存的史料记载，纽约这个地方首次迎来外人的涉足大概可以追溯到五个世纪以前。1514 年，意大利探险家乔瓦尼 · 达 · 韦拉扎诺是造访纽约的第一人。

韦拉扎诺出航探险的幕后赞助者是当时的法国国王弗朗索瓦一

① 自由岛
自由女神铜像

② 埃利斯岛 入境审查局

③ 总督岛

④ 罗斯福岛

⑤ 兰德尔岛

⑥ 赖克斯岛

★1
哈雷姆河（属于哈德逊河的一部分）

★2
从地形上看，东河可以算是本土大陆与长岛之间的海峡

[纽约州纽约市五大区]

斯塔滕区

布鲁克林区

皇后区

布朗克斯区

曼哈顿区

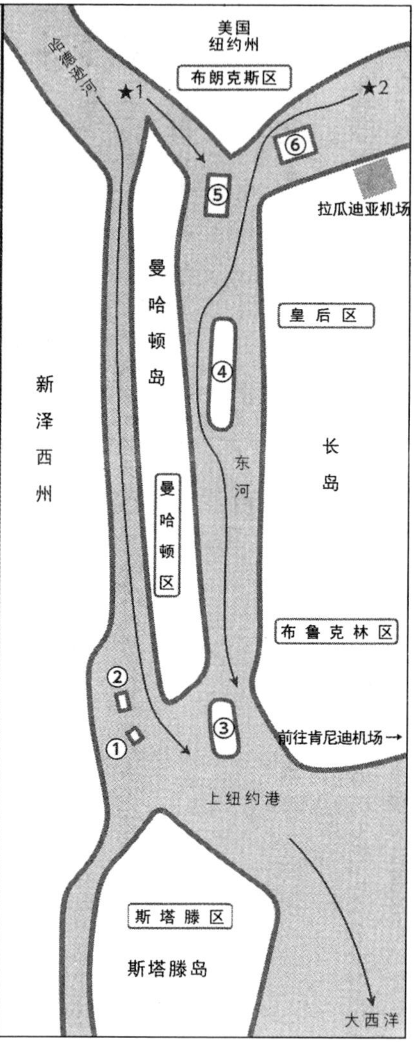

纽约市区简易图

世（1515 年—1547 年在位）。弗朗索瓦一世之所以会雇用韦拉扎诺进行新大陆探险，其中有这样一段故事。

在当时的西欧大陆上，法国瓦卢瓦王朝的弗朗索瓦一世有个死对头——查理五世（卡尔一世）。查理五世是哈布斯堡的皇室成员，同时兼任神圣罗马帝国皇帝和西班牙国王。当年西班牙的探险家哥伦布发现了新大陆（1492 年），并从当地获取了大量的白银。弗朗索瓦一世不想落于劲敌之后，所以也将视线投向了新大陆。

或许有人会觉得疑惑，为什么法国国王弗朗索瓦一世要挑一个意大利籍的探险家呢？这其实并不成问题，因为古代的欧洲人本身对国境或者国籍的概念就很是模糊。

乔瓦尼・达・韦拉扎诺不负所托，抵达了位于哈德逊河口的长岛（现布鲁克林区和皇后区所在）与斯塔滕岛，并给这里取名“新昂古莱姆”（Nouveau Angoulême）之后顺利返航。然而弗朗索瓦一世对这趟航行的结果却大失所望。因为与哥伦布发现的金山银山相比之下，韦拉扎诺汇报中的那几千个土著着实太过平淡无奇。于是新昂古莱姆的探险自此被踢出议程，再也无人问津。所谓“新昂古莱姆”（Nouveau Angoulême），其中“Angoulême”引用自弗朗索瓦一世的家族名瓦卢瓦・昂古莱姆，而“Nouveau”则英译为“New”，就是“新”的意思。

前文中提到，受马可・波罗所著《东方见闻录》的影响，元朝是大多欧洲航海家魂牵梦萦之地。1534 年，航海家雅克・卡蒂埃奉弗朗索瓦一世之命，赴现在位于加拿大的圣劳伦斯河探险，就是为了寻找大都。这次航行正好发生在韦拉扎诺发现纽约的十年以后，然而弗朗索瓦一世显然对这次加拿大的探险更为上心。卡蒂埃船所到之处，无不宣告主权，法国在北美大陆的“新法兰西”（法国殖民地）霸业就此开启。

第二个来访者——受雇于荷兰的英格兰人

1602 年，被誉为“海上马车夫”的荷兰殖民帝国成立“东印度公司”[1]（“联合东印度公司”）。虽然名义上叫作公司，但是实际上这是一个具有军政权，可以向东方进行殖民掠夺、垄断贸易的特殊机构。两年前（1600 年），英格兰在印度成立了“东印度公司”，以强化自己的殖民统治。荷兰有意效仿，连名字都照抄了过来。

荷兰东印度公司在东南亚的重点“经营”区域，是印度尼西亚的马鲁古群岛。岛上种植的胡椒、肉桂、丁香等香料在欧洲尤为热销。然而，英格兰也瞄上了香料贸易这块肥肉。

英荷两国想要前往东南亚，都必须从大西洋南下，绕过好望角（非洲南端），再经由印度洋北上。这条路线耗费巨大，但是通往亚洲的航道仅此一条，没有其他选择。所以开辟新航道自始至终都是两国贸易竞争的焦点。

英方率先出击。英国政府任命旗下的莫斯科公司（总揽莫斯科大公国的贸易往来）探索西伯利亚海域，想要从这里开辟一条通往太平洋的航道。探险船队由英国人亨利・哈德逊领导，但是探险船

---

[1] 东印度公司：荷兰东印度公司，原名意为“联合东印度公司”，是由 1595 年至 1602 年成立的 14 家以东印度贸易为重点的荷兰公司合并成的一家联合公司。

队止步于北极的冻结海域。因为那时（1607 年）的技术还无法实现破冰航行。

荷兰不愿意坐以待毙，于是以东印度公司的名义再次雇用亨利·哈德逊出航。两国雇用同一个人，可见亨利·哈德逊是当年航海探险界的红人。这一次哈德逊率领船队沿北美大陆的东岸一路北上，在长岛与斯塔滕岛之间发现了疑似海峡，但是深入探险之后才发现这里只是一条大河。后来人分析，正是哈德逊这次航行证实了北美是一块完整大陆，打破了“北美群岛”的误传。哈德逊给这片河口区域取名为“新尼德兰”。

或许百年之前从圣劳伦斯河逆流而上、途经此地的雅克·卡蒂埃也曾误以为这里是两个岛屿之间的海峡。当时，美洲的土著是否曾横穿纵贯北美大陆我们不得而知，但是至少还没有欧洲人横穿北美大陆。另外，卡蒂埃与哈德逊的探险可能都是受到了马可·波罗书中描绘的中国的影响，他们的目标只是想寻找通往大都的最短路线。

荷兰宣布曼哈顿岛主权

哈德逊当时所到的“大河”后来被以他的名字命名，这就是开头提到的哈德逊河。另外，哈德逊还从土著居民口中打听到了河流入海口处岛屿的名称——曼哈顿。荷兰政府比当年的弗朗索瓦一世务实得多，得知哈德逊的探险结果之后，立即委派西印度公司占领了曼哈顿岛及其周边的地区，积极展开殖民工作。西印度公司在曼哈顿岛南端建立了皮毛贸易基地（1625 年）。在那个年代，皮毛制品是欧洲上流社会中的抢手货。荷兰在 1653 年为这里取名“新阿姆斯特丹”。

荷兰政府为了避免不必要的矛盾，用以物易物的形式向当地土著“购得”了曼哈顿岛以及对岸区域（1626 年）。据说当时的荷兰殖民地总督皮特 · 米纽特亲自出面与土著交涉，最终以一袋价值 24 美元左右的假珠宝，换得了曼哈顿岛及其周围地区的千亩沃土。

依靠这样的手段，荷兰得到了土地，然而土著方代表德拉瓦族（Lenape）与瓦平格尔族（Wappinger）做梦也没想到，“出售土地”意味着自己的族人不能在此居住。待他们醒悟并且明白了“出售土地”的本质，两方的冲突在所难免。1643 年之后的两年时间里，土著中实力强大的瓦平格尔族曾经多次与荷兰殖民政府爆发冲突，并发生了史称“奇夫特战争”（Kieft’s War）的流血事件（奇夫特是当时新阿姆斯特丹的统治者的名字）。在战争中，土著人伤亡惨重，再加上从欧洲传播过来的“天花”病毒肆虐，土著数量锐减。

荷兰殖民者通过哄骗和武力，从土著手中夺取了曼哈顿岛的统治权。荷兰没有想到的是，1652 年，日益做大的新阿姆斯特丹殖民政府宣布独立，脱离了自己的掌控。荷兰方面鞭长莫及，只好承认新阿姆斯特丹是本国自治体。

加尔文宗的避难所

如果有读者朋友曾在冬季造访纽约市，一定会对那里的雪虐风饕记忆犹新。降雪最大的时候，积雪可以达到半米高。怎么样能留住殖民地的移民，成了新阿姆斯特丹政府的当务之急。这片土地既不比西班牙的南美殖民地那样温暖宜居，又没有引人眼球的金山银山（两个世纪后在美国西部和阿拉斯加地区兴起的淘金热）。于是新阿姆斯特丹殖民政府只好另辟蹊径，为新阿姆斯特丹打造了一块独特的招牌——加尔文宗教徒的避难所。

基督新教大致可以划分为路德宗和加尔文宗两个宗派。路德宗的教义，简单来说就是“回归《圣经》”。路德宗抨击当时罗马教廷的骄奢淫逸，呼吁教徒效仿《圣经》中耶稣的克勤克俭，然而却对王权专制极力拥护。所以路德宗在欧洲王室（尤其是德意志）的保护下，得以推广壮大。

加尔文宗的教义基石是“上帝预定论”，其内核就是强调上帝的绝对性。在上帝的旨意面前，教会、教皇，甚至是国王都只不过是陪衬而已。一个凡人在出生之前，他的造化就已经有定数了。所以人死后是升入天堂，还是坠入地狱，一切都是上帝说了算。

而罗马教廷自成立起就向世人灌输“上天堂，下地狱”的观念。一言蔽之，就是:“积德行善上天堂，否则就会坠入地狱。”所谓“积德行善”就是善待教廷与教职人员。罗马教廷鼓动信徒尽情施舍金钱和土地，承诺这样终有一日上帝会降临。古时候的民众大多都心地朴实，容易被煽动。教廷铺天盖地的宣传，足以让他们心甘情愿地解开腰包。然而加尔文宗的一声“造化有定数”，直接否定了这种所谓“善行”的意义，这无异于是摔了罗马教廷的饭碗。不仅如此，加尔文宗所倡导的“上帝绝对论”，也与路德宗倡导的“恺撒的归恺撒”（皇权至上）论调水火不容。

加尔文宗教徒熟读《圣经》，颇具人文精神。他们因为对罗马教廷的做派存疑而聚集到一起。他们笃信自己是上帝派往人间的使节，应该克勤克俭地劳动和生活。基督新教的教规深深地根植于他们的生活态度中。社会学家马克斯·韦伯在其著作《新教伦理与资本主义精神》（1904 年）一书中，将加尔文宗这种引人向善的思维模式称为“近代资本主义的支柱”。

加尔文宗自然会被罗马教廷和其势力范围内的众多王国视为眼中钉。就连加尔文宗的故乡法兰西也容不得的存在。加尔文宗的教徒们纷纷逃难到瑞典，却仍然躲不过迫害。这时荷兰政府为这些教徒指了一条明路：到宗教自由的乐土新阿姆斯特丹去。

其实在荷兰国内，加尔文宗教徒们就可以免受宗教迫害了。然而“宗教乐土新阿姆斯特丹”的名号越响亮，就会越引得更多的欧洲加尔文宗教徒争相前往。

英荷的纽约之争

17 世纪，随着传统海洋强国西班牙和葡萄牙的衰弱，欧洲大陆上只剩下荷兰和英格兰双雄并立，争夺海上霸主地位。

新阿姆斯特丹宣布独立的同年，英国政府制定了《航海法》，袭击掠夺途经英国海域的荷兰船舶。英荷两国宣布开战，史称“第一次英荷战争”（1652 年—1654 年）。第一次英荷战争结束的十年后（1664 年），英方派出最精锐的舰队直逼曼哈顿岛。

纽约的地图想必大家都已经有所了解。曼哈顿岛地势狭长，南北伸展，东西不过 4 公里，南北却超过 20 公里。新阿姆斯特丹在岛屿的南端，也就是如今华尔街的周边区域。这里顺带提一句，华尔街的英文为“Wall Street”，这个名字就是源于当时荷兰为了防守而在这里筑起的高墙一事。

英格兰在北美大陆的首个殖民城市，是位于新阿姆斯特丹以南、地处弗吉尼亚州的詹姆斯镇（1607 年）。而新阿姆斯特丹以北的马萨诸塞州普利茅斯则是被“五月花”号（May flower）的清教朝圣先辈（Pilgrim Fathers）占据殖民（1620 年）。清教徒（Puritan）其实就是英格兰的加尔文宗。然而英方得陇望蜀，一直觊觎群岛环绕的天然良港新阿姆斯特丹。甚至可以说，英荷展开世界规模海洋霸权争夺的中心就是曼哈顿岛。

面对势在必得的英国舰队，孤立无援的荷军开城投降。然而新阿姆斯特丹易主后，或许是出于对教友同志（同属加尔文宗）的同情，英方向当地的荷兰居民投去了橄榄枝，允许他们继续居住。所以如今的纽约市民中，也不乏荷兰后裔。同样是自那时起，纽约就迈出了多人种聚居的第一步。

荷兰在痛失新阿姆斯特丹以后，开始全面反击英国，史称“第二次英荷战争”（1665—1667）。而一直视英国为威胁的法兰西也加入了斗争，战局愈发混乱。交战中，荷兰曾一度夺回了曼哈顿岛统治权。最终，两国休战，签署了《布雷达和约》。和约正式明确了英方对曼哈顿岛的所属权，而荷兰仅获得了马鲁古群岛中的班达群岛的部分领土，并收回了在战争期间被抢占的荷属南美洲的苏里南（现独立共和国）。不过好在班达群岛盛产香料，荷兰也只好把这里当作止损了。

战争过后，英王查理二世将新阿姆斯特丹赐封给他的胞弟约克公爵，并将这里更名为“新约克”（New York），这是“纽约”这个名字的首次登场[1]。然而这个名字没用多久，“第三次英荷战争”就爆发了（1672—1674）。荷兰海军趁英国不备，突袭纽约，再次夺回失地，并将这里更名为“新奥兰治”。这个名字引用自时任荷兰总督的奥兰治亲王威廉。威廉一族之所以被称作“奥兰治”，是因为其祖先是法国南部奥兰治地区的大贵族。

第三次英荷战争持续了两年，两国再次休战（1674年），并又签署了和平条约。条约规定曼哈顿岛再度回归英格兰所有。自那后，荷兰获得了香料产地和南美沃土，也就再没有打过曼哈顿岛的主意。或许是觉得一个岛屿换了两处土地，这桩生意自己不亏。再看英格兰方面，虽然付出些代价，但是好在最后彻底巩固了曼哈顿岛的所有权。英荷两国也算是各得其所了。

英格兰重新夺回了纽约（曼哈顿岛）的统治权。英国政府一向以精打细算著称，其名下殖民地的一草一木、一砖一瓦都要为大英帝国的利益服务。久而久之，北美殖民地的居民不堪压榨，怨声载道，民众与殖民政府的矛盾频频发生。其中属加尔文宗教徒、德籍移民莱勒斯领导的民间起义（1689年）最为严重，起义活动持续了两年才被镇压。

然而间歇性的社会动荡并没有阻碍纽约迅猛的发展势头。在1754年，纽约被英国统治还不足一个世纪，英国国王乔治二世钦准了纽约哥伦比亚大学的创立。这所高等学府的成立，无疑是纽约成

[1]“纽约”一词由中文音译而来，英文直译为“新约克”。早先殖民地命名方式为“本国地方名”加上一个“新”字，目的是便于区分。

为北美心脏的最佳佐证。顺带一提，美国的第一所大学是清教徒在马萨诸塞州剑桥市创立的哈佛大学（1636 年）。

然而想必英国自己比谁都清楚，纽约越是繁荣，也就离自己的殖民统治越远。

纽约在独立运动中的角色

1756 年，欧洲“七年战争”冲突爆发。一开始交战的双方分别是女王玛利亚·特蕾莎领导下的奥地利和腓特烈二世领导下的普鲁士。战火点燃之后，英法两股势力为了本国的利益也加入了战局。这场欧洲大陆上的战争甚至殃及了远隔重洋的北美，并且直接引发了“法国印第安人战争”。

单看“法国印第安人战争”这个名字，或许会误解为这是法国与印第安部落之间的战争，实际状况并非如此。这个名称取自英方的视角，交战的双方是英格兰对抗法兰西与北美土著联军。战争的主题就是英、法两国争夺北美殖民地的控制权。

这场战争以英方的完胜落幕，战败方法兰西痛失了法属路易斯安那东部和密西西比河以东的广袤地区，其中就包括前文中提到的新法兰西。英格兰的殖民统治范围进一步扩张，在北美更是一家独大。

然而，英国政府的善后工作却惹恼了北美殖民地的民众。照理说，这场战争的主战场虽然在北美，但是说到底，战争的本质是为英国谋取利益。法国印第安人战争之后，英格兰留下巨大的财政赤字，政府为了补足亏空，竟然摆出了所谓的“受益者承担原则”。这条原则简而言之，就是“大英帝国为了殖民地而战，耗资巨大，所以当地的民众有义务尽力补偿”。英政府随后在北美殖民地开始征收“印花税”（1765 年）。北美殖民地的政府和企业的公文、报纸、日历和杂志等出版物上都粘贴了英国本国的税票，以此来达到回收战争成本的目的。不得不说，英国政府的这套说辞貌似合理，相应对策也相对合法，但就是让人佩服不起来。

果不其然，印花税遭到了北美地区的全民抵制。民间的自发抗议组织“自由之子”当街烧毁出版物，后来甚至发展到了围攻英国的政府机关，局势一度不可收拾（1766 年）。抗议活动的起源就在纽约，“自由之子”在纽约的大街小巷中竖起“自由旗”，英政府对此束手无策。

“自由之子”并不是单纯的反政府暴徒，他们的抗议行为有着坚实的理论基础——无代表不纳税（No taxation without representation）[1]。这句话引用自英格兰的《大宪章》（1215 年）。《大宪章》是由于英格兰贵族与伦敦市民对纳税制度的不满，于是向当时的昏君约翰王控诉的宪法性文件。其内容简而言之就是：“国王陛下，您恣意征战四方，导致军资匮乏，于是您就强行加收赋税。到头来，还是我们这些纳税人出资供养您的军队雄师。我们就一个请求，您课税前，需要先听听我们的意见。”

---

[1]“无代表不纳税”：北美人民（来自英国的北美殖民者们）坚信，在英国国会中没有自己的直接代表，就等于剥夺了他们作为英国公民的权利。因此，那些英国对北美殖民地人民要求征税的法律，以及针对殖民地的其他法律（即可能直接影响到大众生活的法律），全都是违背宪法的。

这一理论浓缩为一句话，就是“无代表不纳税”。不投票表决，不采纳民意，统治者独断专行，公民就有权拒绝。“自由之子”的民主诉求主要来源于《大宪章》精神：“英国你们要收税可以，但是先要派代表出席议会。如果能说服大众，我们自当配合。如果不能，就休想强征税金。我们纽约市民的血汗钱绝不会为你们英国政府埋单！不服？那就不要怪我们自立门户了！”

这场席卷北美的反对印花税运动吹响了美国独立运动的前奏。

美国独立战争过程复杂，牵扯势力众多，感兴趣的朋友可以去参阅相关的资料，笔者不多做赘述，只在这里重点聊一聊战争中纽约的表现。

1775年，独立战争开幕，美军推举乔治·华盛顿为全军总司令。翌年，美国政府起草了《独立宣言》，向国际宣告美方绝对不会与英格兰和解。同年，纽约的市区遭遇了大规模火灾。8月，威廉·豪率军在曼哈顿北部的华盛顿高地与英军对峙，然而损失惨重，他只好率领剩下的军队撤离。自那以后，直至独立战争落幕（1783年），美军都没有再踏足纽约。也正因如此，纽约由始至终都没有遭到战火的破坏。

最终获得胜利的美军成立独立政权，建都纽约，沿用华尔街上原英国政府所在的建筑作为国民议会。1798年4月，美国历史上的首任大总统乔治·华盛顿在这栋建筑的阳台上发表了就职演讲。从1783年独立战争结束到1790年的七年间，纽约一直是美国的首都。后来首都一度迁移到了费城。19世纪初决定把华盛顿确立为美国的首都，并一直延续至今。当时成立美利坚合众国的高层最初的构想

《宪法签署》
这幅《宪法签署》由霍华德 · 钱德勒 · 克里斯蒂创作，现收藏于华盛顿特区国会山

是分设政治首都和经济首都，所以纽约作为天然良港就当仁不让地成为经济首都。后来在 1791 年，美国的第一家证券交易所在华尔街开张营业。

英美战争期间，纽约的世界都市计划

1803 年	向拿破仑收购路易斯安那
1818 年	向英格兰收购红河盆地（俄克拉荷马南部地带）
1819 年	向西班牙收购佛罗里达。同时期，美方开始入侵墨西哥的德克萨斯
1830 年	施行印第安人强行迁徙法案。美方拓荒西部，土著居民流离失所

1845 年	吞并墨西哥的德克萨斯
1846 年	吞并加拿大俄勒冈
1848 年	美墨战争，墨西哥战败，割让加利福尼亚、内华达、新墨西哥予美国。同年，加利福尼亚发现金矿，“淘金热”开始
1853 年	吞并墨西哥亚利桑那，大致完成了现今美国的国土框架

18 世纪末到 19 世纪初，“法国大革命”成功（1794 年），欧洲掀起一阵“反法”热潮。以英格兰为首的同盟军几度围攻法国，直至 1815 年拿破仑被流放到圣赫勒拿岛，反法热潮才得以偃旗息鼓。对法战争期间，美国全程保持中立，还从拿破仑处购得了广袤的路易斯安那（美国中西部）[1]，进一步巩固了纽约在北美的贸易地位。

纽约的发展蒸蒸日上，大批饱受战乱之苦的欧洲移民蜂拥而至，美国政府不得不将曼哈顿岛的土地开发和分配提上议程。19 世纪伊始，纽约市议会增设了城市开发审议会。

纽约并没有给这个审议会单独冠名。1811 年，审议会通过了首个纽约市规划方案，名为《1811 年委员会计划》。这一方案将曼哈顿岛横纵分割成了许多个正方形的街区，所以又得名“网格计划”（grid plan）。南北纵贯的道路统称为“大道”（Avenue），从东往西依次称作“第一大道”“第二大道”。东西贯穿的道路则统称为“大

[1] 法国的路易斯安纳属地的版图超出今日美国路易斯安纳州的实际范围很多，购地中所涉及土地面积是如今美国国土的 22.3%，与当时美国原有国土面积大致相当。

街”（Street）。街道所隔出来的区域由南至北依次划分为“第一街区”“第二街区”。

“网格计划”最显著的特征，就是摒弃了欧洲城市和首都华盛顿以广场为中心，道路呈放射状延伸的设计方案。街道的名称也弃用传统以人名、地名命名的方式。该方案“从简务实”的设计理念在当时具有划时代的意义，三位“网格计划”的起草人也被后世誉为“三贤者”。他们分别是外交官维尔纳·莫里斯、纽约州测量局局长西蒙·德·维特，以及乔治·华盛顿的好友政治家约翰·卢瑟福。

然而就在“网格计划”落地实施的前夕却突生变故。美方在欧洲的对法战争中一直保持中立，而且凭借海上贸易发了一大笔战争财。英国政府心存不甘，当即决定实行“海上封锁令”，妨碍美方的贸易活动。美国政府对英国这一举动表示严正抗议，并最终演变为战争。

但即使在交战期间，美国政府也不忘落实“网格计划”。拿破仑远征沙俄失利，称霸欧洲的设想破产，他本人也被流放至厄尔巴岛，也是直到这时，这场英美战争（1812 年—1815 年）才得以停歇。

这一次英美战争的敌人是自己昔日的统治者，美国社会在经济和政治上的独立意识空前高涨，所以这场英美大战又被称作“第二次独立战争”。美国如今的国歌“星条旗”也是在那时诞生的。

最终美国不仅抵御了英国的霸权封锁，同时不曾中断的“网格计划”更是让纽约市焕然一新，纽约又迎来了一波新的移民浪潮。后来美国的国力日益强盛，跻身强国行列。

马铃薯饥荒与美国梦

19 世纪，世界范围的殖民扩张愈演愈烈，初晋强国之列的美国也加入了殖民的队伍。19 世纪初收购路易斯安那以后，美国也从未停歇西进的步伐。1848 年，美方通过战争手段，逼迫墨西哥割让加利福尼亚。后来又在 1853 年吞并了亚利桑那。至此奠定了美国如今的版图。

这时期的纽约发生了两件惊天动地的大事。先来说说第一件，那就是伊利运河的开通（1825 年）。这条运河始于哈德逊河中游的纽约州州府奥尔巴尼，终于伊利湖畔的城市水牛县。伊利运河的开通，让纽约与欧洲之间的航行距离大幅缩短，赴欧船队可以直接从纽约出发，通过运河驶入伊利湖，再进入大西洋。这样一来产自五大湖森林地区的高等水貂皮毛就能大量出口欧洲，甚至连产自美国西部的农作物也可以批量运送。

然而，伊利运河为纽约带来巨额利润的同时，也带来了空前的人口压力。当时为了确保开凿运河的劳动力充足，美国政府雇用了大量逃避战乱而来的欧洲工人。而运河工程一结束，这群人的生计就成了问题。

纽约人口的暴增直接导致了城市内的贫民区密集增多，随后就迎来了层出不穷的天灾和人祸，例如 1835 年的“第二次纽约大火”。然而这时欧洲的爱尔兰也深陷人口压力之苦，这就是前面所说的两件大事中的第二件。

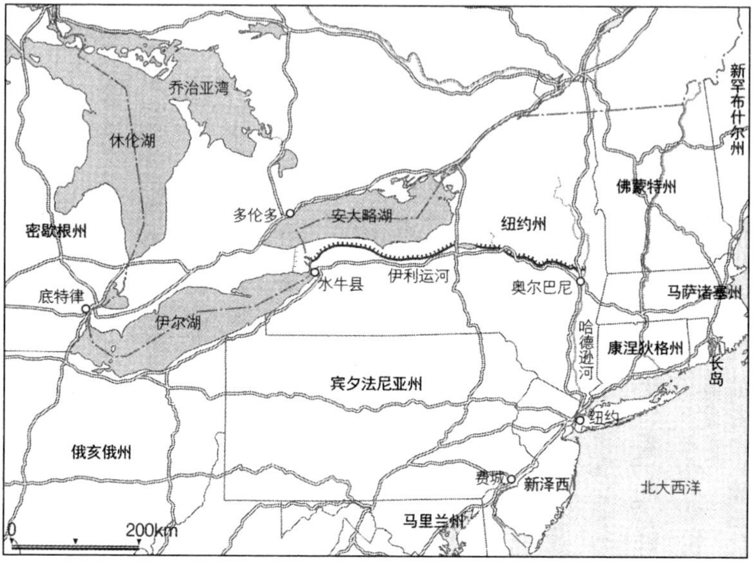

伊利运河

全长 584 公里，加快了货物运输的速度，也极大降低了运输成本

16 世纪，马铃薯从南美传入欧洲。两个世纪之后，马铃薯已经成为普及全欧洲的基本口粮。然而就在 1845 年，爱尔兰地区种植的马铃薯感染了瘟疫，导致全年的马铃薯绝收，数以百万的民众因饥饿而死。这就是著名的“爱尔兰马铃薯饥荒”。

这场饥荒同样也殃及了重洋之外的纽约。从爱尔兰蜂拥至纽约的逃荒者多达十万。在这批人到来以前，纽约市民主要是荷兰的加尔文宗教徒与英格兰的清教教徒，现如今又多加了一类——爱尔兰的罗马教会教徒。

伊利运河的开通与“马铃薯饥荒”带来的移民人口中，就有肯尼迪总统的祖辈帕特里克·肯尼迪和日后的钢铁大王安德鲁·卡内基。

“马铃薯饥荒”爆发之后的第三年（1848 年），美国为了纾解人口压力，从墨西哥手中夺来了广袤的加利福尼亚。然而天助美利坚，谁能料到土地贫瘠的加利福尼亚竟然暗藏金矿。后来参与这场“淘金热”的不仅有怀揣西部拓荒梦的美国人，更不乏慕名而来的欧洲人。来自世界各地的淘金者纷纷扎根纽约。从那时起，纽约成为名副其实的“人种大杂烩”，“美国梦”一词也开始流传开来。

凭借“网格计划”的顺利落实，地形狭长的曼哈顿岛被建设成了结构井然的现代城市。但是岛屿东西两侧的陆地仍然是未经开发的原始森林，一河之隔，近在咫尺。另外“网格”之中虽然建有公园，但这些公园仅能起到点缀的作用。人多地少，纽约政府也不敢在市内规划大规模的绿化区域。

然而繁荣的金融商贸带来了生活节奏的紧张，这让纽约的民众愈发渴望亲近大自然来修养身心。纽约政府响应民众的愿望，在 1858 年开始着力建设市内的野生绿化带“中央公园”，并且两年以后成功开园迎客。中央公园地处曼哈顿岛正中位置，横 800 米，纵 4000 米，其面积堪称是世界上城市内部公园之最。为了更贴近自然，公园内还饲养了许多野生动物。

曼哈顿岛是一座岩岛，土壤相对贫瘠，所以并不适合植被生存。纽约政府为了种植树木，还煞费苦心地从别处运送沃土到这里来。

连通布鲁克林与曼哈顿岛的桥梁

1861年，著名的“南北战争”爆发。什么是“南北战争”？从源头上讲，是一场自由贸易与保护贸易之间的斗争。北方阵营坚持国家保护贸易的必要性，主张只有在国家政策的保护下，以刚刚萌芽的纺织业为核心的美国民族工业，才能与英格兰成熟的工业体系抗争。然而，美国南部主要是以黑奴为劳动力的大规模农业，种植园生产的烟草、花生、大豆和棉花只有多种多卖才有利润可言，所以说自由的贸易环境不可或缺。南北各执己见，互相不肯妥协。

如果说贸易需求的相悖给南北分裂埋下了隐患，那么黑奴制度废止与否就可以说是南北战争真正的导火索。而这两个问题，无一不牵动着美国的未来走向。南北战争最终在1865年以北方阵营的胜利告终，战争造成了75万士兵阵亡，但所幸美国避免了国家分裂，并且就此走上了工业化道路。

这一次纽约又是远离战火。南北战争期间，纽约民众对高雅艺术的需求空前高涨，各种文化艺术设施应运而生。这其中就有1872年在中央公园中开放的大都会美术馆。1883年，坐落于百老汇的大都会歌剧院也相继建成。

说到同期建成的其他公共设施，就不得不提1883年竣工的布鲁克林大桥。这座大桥横跨曼哈顿岛东南与布鲁克林区，总长1834米，桥面高41米，大型船舶可以从桥下通过。大桥是悬索桥设计，桥两端钢索的弧线极具美感，所以大桥又有“钢铁竖琴”的美称，如今仍然是纽约的一大风景。

法国人为什么送自由女神像

1876年，在美国宣告独立的100周年之际，以巴黎市民为代表的法国人民着手准备了一份特殊的贺礼——“自由女神铜像”。铜像的设计者是法国著名的雕塑家弗雷德里克·奥古斯特·巴托尔迪。但是由于种种原因，这尊铜像整整拖了十年，于1886年10月才在纽约港口处的自由岛上揭幕。铜像身长46米，基座高47米，单单女神手中所握的火炬就超过6米。

自由女神铜像的制作、运送和安装等全额费用，全是靠法国民间的自发捐款。那么，法国人民为什么要为异国的百年庆典做到这般地步呢？

原来是法国民间普遍持有一种观念，认为没有美国独立战争，就没有法国大革命。独立战争期间，英、法两国争霸欧洲，剑拔弩张，本着敌人的敌人就是朋友的原则，再加上独立战争领袖的观念与法国启蒙思想不谋而合，法国“亲美”也是水到渠成。

在这样的亲美热潮之下，法国政府曾在美国独立战争期间，派遣志愿军到美洲新大陆抗英援美。被后世誉为“两个半球的英雄”的拉法耶特侯爵就在那次远征队伍当中。法国志愿军协助美国赢得了独立，凯旋之后，也将战场上响彻天空的口号带了回来。

——无代表不纳税！

——自由！平等！

美国的民主独立意识可以说是后来法国大革命的催化剂。在法

自由女神像

国人民眼中，美国独立战争的意义甚至要高于本国革命，民间愿意筹资赠送自由女神像就是最好的证明。在法国人民看来，这位见证了两国自由精神的女神就理应矗立在纽约。鲜为人知的是，在法国巴黎塞纳河的岛屿上，也有一尊迷你版的自由女神像。

女神像揭幕后的第六年，也就是1892年，美政府将纽约的入境审查机构，从曼哈顿岛的南端迁移到了自由岛北面的埃利斯岛。自那以后，所有从纽约港入境的船舶，就都能看到一望无际的大西洋的海岸线上，威严的自由女神像与曼哈顿岛的摩天大楼分列左右，让每一个到访者都仿佛到了一个新世界。

说个题外话，近年来世间对这自由女神像的性别产生了争论，有些人认为这座铜像是“自由神像”，而非“女神像”。

移民潮带来的繁荣

1898年，纽约市开始将周边区域合并，并且增设了布鲁克林区、皇后区（长岛）、史坦顿区（史坦顿岛），以及布朗克斯区（大陆），再加上原有的曼哈顿区，组成如今的“纽约五大区”。随着1904年城市地铁的开通，纽约更是成为名副其实的国际大城市。

同时，憧憬自由与机遇的旧大陆居民也纷纷慕名移民到美国新大陆，纽约又迎来了新的一波移民热潮。根据官方记录，1880年至1920年的四十年间，共计有两千三百万人移民美国。单算从纽约港登陆美国的人就多达一千七百万。这些移民大多来自欧洲，其中来自意大利、德国、波兰和俄罗斯的移民最多。来自意大利的移民中既有贫困山区的底层劳动力，又有音乐界、电影界的高端人才，甚至还不乏黑手党组织的成员。然而移民群体中最核心的力量，还得属避难而来的犹太人。19世纪，沙俄发生了“犹太人大屠杀”，同时德国和波兰等国的反犹太主义愈演愈烈，美国为这些流离失所的犹太人提供了避难所。犹太人后来也成了美国金融和科教领域的中流砥柱。

随着“黑奴制度”的废止，来自美国南部的黑人也渐渐在纽约这锅“人种大杂烩”中开始崭露头角。南北战争虽然废止了黑奴制度，但是对黑人的歧视仍然存在。刚刚解放的黑人离开庄园田地，蜂拥至纽约。中央公园以北的哈莱姆地区成了纽约黑人文化的发祥地。狂野乐观的黑人文化也让不少白人沉醉其中。

将哈莱姆区黑人文化推向巅峰的典范有很多，这里简单列举几

帝国大厦
坐落于曼哈顿区的超高层建筑，“帝国州”（Empire State）也是纽约州的别名

个。文学领域有詹姆斯·约翰逊和克劳德·麦凯。音乐领域有路易·阿姆斯特朗、艾灵顿公爵、莱奥纳尔·汉普顿，以及被誉为“黑色维纳斯”的舞者约瑟芬·贝克。他们常年流连于哈莱姆区的夜间俱乐部之中，向世人展示黑人文化的魅力。著名导演科波拉在 1984 年执导的电影《棉花俱乐部》（The Cotton Club）中完美再现了当年哈莱姆区黑人俱乐部的形形色色。黑人文化的崛起，被后世称为“哈莱姆的文艺复兴”。

针对日益严峻的市区人口膨胀状况，纽约政府也采取了相应的对策，其中就包括提高房价和建筑高层化。曼哈顿岛属于基盘稳固的岩岛，不惧地震等地质灾害，加上当时电梯技术趋于完善，建筑高层化充满了无限的潜力。自 19 世纪 20 年代起，一幢幢超过 50 层的大厦拔地而起，这些高耸入云的水泥巨人有一个生动的名字——Skyscraper（摩天大楼）。其中最为著名的，当属竣工于 30 年代初的克莱斯勒大厦（77 层）和帝国大厦（102 层）。

然而上述种种都还不至于将纽约推向世界的中心。就在这万事俱备之际，一个契机直接让纽约的国际地位一跃千里。

英格兰曾经一度君临世界霸权的顶点，"大英帝国" 的威名响彻国际。然而盛极必衰，20 世纪初大英帝国在南非与荷兰移民布尔人交战（英布战争，1899 年—1902 年）。英方虽然苦战告捷，但是却面临着史无前例的巨额财政亏空，不得不向纽约证券交易所借款救急。

大英帝国竟然沦落到向曾经的殖民地借款，可见其国力早已经不复当年。相反，慷慨解囊的纽约却借着这个机会，一举成为与伦敦齐名的世界金融中心。

华尔街大崩盘

1913 年，也就是第一次世界大战开幕的前一年，位于中央公园以南、克莱斯勒大厦以西的中央车站正式通车。这条铁路线首次连接了曼哈顿岛与美国本土大陆，纽约的交通网进一步完善。

1917 年，美国国会通过《全国禁酒法案》，法案于 1920 年正式开始实施。但是禁酒令实施以后，单就纽约一个城市，就有超过 4 万家地下酒馆在暗中营业，与当局展开猫鼠游戏。

撇开宗教戒律不谈，政府出面禁止烟酒之类的嗜好品，无外是为了满足美国式的理想主义。其实作为一个新兴国家，在摸索过程中走些弯路也无可厚非。最终，美国政府于 1933 年废止了这条禁令。

荒谬的禁酒令与后来发生的另一件大事相比，就显得有些微不足道了。那就是 1929 年 10 月，纽约华尔街的证券交易所遭遇了有史以来的最严重的大崩盘（Wall Street Crush），继而引发了世界范围的金融恐慌。在这场经济危机中，美国与其他金融强国凭借闭关锁国尚能自保，真正被逼入绝境的是一干依附的小国。

所幸在这危难关头，被后世誉为“美国最佳总统”的富兰克林·罗斯福出面力挽狂澜。他上任后，实施“罗斯福新政”（The Roosevelt New Deal），大规模开展基础设施建设来提升就业率，硬是将美国的经济从崩塌中扶起。其中最为出名的，是 1933 年实施的“TVA”（Tennessee Valley Authority）田纳西河流域开发事业政策。

联合国总部入驻纽约

“一战”（1914 年—1918 年）结束之际，美国总统威尔逊高呼“民族自决[1]”口号，本着维护国际和平的目的，创立了国际组织“联合国”。但讽刺的是，联合国的发起国美国却遭到了本国议会的否决，被禁止加入联合国。当时以英国为首的欧洲列强在“一战”中饱受摧残，疲惫不堪，美国本可以顺风顺水地晋升世界第一强国。然而

[1] 民族自决：有时被误写成民族自觉，两者可同义通用。即倡言全世界各大小民族，皆可自行决定自己归属的政府体制、执政政党组织、政治环境与命运等。而这些决定不得为他国或其他政权决定。

坐在教室最后一排的男孩

“水石书店童书奖”总冠军、英国BBC
“蓝彼得童书奖”

作者：(英)昂加利·Q.劳夫
书号：978-7-201-15169-4
定价：49.00元

- “卡内基儿童文学奖”提名、2019年“Jhalak奖”入围；
- 与《哈利·波特》一起入选《泰晤士报》推荐“小学阅读书单”。
- 讲述爱和勇气，让我们从绝境走向光亮！

追星星的孩子

英国年度催泪故事，感动万千家庭的治愈小说！

作者：(英)昂加利·Q.劳夫
书号：978-7-201-16807-4
定价：49.00元

- 荣膺英国“多样化图书奖”桂冠；
- 入围“卡耐基文学奖”、UKLA图书奖、《书商》杂志BAMB读者奖。
- 水石书店、《卫报》《星期日独立报》感动推荐！

村上春树•猫

一本关于村上春树和猫的书！

作者：(日)铃村和成
书号：978-7-5502-3842-8
定价：39.50元

- 聚焦村上文学中无处不在的喵星人。
- 爱你就把你写进故事里！
- 用温馨笔触呈现人和猫相伴的每一天。
- 超萌超文艺的暖心之作，爱猫的你一定懂得！

村上春树•美食

戒不掉的村上春树，戒不掉的爱与美食！

作者：(韩)车侑陈
书号：978-7-5168-2510-5
定价：49.00元

- 村上骨灰级书迷+专业料理人倾情解读！
- 用美食去了解村上的文学世界；
- 正是那些热衷于美食的主人公，使得荒诞的情节变得温暖真实。

借钱

钱不是问题，没钱才是问题！
一本借钱都要买的书！

作者：(美)查尔斯·R.盖斯特
书号：978-7-5596-2993-7
定价：168.00元

- 曼哈顿教授教你摸清“钱生钱”的门道！
- 跳出“富人越富，穷人越穷”的怪圈；摆脱隐形贫困，实现财富自由。

快思慢想：那些不可思议的创意本能

独具匠心的创意秘诀，切实奏效的商业忠告！

作者：(韩)金荣汉&金钟沅
书号：978-7-5502-2693-7
定价：49.00元

- 汇聚全球精英思维，见证命运逆转奇迹！
- 不要让自己变成时间的奴隶；要成就心灵自我成长的奇迹。

寒栗

北欧犯罪小说新标杆，极具警示意义的现实之作！

作者：(丹麦) 索伦·斯外斯特普
书号：978-7-5596-5122-8
定价：59.00元

- 入围犯罪推理小说金匕首奖、入选 BBC 年度书单；
- 《泰晤士报》《纽约时报》《卫报》等媒体盛赞推荐！
- 每个施暴者都有可能是受害者，心向阳光或地狱，不过一念之间！

迷雾中的小镇

荣获澳大利亚独立图书奖、澳大利亚书业奖年度图书！

作者：(澳) 珍·哈珀
书号：978-7-5596-0348-7
定价：38.00元

- 英国国家图书奖、维多利亚总督文学奖、奈德·凯利文学奖；
- 《纽约时报》《出版人周刊》《书单》《悉尼先驱晨报》《科克斯书评》《VOGUE》《ELLE》等媒体盛赞推荐！
- 欲望深渊下的罪恶，是人性的必然，还是人心的偶然？

黑暗中的星光

《纽约时报》、美国亚马逊连续上榜！

作者：(美) 安吉·托马斯
书号：978-7-5596-0935-9
定价：46.00元

- 席卷欧美的现象级话题之作，众多媒体联合推荐！
- 一本让你一边泪目一边大笑的书，带你遇见生活的另一面。
- 哪怕我们改变不了世界，但至少不要让世界改变自己！

被囚禁的女孩

美国国家独立卓越奖悬疑类大奖
IBPA本杰明·富兰克林图书奖金奖

作者：(美) 香农·柯克
书号：978-7-5502-9274-1
定价：38.00元

- 《出版人周刊》《波士顿环球报》《书单》《魅力英国》《悉尼每日电讯报》等媒体联袂推荐！
- 当神闭上了双眼，当光被一切阻隔，当危险无处不在，手中还会剩下什么？

漫长的寒冬

新生代美国人气科幻作家A.G.利德尔重磅力作！

作者：(美) A.G.利德尔
书号：978-7-5596-5264-5
定价：59.00元

- 《出版人周刊》《卫报》等媒体盛赞推荐！
- 太空冒险与未来幻想的绝妙融合，重塑你对人类命运与宇宙未来的思考！

环太平洋 (全3册)

《环太平洋》电影官方小说炫酷登场，热血机甲燃爆K次元！

作者：(美) 阿历克斯·欧文
(美) 格里格·凯斯
书号：978-7-5502-2692-0
978-7-5596-1768-2
978-7-5596-1767-5
定价：137.80元

- 《变形金刚》《钢铁侠》作者X《星球大战》《星际穿越》作者，强强联手打造新时代的科幻经典！
- 还原完整的《环太平洋》世界，带给你视听震撼之外的文字盛宴！

美国在“一战”过后经历了禁酒风波与华尔街崩盘，虽然具备领导世界的实力，但是美国全社会却深陷门罗主义[1]，只能暂时锁国自封。

就在美国锁国期间，大洋彼岸的德国在希特勒的领导下，帝国主义重燃，随后又挑起了“第二次世界大战”（1939 年—1945 年）。当时担任美国总统的罗斯福幡然醒悟，呼吁美国作为世界大国之首，有责任站出来引导国际形势的发展。他将威尔逊的过度理想主义引以为戒，并与英国政府签署了《大西洋宪章》（1941 年）。《宪章》描绘了战后国际格局的蓝图。他又把联合国总部设置在了纽约（1947 年）。如今位于曼哈顿区东侧的联合国总部大厦于 1952 年竣工。

不得不承认，纽约确实是福地。一个世纪下来，无论独立战争、南北战争，还是“一战”“二战”，始终都没有殃及纽约。“二战”期间，亚洲与欧洲的主要城市几乎全都遭到了战乱的破坏，而在战争中毫发未损的纽约则顺理成章地成为联合国的本部，国际地位一跃千里。

半个世纪的盛衰

多灾多难的 60 年代

20 世纪 60 年代是美国建国以来最多灾多难的十年。先是 1962

---

[1] 门罗主义：由詹姆斯 · 门罗总统发表于 1823 年。主要内容是欧洲列强不应再殖民美洲，或涉足美国与墨西哥等美洲国家之主权相关事务。欧洲各国之间的争端，或各国与其美洲殖民地之间的战事，美国保持中立。相关战事若发生于美洲，美国将视为具有敌意之行为。

年“古巴导弹危机”，翌年肯尼迪总统遇刺身亡。后来是1964年的“美国黑人民权运动”，还有1965年美军对越南北部进行轰炸。

美国受难，纽约作为中心城市自然也无法独善其身。1964年7月，纽约哈雷姆区发生了一起白人警察开枪射杀黑人少年的事件，导致当地爆发了大规模的黑人暴乱，并在一夜之间燃遍北美大陆。同年秋天，以哥伦比亚大学为首的全美高等学府针对近年来发生的越南战争、黑人歧视和社会制度等问题，展开抗议游行。

在这里单独讲一讲具有划时代意义的事件，那就是世界闻名的“石墙事件”（1969年）。简述事件的始末，就是突击检查格林尼治村的同性恋酒吧“Stone Wall Inn”的美国警察，与在场的同性恋者发生了暴力争执，并且以这件事为导火索，后来引发了大规模同性恋解放运动。

当时，美国有一道名为“性悖轨法”的法律，明令禁止同性之间的性行为。同性恋者通常不为世间所接纳，所以相较之下性意识开放的纽约就成了同性恋者们的栖身之地。尤其在格林尼治村，愿意为同性恋提供服务的餐馆酒吧林立，“Stone Wall Inn”就是其中之一。女同（Lesbian）、男同（Gay）、Bisexual（双性恋）和变性者（Transgender），这个群体略称为“LGBT”。“石墙事件”首次把性取向歧视问题摆在世人面前，并将这种歧视与“女性歧视”“人种歧视”并列为美国三大歧视问题。

除上述事件之外，纽约以及美国西海岸地区又迎来了一批新的移民。他们是来自拉丁美洲的西班牙裔，其中的主力大多来自西印度群岛[1]（古巴）与墨西哥。

[1] 西印度群岛：位于大西洋及其属海加勒比海、墨西哥湾之间。

黑暗的 80 年代

美国熬过了多灾多难的十年，却并没有迎来春天。70 年代，美国留下巨额的对日贸易赤字，经济发展一度停滞不前。

“二战”后，美政府凭借与蒋介石领导的中华民国结盟，还能牵制自己的新劲敌苏联。结果后来 1949 年蒋介石势力潜逃到了台湾，美国政府就不得不笼络日本为盟友。为了将这个新盟友塑造成资本主义阵营的强力支柱，美国政府可谓是不遗余力。日本引进了纺织、钢铁、汽车、半导体等美国的主导产业并纳为己有，同时也享受了美国提供的绝大部分贸易顺差。

最终，日本在美国的援助下实现了经济复兴。美国却不堪面对巨额的对日赤字，国内出现了“排日风潮”（Japan Bashing）。另一方面，美军在越南战场上泥足深陷，伤亡人数甚至超过了朝鲜战争。美国社会的厌战氛围愈发强烈，经济也被战争拖垮。

纽约当时的街巷也一幅衰败景象，城市犯罪率持续走高，甚至在旅馆的电梯旁也站着荷枪实弹的警察。笔者还记得首次造访纽约就是在 70 年代末，昏暗肮脏的地铁与死气沉沉的乘客让人印象十分深刻。

纽约这座曾经繁盛风光的城市，当时被认为是世界上最危险的地区之一。美国政府为了挽回颓势，斥巨资建设了“世贸中心”大厦（1972 年）。这幢大厦的竣工也为纽约的建筑高层化画上终止符。再后来就都是些琐事了，例如说 1977 年的大规模停电和其后的出生热潮。

冷战落幕与走向复苏

要说20世纪80年代的国际头条，不用问一定是美苏冷战格局的落幕。

1989年12月，时任美国总统乔治·布什与戈尔巴乔夫在地中海的马耳他岛展开谈判，双方一致赞成结束冷战。1991年，自1917年十月革命起、建国七十四年的苏维埃社会主义联盟宣告解体。美利坚合众国三度凯旋（“一战”“二战”以及冷战），终于在20世纪末坐稳了世界第一超级大国的位子。

冷战结束之后，美苏先后向民间公开了部分原用于军事的科学技术。这次技术公开所带来的利好被世间称为“和平红利”，其中就包括GPS（全球定位系统）与互联网技术。互联网应用所带来的IT革命更是帮助美国彻底实现经济复苏，再次走向繁荣。

90年代初美国经济重登巅峰之际，鲁迪·朱利安尼就任纽约的新一任市长。他在任期间严打犯罪，整顿治安，使得纽约百废俱兴，焕然变成全美最安全的城市。

“9·11”事件

2001年9月11日，纽约与华盛顿同时遭到恐怖袭击，世界贸易的象征“世贸中心大厦”与国防部的五角大楼相继遭遇自杀式恐怖袭击。灾难现场的影像放出，震惊国际。这次恐怖袭击被认为是恐怖主义对美国超级霸权的挑战，纽约终究还是无法从国际战火中独善其身。

时任美国总统的乔治·布什（小布什）勃然大怒，当即发动了“阿富汗战争”（2001年—2014年），开战的罪名为“包庇‘9·11’

事件的主谋本·拉登”。然而美国不计后果的报复行为（阿富汗战争、伊拉克战争）迫使中东局势进一步激化，也为后来ISIS国（伊拉克和大叙利亚伊斯兰国）的诞生埋下了伏笔。

21世纪初，纽约人口的构成显示非美籍公民占总数的36%。仅在纽约市区范围，常用语种和方言就多达170余种。其中，纽约市中犹太人群体的居住人数仅次于以色列，华人的数量仅次于亚洲。自21世纪初以来，曼哈顿岛的幼童（5岁以下）增长率保持在3.2%以上，人口出生率可喜。

虽然说纽约遭遇了21世纪以来最为骇人听闻的恐怖袭击事件，但是这丝毫没有影响其在国际社会中举足轻重的地位。

本章结语

笔者赴纽约办公时，喜欢在茶余饭后听一场音乐会，逛一逛画展。但是最为上乘的消遣，无疑是体验纽约夜景的直升机观光了。

据说密不透风的钢筋建筑群在乌鸦眼中是茂密的丛林，这话有理。乘直升机漫游于纽约的夜空之中，一望无际的高楼大厦可不就是繁星点缀的森林吗？由南至北贯穿曼哈顿岛，穿梭于灯火斑斓的摩天大楼之间。余光两侧，则是曼哈顿东河与哈德逊河上斑驳的船灯。放眼整个世界，恐怕只有纽约才拥有这等奇景。

纽约历史事件年鉴	
西历（年）	历史事件
1524	受雇于法国国王的乔瓦尼 · 达 · 韦拉扎诺登陆长岛与斯塔滕岛，并为其取名为“新昂古莱姆”
1609	受雇于荷兰政府的亨利 · 哈德逊登陆曼哈顿岛
1614	荷兰开始对此地展开殖民，1625 年为此地命名“新阿姆斯特丹”
1626	荷兰殖民总督皮特 · 米纽特向土著廉价收购曼哈顿岛
1643	当地土著瓦平格尔族与荷兰殖民政权展开武装冲突，基夫特战争爆发
1652	荷兰殖民政权自立门户，荷兰本国予以承认。第一次英荷战争爆发
1664	英格兰军占领曼哈顿
1665	第二次英荷战争爆发，双方在布雷达签署和约，英政府以班达群岛交换新阿姆斯特丹，并改其名为纽约
1672	第三次英荷战争爆发。1673 年，荷军夺回曼哈顿岛。1674 年，双方签署威斯敏斯特条约，英方以南美圭亚那的苏里南再度换回曼哈顿岛的统治权
1756	法国印第安战争爆发，英方取胜，占据新法兰西领土
1765	英政府为填补军费所导致的财政赤字，向纽约征收印花税。翌年，纽约爆发“自由之子”大规模抗议活动
1775	美国独立战争爆发
1783	美国建国，建都纽约（1790 年迁都费城，1800 年迁都华盛顿）

1789	乔治 · 华盛顿就任首任美国大总统
1792	第一家证券交易所在纽约华尔街开设
1811	1811 年议会通过“网格计划”，正式着手纽约的都市开发
1812	美英战争爆发，纽约在战时进行都市开发，国歌“星条旗”诞生
1825	连接州府与伊利湖的伊利运河开通，纽约经济腾飞，人口规模暴涨
1845	爱尔兰爆发马铃薯饥荒，十万爱尔兰人移民美国
1861	南北战争爆发
1883	布鲁克林大桥竣工
1886	法国为纪念独立战争，赠予纽约自由女神铜像
1892	入境审查局转移至埃利斯岛
1905	大英帝国向纽约证券交易所贷款
1929	华尔街崩盘，引发世界金融恐慌
1947	联合国总部入驻，纽约成为世界政治中心
1969	石墙事件爆发
1972	世界贸易中心大厦起建
2001	9 月 11 日，纽约与华盛顿先后遭遇恐怖袭击

第七章

商人与议会之都——伦敦

不列颠帝国智慧与财富的源泉

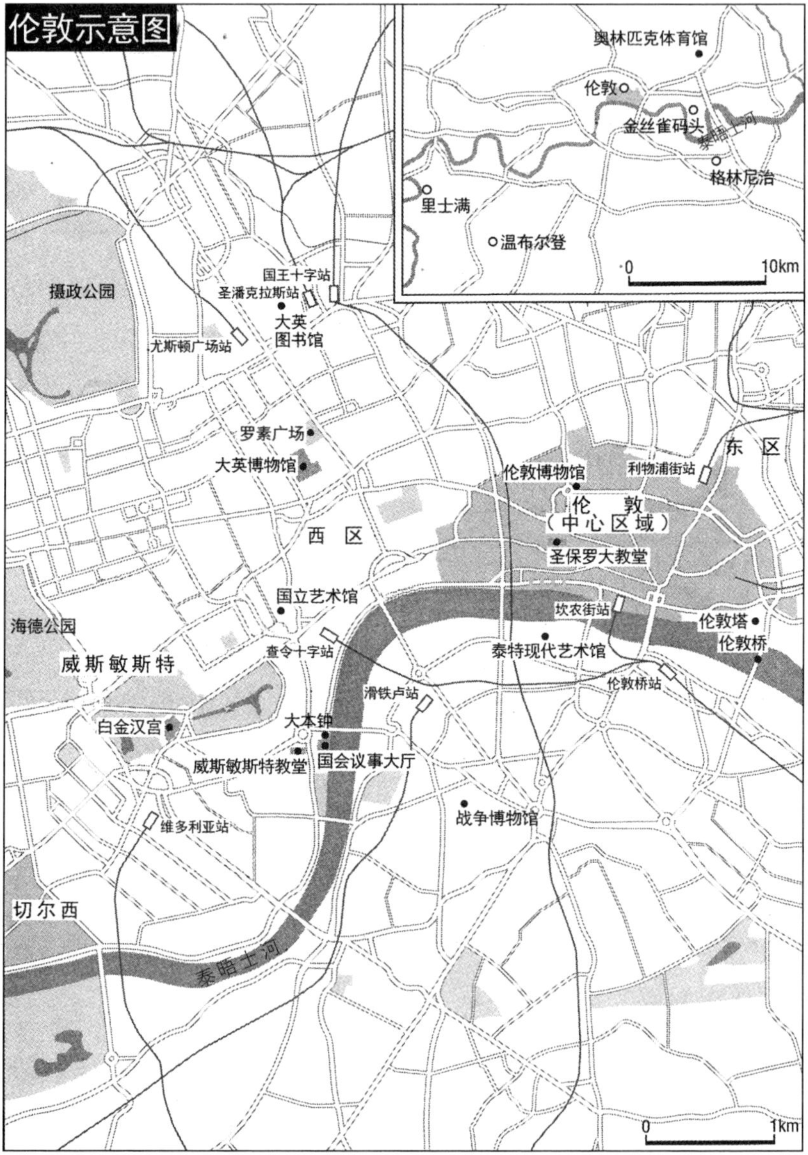
奥林匹克体育馆
伦敦
金丝雀码头
泰晤士河
格林尼治
里士满
温布尔登
0
10km
国王十字站
圣潘克拉斯站
摄政公园
大英
图书馆
尤斯顿广场站
罗素广场
大英博物馆
东　区
伦敦博物馆
利物浦街站
伦　敦
（中心区域）
西　区
圣保罗大教堂
国立艺术馆
坎农街站
伦敦塔
海德公园
查令十字站
泰特现代艺术馆
伦敦桥
威斯敏斯特
伦敦桥站
滑铁卢站
白金汉宫
大本钟
威斯敏斯特教堂
国会议事大厅
战争博物馆
维多利亚站
切尔西
泰晤士河
0
1km
伦敦示意图

联合王国的大智慧——“温布尔登现象”

“英吉利”这一称呼的起源，最早可以追溯到日本的江户时代[1]。当时，“英吉利”只是日本社会对英格兰的专属称谓，这个词源于荷兰语“Engelsch”，后来在东亚范围内普及，并派生出略称“英国”。

英格兰的官方名称冗长而且拗口：“大不列颠及北爱尔兰联合王国”（United Kingdom of Great Britain and Northern Ireland），简称 UK。其实狭义上的英格兰，应该从大不列颠岛中排除苏格兰与威尔士。

1707 年，英格兰与苏格兰合并，成立大不列颠王国。19 世纪初，不列颠王国吞并爱尔兰，并改名为“大不列颠及爱尔兰联合王国”。然而 1922 年，爱尔兰的南部 26 州宣告独立，这才有了王国名中“北爱尔兰”的说法。不得不说，如此“本分”地将国家现状体现在国名上的，英国在世界上算是独一份。纵观英国的历史进程，明显可以看出英国正如其国名，发生在这片土地上的大事件都是有理可循的，这后来也就孕育出了著名的“温布尔登现象”。

什么是“温布尔登现象”呢？熟悉网球的朋友，一定不会对“英国温布尔登网球锦标赛”（简称“温网”）感到陌生。自从英国在 1877 年于伦敦郊外的温布尔登举办了首届网球比赛起，几乎从来没

[1] 江户时代：1603—1867 年，又称德川时代。

有英国选手能挤入决赛。然而，“温网”却越来越受到国际的瞩目，并且为英国带来了巨大的利益。即便民间多有不满，不愿意为别国做“嫁衣”，但是英国政府方面却有另一番打算：“有利可图，做他人陪衬又怎样？”

自那时起，英国政府每制定一套法令或者策划一项活动，都会倾向以“实利”来考评其可行性。比如说，某件事的结果是否对市场有利、是否会带来社会效益等。这种“重实效”的理念，就是“温布尔登现象”的核心。“温布尔登现象”这种思维形态的产生源头，可以追溯到伦敦的市民社会与议会制度。

这个章节中，让我们一起探访伦敦——这个不列颠心脏的前世今生。

伦敦的住客们

伦底纽姆——伦敦最初的样子

有些历史学家认为，伦敦的第一个“住客”是印欧语系的鼻祖——凯尔特人（Celts）。他们的部族遍布如今的大不列颠岛与爱尔兰地区。时至公元43年，征服了高卢（现法国）的罗马人跨越多佛尔海峡，迁徙到大不列颠岛。罗马人逆泰晤士河而上，在伦敦建邦筑墙，由此孕育了伦敦最初的样子。

根据记载，这座新兴城市的名为“伦底纽姆”（Londinium），词源已经无从考证。相传这是凯尔特语，意为“荒沼中的城寨”。伦底纽姆北接北海和波罗的海，南靠地中海，占尽地理优势，建立不久就成为南北贸易的汇集之地，城市机能也逐渐完备。

然而公元 4 世纪初，罗马人却主动撤离伦底纽姆。撤离的缘由，流传有两种说法。一种是蜂拥而至的欧洲人令伦底纽姆不堪重负。另一种，是罗马帝国将战略重点转移到了东方，而且建都君士坦丁堡，无暇顾及西方。

罗马人撤离伦底纽姆后，随之而来的是盎格鲁－撒克逊人（盎格鲁人与撒克逊人的统称）。他们不仅入主了伦敦周边的区域，还占据了伦敦以西、泰晤士河北岸的丘陵地带，以及泰晤士河以南的汉普郡地区。这些盎格鲁－撒克逊人分裂为 7 个独立政权，后世称为“七王国”。七国之首是撒克逊政权威塞克斯王国，其首都是如今的温彻斯特。

盎格鲁－撒克逊人将罗马人留下的伦底纽姆建设为贸易中心，宗教中心则另起炉灶，设在泰晤士河下游南岸的坎特伯雷。6 世纪末，盎格鲁－撒克逊人皈依罗马教会，罗马教堂与大主教入驻坎特伯雷。

盎格鲁 - 撒克逊与维京的战争

9 世纪，随着全球气候变暖，北欧土著维京人为了应对突如其来的人口压力，纷纷经北海南下，到达了不列颠岛以及欧洲的各个港口，进行鱼类贸易谋生。然而，这些地方的当地人对这帮衣着粗陋、金发碧眼的异族心存排斥，常常在用于交易的小麦中掺杂沙砾。久而久之，维京人忍无可忍——正当交易行不通，就不要怪我们明抢了。就这样“维京海盗时代”拉开序幕。

“维京（viking）”是古诺尔斯语，意为“居住在峡湾地区的人民”。广义上的维京人，指的是聚居在北欧各个峡湾的部族。维京人中的丹麦日耳曼人最先顺泰晤士河南下，与七王国发生碰撞。七王国军队节节败退，只剩下威塞克斯王国苦苦支撑。878年，威塞克斯国王阿尔弗雷德与维京将军古斯伦签订停战协议（韦德莫尔议和），当时伦敦地区已经落入维京之手。886年，阿尔弗雷德国王费尽周折，终于夺回伦敦，并将丹麦日耳曼人赶回北欧。威塞克斯国王虽然竭力保住了伦敦及其以南的土地，却难以挽回不列颠岛大半陷入维京人之手的局面。所幸这些日耳曼人不敢再犯，世代定居在欧洲东北，也就是如今的丹麦地区。

自那后，阿尔弗雷德国王设政治首都于温彻斯特，设经济中心于伦敦，改国名为“英格兰王国”。然而新王国成立不过一个世纪，1013年伦敦再度落入丹麦日耳曼人之手。这次的侵略者是欧洲著名的霸主——“八字胡”斯文。斯文率军以破竹之势占领了英格兰王国全境，随后他的儿子克努特大帝征服了挪威以及波罗的海地区，建立起占据西欧半壁的大帝国——“北海帝国”。英格兰王国从此沦落为一个附属国。

伦敦的新主人

“忏悔王”爱德华

英格兰王国沦为附庸，年幼的国王爱德华唯恐性命有虞，立刻弃国潜逃到了母后的故乡诺曼底公国（现法国），并在此长大成人。爱德华为求庇护，承诺将王位授予诺曼底的公爵吉约姆。相传，爱德华天生患有白化病，而且一生都未留下子嗣。

北海帝国在克努特大帝驾崩后衰亡，爱德华得以重归故土，复辟英格兰王国。他就是名留青史的明君“圣爱德华”（Edward the Confessor，1042 年—1066 年在位）。

正如其绰号“Confessor”（坚守信仰者），爱德华是个虔诚的罗马教信徒。“Confessor”还有“自白者、忏悔者”之意，所以他又被称作“忏悔王”。如今名列世界遗产的威斯敏斯特修道院（又称西敏寺）就是由这位虔诚的信徒下令建造的（1045 年）。这座修道院在规模上虽然比不上巴黎的圣母院，却胜在气质庄重质朴。自建成起，这里一直是举办加冕仪式等重要活动的指定场所。

1066 年，忏悔王爱德华驾崩，他的义兄哈罗德二世继承王位。

威斯敏斯特大教堂

1045 年建于复辟英格兰王国的忏悔王爱德华之手，是世界遗产之一。其作为加冕典礼等重要皇家仪式的指定举办场所，历代英国国王和女王的灵柩也供奉其中

诺曼底公爵吉约姆对爱德华的失信勃然大怒，当即举兵渡过多佛尔海峡，手刃哈罗德二世，建立新政权诺曼王朝（1066 年），由他留下来的皇室血脉一直延续到如今的英国女王伊丽莎白二世。自那时起，盎格鲁－撒克逊人统治下的英格兰王国彻底落下帷幕，诺曼人成为伦敦的新主人，后世将这次英格兰易主称作“诺曼人征服”。

诺曼王朝

吉约姆公爵加冕英格兰诺曼王朝首任国王，即威廉一世（1066 年—1087 年在位）。要想深入了解诺曼民族，先要明确其起源。首先，他们是地地道道的维京人。其次，他们祖籍是挪威。最后，“诺曼（Norman）”一词，本意就是“北方人”。

10 世纪初，加洛林家族查理三世统治法兰西时期，维京海盗频频沿塞纳河南下侵犯巴黎。查理三世不堪其扰，忍痛将塞纳河口区域送给诺曼人居住，让他们为巴黎抵御维京海贼的侵扰。如今看来，这个策略很是高明，不仅确保了巴黎一方太平，还让诺曼人向加洛林王朝俯首称臣，成为其名下的“诺曼底公国”。

话归正题，诺曼人在同为维京的丹麦日耳曼人之后统治了英格兰王国，建立诺曼王朝。开国君主威廉一世加冕英格兰国王，身兼诺曼底公爵，表面上仍向加洛林王朝称臣。自己的臣子坐拥自己赏赐的封地，却另起炉灶自立为王，法兰西国王心中的郁闷可想而知。这也为英、法两国后来持续了数百年的斗争埋下了伏笔。

吉约姆生性念旧，加冕英国国王后，仍然视诺曼底为故乡。因为这里是他家族的发源之地，所以他时常归乡探望，甚至死后的陵墓也建在这里，真正做到了落叶归根。他即便身在英国，日常却坚持用法语交流。或许，在他眼里，英格兰只不过是海峡对岸的一片殖民地而已。

盎格鲁 - 撒克逊王国成传说

分析仅存的维京相关史料，可以得出一个结论——维京政权具有浓厚的中央集权色彩。诺曼人也不例外。

自 9 世纪以来，无数维京人乘坐外形特异的“维京长船（Longship）”跨越北海，去西欧从事商业贸易或侵略。旅途的风险不可预估，如果遇到风浪翻船，那么全员都将葬身大海。久而久之，严酷的外部环境铸就了维京人意志统一、遵从指挥的民族性格。尤其体现在尊卑有序与法纪严明上，甚至有时独断专权要高过一切。

即便是像威廉一世这样的明君也不能免俗。他登基后，为了掌控英格兰的每一寸土地，当即下令编纂土地台账[1]《末日审判书》[2]（1085 年）。在这份台账中，有一组数字很是耐人寻味。当时，记录在案的英格兰地方豪强共有二百多名，其中盎格鲁 - 撒克逊系的姓氏只有十多个，其余都是法兰西系的姓氏。

然而，这些肩负法国姓氏的豪强，却并不是纯种的法兰西人。

---

[1] 台账：原指摆放在台上供人翻阅的账簿，故名台账。后来这个名词就固定下来，实际上就是流水账。它包括文件、工作计划、工作汇报等。

[2]《末日审判书》：正式名称应是《土地赋税调查书》，又称“最终税册”。是英王威廉一世下令进行的全国土地调查情况的汇编。1086 年封建主进行调查当地地产归属情况。由于调查员个个凶神恶煞，调查内容又极细致，使被调查者如履薄冰，好像在接受上帝使者的末日审判一样，所以调查结果被称为《末日审判书》。

他们中的大部分原本是诺曼贵族，说白了就是维京人。威廉一世征服英格兰后，将他们从诺曼底公国带来这里。所以，现代人常说英国是“盎格鲁－撒克逊王国”，但事实上所说的这个王国早在11世纪就从历史舞台上曲终退场了。英国之所以会有这一外号，原因有两个：其一，英语的语源是盎格鲁－撒克逊语。其二，所谓“England”，意思就是“盎格鲁人的土地”。

商业中心伦敦与政治中心威斯敏斯特

威廉一世将新王朝的首都设在威斯敏斯特，也就是先前提到的威斯敏斯特修道院所在的地区。威廉一世的继承人威廉二世在这里建成“威斯敏斯特宫”（1097年，现议会）。自那以后数百年，威斯敏斯特一直稳居英格兰政治中心的位置。而针对商贸日益繁华的伦敦，威廉一世决定不强加直接的政治介入。伦敦商业贸易历史悠久，市民富裕，地方豪强众多。面对这样的先进群体，传统的强权统治显然行不通的，倒不如减免税收，让他们自由发展。开国皇帝规定了这个传统，后继者们纷纷遵从，但是这并不意味着完全放任不管。

威廉一世下令在伦敦城墙东端的泰晤士河沿岸修建了一座白色哨塔（White Tower），为的是达到监视伦敦的目的。在塔顶上，可以将伦敦全境尽收眼底。但是仅仅凭一座哨塔，就妄图约束一座城市？如今看来，威廉一世这一想法确实有些天真。这座白色哨塔，现在是如今世界遗产“伦敦塔”中的一部分。

现在的伦敦市，既包含当年的商业中心伦敦，也包含政治中心威斯敏斯特（西敏区）。这样说来，威廉一世还是伦敦的“生父”了。

伦敦塔
威廉一世在泰晤士河畔建立的大规模城堡建筑，其中就包括“伦敦白塔”，城墙由灰色的石灰岩堆砌而成。官方名称为“女王陛下的宫殿与城堡”

伦敦塔现在的官方名称是“女王陛下的宫殿与城堡”。这座宏伟的建筑现在是英国的皇家博物馆，同时也是世界遗产之一，受世间瞻仰。英国女王的冠冕以及世上最大的钻石“光之山”就典藏在这里。但谁又能想到，伦敦塔自从问世之后，几经起伏，甚至一度沦落为监狱、动物园。

庞大的安茹帝国

诺曼王朝建立近七十年，1135 年第三代君主亨利一世驾崩。亨利一世膝下没有男嗣，只生育有一女，早年嫁给了诺曼底公国南方的安茹伯爵。依照传统，理应由这位公主玛蒂尔达继位，她的丈夫安茹伯爵摄政。然而，不等玛蒂尔达公主赶回伦敦，亨利一世的外甥斯蒂芬就率先用军队攻破了伦敦的城门。

面对这样赤裸裸的篡位，玛蒂尔达公主怒不可遏，当即向斯蒂芬宣战。最终结果是双方都同意做出妥协，拥立玛蒂尔达的长子亨利为国王。1154 年，亨利继位为亨利二世，改朝换代为金雀花王朝。相传，亨利二世之所以要以花命名新王朝，都是因为他的父亲戈德弗鲁瓦总会在帽檐上装饰一朵金雀花。

亨利二世继位之前，他就已经与阿基坦公国[1]的女公爵埃莉诺成婚。阿基坦公国位于安茹以南，领土延伸到了波尔多和比利牛斯山脉。单论领土面积，诺曼底公国与安茹的领地相加也赶不上阿基坦半分。即便是卡佩王朝（阿基坦公国宗主国）的法兰西国王，他直属的皇室领土，也不过是和诺曼底公国的面积相当而已。

就这样，亨利二世不费一兵一卒，就能坐拥诺曼底公国、安茹地区、阿基坦公国，以及英格兰王国。只算亨利二世在法兰西地界的领土，就是法国皇室领土的四倍之多。所以领土版图达到巅峰的金雀花王朝，又被称作安茹帝国。

说到阿基坦公国，自然是绕不开闻名后世的女公爵埃莉诺（1122—1204）。世人皆知女公爵埃莉诺一生有两次婚姻。她的第一任丈夫是法国国王路易七世。传言这段婚姻走向破裂的原因有两个：一个是埃莉诺没能为丈夫诞下男嗣，另一个就是埃莉诺生长于南方，

[1] 阿基坦公国：又译为阿奎丹公国。

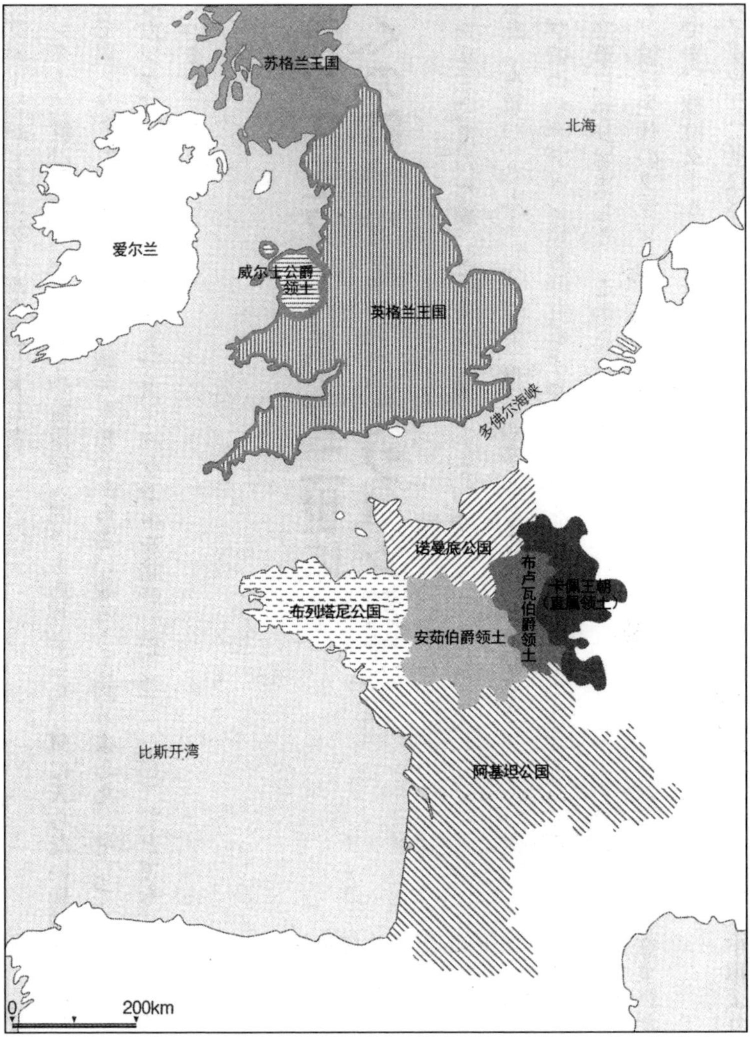

12 世纪的金雀花王朝（安茹帝国）示意图

性格独立好胜，不讨路易七世的喜欢。埃莉诺与第二任丈夫亨利二世一共育有五男三女，但夫妻感情却难谈和睦，甚至闹出许多矛盾。美国有部著名的电影《冬之狮》，讲述的就是这对夫妇的故事，其中凯瑟琳·赫本将埃莉诺这位传奇女性演绎得可谓是入木三分。

亨利二世以英勇著称，却又有几分残暴。只要有圣职者忤逆王权，他都会跳过教会亲手处置。他甚至不惜派刺客暗杀了坎特伯雷教会的大主教托马斯·贝克特（1170 年），这件事足以让他凶名远播了。

凄惨的“无地王”约翰

亨利二世驾崩后，他的第三子继位，即理查一世（1189 年—1199 年在位）。他是个典型的马上皇帝，人赠外号“狮心王”。1189 年，阿尤布王朝苏丹萨拉丁收复了穆斯林圣地耶路撒冷，刚登基的理查一世将国事托付给母亲埃莉诺，他亲自带领了第三次十字军东征。时任法兰西国王的腓力二世（奥古斯特）也率军参与了这次远征，他的父皇是就是上节提到的路易七世，母亲却并不是埃莉诺。腓力二世以冷酷多谋将法兰西王朝领向巅峰。

腓力二世抵达前线战场巴勒斯坦之后，亲眼见识到萨拉丁的雄师，自知敌我兵力悬殊，立刻下令退兵，回国巩固内政。理查一世孤军奋战，久攻耶路撒冷不下，只能遗憾撤军。然而祸不单行，他在归国途中被德意志俘虏，忍受了两年牢狱之苦后才回到英国。

在这两年中，理查一世的同胞兄弟约翰暂时接管了监国的位子。从耶路撒冷全身而退的腓力二世欺负约翰昏庸愚蠢，用三寸不烂之舌从他那里骗取了安茹帝国的大片领地。回国后的理查得知现状，勃然大怒，立马举兵讨伐法兰西，却在前线被流矢击中，含恨而终（1199 年）。

“狮心王”驾崩，他的弟弟约翰继位。这可正中腓力二世下怀，他马上向安茹帝国宣战。战争的结果自然是约翰的军队惨败，安茹帝国失去了在法兰西界内的全部领土，仅留下阿基坦的一小部分（1206 年）。所以约翰被后世戏称为“无地王”。这“雅号”的出处，还有另一种说法。约翰是亨利二世最小的儿子，相传亨利二世曾对他说：“父王我把领土全部赐给你的四个哥哥了，没给你留。”

说来也有趣，自从这位“无地王约翰”之后，英格兰历史上再也没有出现过名叫“约翰”的君主。

“无地王”约翰几乎输尽了家族基业，却仍然没受到教训，妄图再度与法兰西开战。可是约翰输掉的“筹码”不单单是皇室的封地，还连带损失了诺曼底、安茹和阿基坦等地方诸侯的利益。约翰不给这些人安抚也就算了，竟然还为了筹集军饷，公然向各地方征税，这真是触及贵族们忍耐的底线了。

1215 年，贵族们联手挟持了国王约翰，也不偏激，只是“心平气和”地和他商量：“国王陛下，您下回要增加赋税，先问问我们的意见？”

约翰起初是百般不愿意，但被强收赋税的商人群体也站在了贵族这边，孤立无援之下，他才不得不在新法案上签了字。这部法案就是英国历史上的第一部宪法，世称《大宪章》。

可是谁能想到，约翰身为一国之君竟然出尔反尔。贵族武装刚刚撤出皇宫，约翰就转头向罗马教会诉苦，说自己在宪章上签字并非出于自愿，法案不能作数。不仅如此，他甚至还反过头来镇压贵族。就这样，英格兰陷入了毫无意义的内战之中。

英格兰各地诸侯算是对约翰这个昏君彻底死了心，他们相继投奔到了法兰西的皇位继承人（腓力二世嫡长子）路易八世麾下。路易八世的皇妃是埃莉诺的孙女布兰卡，皇室血统无可挑剔，这更加催化了各地诸侯另择贤主的念头。终于，1216 年法军攻破英格兰首都伦敦，实现了后世拿破仑与希特勒穷尽一生也未完成的事业。

同年英国国王约翰驾崩，他的长子继位，称号亨利三世。亨利三世与各地诸侯和解，内战结束后，金雀花王朝得以勉强延续。法国皇太子路易八世也志得意满，凯旋回朝。英、法两国重归和平，后世称这段战乱时期为“第一次诸侯战争”（First Barons’ War）。

“模范议会”与平民院

亨利三世全盘继承了其父的昏庸，他拒绝履行《大宪章》并施行暴政。1265 年，贵族阶层在西蒙 · 德孟福尔的领导下，时隔半个世纪，再次起兵挟持国王，逼迫他承认《大宪章》并强行组建了议会。然而，还没有等到议会开张，起义领袖西蒙就被戴上了“谋朝篡位”的帽子，英格兰再度陷入内乱。后来西蒙 · 德孟福尔死在保王党的枪炮之下，这场内乱才得以平息。这就是后世口中的“第二次诸侯战争”（1264 年—1265 年）。

顺带一提，西蒙 · 德孟福尔有个同名的父亲。这个人称霸于法兰西的阿勒比地域，一生致力于镇压“二元论”异端卡特里派，也是个声名在外的大人物，切勿混淆。

第二次诸侯战争后时隔三十年，“贤王”爱德华一世重组议会。这次议会的构成一改过去的传统，除去传统的高阶圣职者与大贵族以外，为了确保民主，各郡都有两名骑士代表，各城市都有两名市民代表，所以被世间誉为“模范议会”。市民代表自然是由活跃的商人出任，这也证明了商人在英国社会中的阶级地位。

自那以后，国王只要想发动战争或加征赋税，都必须先通过议会审批。“模范议会”的出现，让独裁王权大打折扣，标志着英国等级君主制的形成与确立。

1337 年，法兰西皇室（卡佩家族）血脉意外断绝，英国国王趁机介入了法兰西的皇位继承之争。“英法百年战争”就此拉开序幕。开战前夕，英国议会中分裂出了一个独立的政治群体——“平民院”。

平民院的主力军，毫不意外的是各城市的商人代表。在以往的议会中，市民代表来自各个城市，难免内部会产生分歧，而导致对付不了他们真正的敌人——贵族与大地主阶级。而平民院正是为市民代表们提供了一个统一政见、共同发声的平台。

市民代表如此明目张胆地“结党”，贵族阶层却不能抗议。毕竟，即便是高高在上的皇室，也是依靠商人们纳税供养的。商人阶级逐渐成了国家的顶梁柱。12 世纪，各个城市相继开始公开选举自己的市长。14 世纪中叶，城市政坛中出现了“市参事会”，这就是如今市政制度的雏形。市民阶级不断壮大，英国议会逐渐分裂为贵族主导的“上议院”（贵族院）与市民主导的“下议院”（平民院）。

平民院会推选出一名议长，负责在上院会议中传达平民院的意见。这个岗位可不仅仅只是个传话人那样简单。市民阶级的利害倒向常常与王侯贵族相悖，要在这帮上位人的重重压力下，毫不畏惧地为平民谋求利益，谈何容易？所以说不仅是下议院本身，整个英国议会都满怀敬意地称呼下议院议长为“发言人”（Speaker）。

1381 年英法百年战争发展至高潮，英国政府为了筹集军费，开始向民间征收重税。生活在社会底层的瓦特 · 泰勒不堪重负，揭竿而起。可是谁能料到农民起义愈演愈烈，竟然一举攻入了首都伦敦。瓦特先后两次与国王理查二世会面，展开谈判。然而，身处底层的瓦特小看了政治斗争的黑暗。在第二次谈判时，他遭到王国军暗算，不幸遇难。他死后，起义军也淹没在了血泊之中。

理查二世勉强保住了王位，却因为后来一连串的重大失策，被他的表弟兰开斯特家族的亨利四世篡位（1399 年）。金雀花王朝就此灭亡，取而代之的是兰开斯特王朝。

蔷薇战争

兰开斯特王朝成立之初，英法两国迎来了短暂的和平时期。而第二代君主亨利五世继位以后，他趁着法国内部政局不稳，再度开战，并且数战告捷。然而在这样的大好形势之下，亨利五世却身染恶疾，抱憾而终，战争也就此陷入僵局（1422 年）。

后来几经胜败曲折，终于在 1453 年，英法百年战争宣告落幕。将近百年的战乱，到头来英国只得到了法国北部城市加莱，英国的野心最终化为泡影。

英法战争落幕之后，国王亨利六世行将就木，兰开斯特王朝上下都卷进了血腥的王位斗争之中。夺位的双方分别是金雀花王朝第七代君主爱德华三世第四子的后裔兰开斯特家族，与其第五子的后裔约克家族。这两个家族的政治斗争最终演变为军事战争，史称“蔷薇战争”（1455 年—1485 年）。这个高雅的名字由 19 世纪的作家瓦尔特所起，起名的原因是兰开斯特与约克家族的纹章分别是红蔷薇与白蔷薇。

蔷薇战争的导火索与两个世纪前的《大宪章》运动如出一辙。当年，无地王约翰一意孤行，强行展开对法战争，结果全盘葬送了诺曼底公国在法国境内的领地，就这样为《大宪章》运动埋下了伏笔。再看现在，兰开斯特王朝深陷法国战场，劳民伤财，各地诸侯赔尽了家底，却只换得一场空，所以诸侯倒戈是迟早的事。蔷薇战争一打就是三十年，战争期间贵族分裂成两个阵营。连年的征战，死伤不计其数，两大家族下的数个豪强贵族先后退出了历史舞台。

两蚌相争，渔翁得利，英国王权脱离了贵族的桎梏，空前强大。最终，兰开斯特家族远亲亨利·都铎（亨利七世）剿灭了约克家族势力，从众多诸侯中脱颖而出，摘得桂冠，建立了都铎王朝。

“童贞女王”伊丽莎白一世

都铎王朝的第二任君主亨利八世（1509 年—1547 年在位），以王妃没能诞下子嗣为由，想要离婚再娶，这一举动却遭到罗马教廷的重重阻挠。他一怒之下发布了《至尊法案》（1534 年），宣称英格兰的教会组织从此脱离罗马教廷，并成立英国国教，规定国教的最高领袖为英国国君。法令一下，亨利八世立即离婚再娶，新王妃安妮·博林成功生下一个公主，这就是后来的伊丽莎白一世。

如果认为亨利八世改革国教单单只是为了离婚，那可就大错特错了，他的最终目的实际上是众修道院的腰包。依照惯例，修道院可以免交赋税，名下财产都是“神的所有”，也就是罗马教廷的小金库。如果能当上教会的领袖，这些钱财自然会落到自己的手里。

《至尊法案》发布后仅短短六年，英格兰境内的罗马教会就尽数被勒令关闭。亨利八世自然不会亲自做恶人，他委托政治家托马斯·克伦威尔代劳。亨利八世甚至冒天下之大不韪，处死了公开反对他的著名思想家托马斯·莫尔。所以世间常常将他和当年处死托马斯·贝克特的亨利二世相提并论，共称为暴君。但是平心而论，《至尊法案》虽然是独裁强硬的政策，但是这个法案也确实让后来的伦敦获益无穷。

上一章提到，16世纪初加尔文宗严格秉持“《圣经》至上”的教义，遭到了欧洲各国罗马教会的排斥与迫害。在后来加尔文宗教徒们移民美洲之前，伦敦是这些教徒们的避难地。

新成立的英国国教（Anglican Church）完全照搬了罗马教会的教义，唯一的不同是，只有宗教领袖由罗马教皇变为了英国国王。但就是这个具有决定性的不同点，让罗马教廷后来近乎偏执的异端审判没有殃及伦敦。新教教徒大多数是知识分子或者落魄贵族，大都素养颇高。伦敦这样的商贸之都，需要的就是这样高素质的市民。

亨利八世驾崩后短短十年里，都铎王朝先后经历了爱德华六世（1547年—1553年在位）和玛丽一世（1553年—1558年在位）两位君主，两人是同父异母的姐弟。爱德华六世是亨利八世的第三任王

莎士比亚
英国文学史上最杰出的戏剧家之一，
也是欧洲文艺复兴时期最伟大的作家之一

妃所生，他力挺《至尊法案》，在位期间极力促成英国国教与新教融合。然而亨利八世与第一任妻子的女儿玛丽一世，却把新教教徒视为仇寇。她与虔诚的罗马教教徒西班牙国王腓力成婚，登基之后对英国境内的新教教徒展开了残酷迫害，被后世斥为“血腥玛丽”。

不过幸运的是“血腥玛丽”在位仅五年就驾崩了，她同父异母的妹妹、亨利八世第二任妻子的女儿继位，这就是伊丽莎白一世（1558 年—1603 年在位）。

伊丽莎白一世即位后，立刻停止了对新教教徒的迫害，并重启《至尊法案》。再加上以威廉·塞西尔为核心的幕僚团队倾力辅政，英国国势蒸蒸日上，逃亡的新教教徒也纷纷重返伦敦。

在经济方面，伊丽莎白一世大力支持民间海外贸易。哥伦布发现新大陆后，西班牙独揽了新大陆上的金银开采，并且严禁英国参与。对这样赤裸裸的“吃独食”行为，伊丽莎白女王默许本国的海贼对西班牙的来往船舶进行劫掠。

那时荷兰还是西班牙的领土，从新大陆归来的西班牙船只都要驶向阿姆斯特丹港。而这条航线并没有牵扯英国的海域，所以伊丽莎白一世所默许的“海盗劫掠”，其实无异于有计划性的军事打击。一边是残害新大陆土著的西班牙，一边是“黑吃黑”的英格兰，谁善谁恶，怎能断言？不过在大航海时代，以海军之名行海贼之事的，也远远不只英格兰一家。

另外，伊丽莎白一世还为自己的偷袭之举巧立名目，她声称荷兰的大部分居民都是新教教徒。当时的西班牙皇室是罗马教会的狂热信奉者，这让身为新教教徒的荷兰居民整日惶惶不安，独立呼声也日渐高涨。确实，没有比协助荷兰实现国家独立更拿得出手的理由了。

英格兰的“海盗”行径肆无忌惮，导致西班牙盛怒。1588 年，西班牙派遣“无敌舰队”（Armada）进军多佛尔海峡。然而天公不作美，“无敌舰队”遭遇海上风暴，最终败给了以中小型战船为核心的英格兰舰队。自那以后，伦敦港的国际贸易地位愈发坚不可摧，就连伦敦塔以东的低洼地带（East End），也有大批的港口工人居住，伦敦东区也初现了城市的规模。

伊丽莎白一世在位期间，英格兰城市进入迅猛发展时期。1566 年，英国第一家商品及证券交易所在伦敦开业。1600 年，“东印度公司”成立，英国的海外贸易拓展到了远东（印度、中国）。

不仅是经济方面蓬勃发展，这期间的伦敦在文化方面也大放异彩。其他不说，文艺复兴的先驱——戏剧家莎士比亚就是活跃在这个年代。1599 年，“莎士比亚环球剧场”在泰晤士河南岸盛大开业。

1995 年，“环球剧场”重现伦敦，剧院的设计完全效仿当年，坚持不给观众席增设屋顶。

1603 年，伊丽莎白一世驾崩，她终生都没有结婚，所以被后世誉为“童贞女王”。

斯图亚特王朝失败的尝试

伊丽莎白一世身为“童贞女王”，自然没有留下子嗣，皇位只能由她的远亲——苏格兰国王詹姆斯六世来继承，即英国国王詹姆斯一世（1603 年—1625 年在位），国名改为斯图亚特王朝。

当时的苏格兰王国并没有议会制度，皇室不但信奉着老一套的“神授皇权”理论，而且仍然举国信仰罗马教会。所以在朝代更迭之初，英格兰上下人人自危，尤其是加尔文宗教徒。上一章提到的加尔文宗的“朝圣先辈”逃亡新大陆，就是从这时开始的。

第二任君主查理一世（1625 年—1649 年在位）更是视议会如草芥，目无法纪，独断专行。1628 年，议会联名向查理一世呈上《权利请愿书》，这是继《大宪章》运动之后，英格兰议会又一次公开维护自身的权力。

查理一世起初先是佯装妥协，等到风头一过就又重施暴政。议会强烈反抗，查理一世只好仓皇逃出伦敦，却仍然执迷不悟，起兵镇压议会。奥利弗·克伦威尔率议会阵营军奋起抵抗，赢得了最终胜利，并公开处决了查理一世。

早年的课本将这场战争称为“清教徒革命”，因为战争的领袖奥利弗·克伦威尔是虔诚的清教徒。但是在近几年，苏格兰和爱尔兰相继宣称本国曾参与过这场革命，所以又叫“三王国战争”（1642年—1649年）。战后克伦威尔建立民主共和制度，并自封“护国公”，集国家权力于一身，积极除弊推良，颇有政绩。然而他辞世以后，他的儿子继承了“护国公”的位子，却没能维持住共和政体。王权专制卷土重来，查理二世复辟。

查理二世（1660年—1685年在位）是查理一世的长子，他性格幽默风趣，奉行享乐主义，在任时也获得了大部分英国人的喜爱，被世间称为“快活王”。但是他生性风流，情妇无数，单单是已确认的私生子就多达14人。这些私生子虽然无权继承王位，但是可以世袭贵族爵位。后世闻名的戴安娜王妃、莎拉王妃就是这些私生子贵族的后裔。

查理二世一生处处留情，但是并没有留下正统的皇室血脉，王位只能由他的弟弟约克公爵来继承，即詹姆斯二世（1685年—1688年在位）。这位新任国君和他的祖辈一样，都是“王权神授论”的绝对拥护者。对于詹姆斯二世继承王位，议会还是有过一番争论的。其中支持的一方名为“托利党”（Tory），反对方名为“辉格党”（Whig）。这两个党派是后来保守党和自由党的前身。

说个题外话，伦敦第一家咖啡馆，就是在奥利弗·克伦威尔执政时代开张的。

国家权力的转移

詹姆斯二世继位后，果然印证了众人的担忧。他不仅偏袒罗马教廷，还施行激进的宗教政策。詹姆斯二世的暴政让英格兰议会不堪忍受，协力将他驱逐出境，扶持他的女儿玛丽公主为英国女王。玛丽二世的丈夫——荷兰的奥兰治亲王被奉为威廉三世，夫妻两人共登皇位。

这次兵不血刃的革命被后世称作“光荣革命”（1688 年—1689 年）。也正是因为这次革命，英格兰的国家权力逐渐从国王转移至议会。

光荣革命过后，威廉三世承认议会对新君主提出的“权利宣言”，发布了《权利法案》。法案明确规定议会在立法、赋税、军事、言论自由，乃至王位继承等方面的权力。其中部分条款还被纳入了英国宪法，至今仍然沿用。

威廉三世自从坐镇荷兰奥兰治起，就与法国的路易十四世频频起争端，军饷全部来自奥兰治当地的赋税。威廉三世登上王位以后，就打起了英国赋税的主意，但是他知道自己是一个“入赘的国王”，头上又有《权利法案》的限制，所以不敢轻举妄动。于是他想到了一个新的敛财点子——国债。

其实荷兰早有政府发行国债的先例。当时荷兰的荷兰州议会以征税权作为担保，向民间发行国债。威廉三世效仿这一例子，向议会申请国债发放权。议会表示赞成，并且成立了国债的管控机构——中央银行（即英格兰银行，1694 年）。《权利法案》严禁国王擅自征税，但是议会承认国债并成立机构加以监督……细想之下，这不就是现代的金融政策系统吗？

玛丽二世夫妇始终没有诞下子嗣，两人先后驾崩。王位只能由玛丽二世的妹妹安妮继承。然而天不助英国皇室，新任女王安妮患有重度肥胖症，先后生下的子女全都不幸早夭。这种情况如果不善加处理，只怕被放逐到巴黎的詹姆斯二世势力会卷土重来。实际上，詹姆斯二世的子嗣有路易十四做靠山，始终对英国王位蠢蠢欲动。詹姆斯的拉丁文写法为Jacobus，所以这股支持他的境外势力被称作“詹姆斯党”(Jacobitism)。

伦敦几经挫折，才换来如今的生机与繁盛。如果让詹姆斯党得逞，恐怕英国又要一夜回到“血腥玛丽”时代。英国议会怎么可能坐以待毙？他们着手从众多的王室宗亲中，寻找与罗马教廷没有任何牵扯的家族。最终，斯图亚特王朝第一任君主詹姆斯一世的孙女、嫁给德意志汉诺威选帝侯的苏菲公主从中脱颖而出。苏菲公主一脉信奉路德宗，真是再理想不过的人选。议会当即宣布，从今以后，苏菲公主的后嗣是唯一的合法皇位继承人，信奉罗马教廷的人除外。这道既任性又合理的“王权继承法”一直沿用至今，其权威仍然不可撼动。自那时起，信奉罗马教会的王族被彻底隔离在英国王位之外。依照这道法律，王位候选人不仅限定了范围，还提前排好了继位的顺序，从而避免了许多不必要的麻烦。

安妮女王驾崩后，议会接迎汉诺威选帝赴英国继任王位，这就是乔治一世（1714年)。但是问题也接踵而至，乔治一世只懂得德文，不懂英文。然而，英国议会对这一点丝毫不以为意，毕竟政治局势也轮不上国王来插手。

“虚位元首”的概念渐渐在英国社会中根植。细想一下，王位继承法轻传统、重实效，不也正是“温布尔登现象”吗？乔治一世也高兴做个清闲君主。如果硬要说问题，只有一个——乔治一世子孙后代的配偶全是德国人，这就让英国的王室血脉成了纯种的德国血统。但这在议会眼中依旧无伤大雅。

日不落帝国

厌倦伦敦，无异于厌倦生活

17 世纪后半叶，从西班牙独立并发展为海上强国的荷兰，与英格兰展开海上争霸。18 世纪初，英格兰赢得最终胜利，伦敦由此成为世界经济中心。伦敦的地标建筑——圣保罗大教堂也在当时重新建成（1710 年）。这座教堂是皇室建筑师克里斯多佛 · 雷恩的大成之作，完美诠释了英格兰特色的“巴洛克”建筑风格。其实，最早的圣保罗大教堂建造于 604 年，后来几经火灾损毁，尤其是 1666 年的伦敦大火灾几乎使教堂化为焦土。圣保罗大教堂一直到 1675 年才开始重建。圣保罗大教堂位于泰晤士河西岸，正好位于伦敦塔与威斯敏斯特教堂中间。只要在伦敦市内，无论身在何处，抬头就能仰望圣保罗大教堂那高耸入云的屋顶，即使是在现代也是伦敦当之无愧的地标性建筑。

当时，有位外号“伦敦人中的伦敦人”的驰名作家塞缪尔 · 约翰逊，就是他带头编纂了《英语辞典》。塞缪尔 · 约翰逊在 1770 年留下了那句传世名言:“厌倦伦敦，无异于厌倦生活！”

如今看来，这句话不免有些妄自尊大的嫌疑。但是 18 世纪的伦敦，无论是在经济、政治，还是文化层面，确确实实都能睥睨全世界。甚至可以毫不夸张地说，那个时代的伦敦，是人类现代文明的集大成之地。

大侦探福尔摩斯在雾都登场

19 世纪，英格兰凭借坚船利炮“日不落帝国”。作为首都的伦敦也光环加身，成为世界人口第一的城市。一幢幢地标式建筑拔地而起，其中就包括伦敦最豪华的商店哈罗德百货，还有犹太人创办的国际金融机构罗斯柴尔德银行。1858 年，坐落于泰晤士河畔国民议会旁的“大本钟”竣工。1863 年，世界上第一条地铁在伦敦正式开通。

然而在繁荣的外表下，各种各样的环境问题日益突出。其中除了泰晤士河的水质污染之外，最为严重的就是雾霾，伦敦也由此得名“雾都”。

在文学方面，1887 年柯南 · 道尔爵士笔下的大侦探夏洛克 · 福尔摩斯，在小说《血色研究》中闪亮登场，眨眼间就风靡欧洲。翌年，手染数名女性鲜血的“开膛手杰克”为伦敦的夜晚笼罩上了一层恐怖气息。

日本的文坛巨匠夏目漱石曾经在 1900 年至 1902 年留学伦敦，并且在后来的随笔《伦敦塔》中，这样描写这座都市——出门在外，就像一片浮萍任人潮摆布；身处室内，而时时担心飞速的车辆破门而入。

20 世纪的激荡百年间，大英帝国始终稳坐世界强国的第一把交椅。到了第一、第二次世界大战期间，伦敦屡屡遭受纳粹德国的猛烈空袭，不过幸好得到了被纳粹驱逐出祖国的波兰空军参与城防，伦敦才免于沦陷。伦敦军部在国难当头之际也不得不放低姿态，向外国势力请求军事增援。

战后伦敦市内满目疮痍，市民甚至不得不将公园的绿化带开垦

圣保罗大教堂
皇家建筑师克里斯多佛 · 雷恩的最高杰作，重建于 17 世纪的伦敦，是英国最具代表性的巴洛克建筑。最早可以追溯到 604 年，查尔斯王子与戴安娜王妃的婚礼在这里举行

为农田以维持生存。就在这样的困境下，伦敦还是咬紧牙关，举办了奥林匹克盛会，用这种方式来呼吁世界和平。奥运会的召开也为伦敦带来了经济复苏的曙光。1956 年《清洁空气法》的颁布与实施，让伦敦彻底摘掉了“雾都”的帽子，并正式向现代化进军。

西区文化与东区复兴

自伦敦诞生以来，就始终遵循着金融中心在伦敦，政治中心在威斯敏斯特的职能规划。“东区”（East End）与“西区”（West End）的说法也沿用至今。

如果以现在伦敦的市内交通网（地铁）来划分，西区是柯芬园

大本钟

站与皮卡迪利圆环站为中心的周边区域。这一地区自古以来都是文娱艺术机构、品牌店和餐饮店的聚集地。20 世纪 60 年代起，发祥于此地的青年文化以迅雷之势在世界范围流行开来。

著名歌剧家劳埃德 · 韦伯的大多数音乐作品，都是在西区首演后，然后在世界范围内流行，其中就有《万世巨星》（Jesus Christ Super Star）、《猫》（Cat）、《歌剧魅影》（The Phantom Of the Opera）等脍炙人口的佳作。在这里成名的名模徐姿（Twiggy）也成为世界级的偶像。要说青年文化的领军人物，一定绕不开一个年轻的乐团——披头士乐队（Beatles）。他们完全可以称得上是世界音乐史上的一座里程碑。当时的伦敦俨然是世界音乐殿堂的跳板，多少音乐人在这里一夜成名。从摇滚界殿堂级偶像艾尔顿 · 约翰、大卫 · 鲍威和“滚石”乐队，到朋克摇滚的先驱“性手枪”乐队和“碰撞”乐队，英国音乐席卷欧美。另外，即便是时至今日，类似于《悲惨世界》的古典歌剧仍然位列女王剧院的热门榜单。

都说“旧瓶新酒”最为不易，历史悠久的城市很少能够成为流行文化的温床。然而伦敦却打破了这个界限，在思维观念上推陈出新并加以实践。这勇于接纳新事物的国家性格，也从侧面上反映了“温布尔登现象”。

说完了西区，再谈谈东区。东区是伦敦塔东侧的区域，自古以来就是繁闹的港口腹地，其中的居民也多是港湾劳动者。“二战”后，伦敦传统港口遭到战火摧残，再加上船舶的巨型化以及集装箱运输的普及，东区逐渐沦为贫民窟。

自 80 年代开始，英格兰环保局牵头在伦敦传统的“港区”

（Docklands）——也就是 East End 区域，重建大规模的水岸地区（Waterfront），其中的重心就是如今繁盛的商业码头“金丝雀码头”（Canary Wharf）。短短数十年时间，“金丝雀码头”就发展成了可以和市内分庭抗礼的金融中心。这里街道繁华，高楼耸立，城市建设甚至不亚于纽约。

复兴的伦敦成功举办了 2012 年奥运会，奥运会的大部分竞技设施就坐落在金丝雀码头，这也可以说是利用国际盛典刺激区域复兴的典型范例。早在伦敦上一次主办奥运会（1948 年）时，国际活动带来的经济效益就已经十分惹人注目了。伦敦自奥运会诞生起，先后三度申奥成功（1908 年、1948 年、2012 年），足以见其在国际中举足轻重的地位。如今，伦敦虽然不比当年风光，但仍然是世界上人口流通最为频繁的城市之一。

本章结语

2016 年 6 月 23 日，英国通过全民公投，决定退出欧盟。伦敦自然而然成为世人瞩目的焦点。这个欧洲数一数二的金融中心，在“脱欧”后会迎来怎样的变化与机遇呢？

在这里推荐三本佳作，感兴趣的朋友可以去翻阅一下，想必会对伦敦与巴黎这对“难兄难弟”有一番全新的认识。这三本书分别是《双城记》（查尔斯 · 狄更斯）、《伦敦》（爱德华 · 卢瑟福）与《巴黎与伦敦——现代都市的诞生》（乔纳森 · 考林）。

伦敦历史大事件年鉴	
西历（年）	历史事件
43	罗马人建设城墙城市伦底纽姆，此为伦敦的雏形
410	罗马人撤离，5 世纪中叶盎格鲁 – 撒克逊人于此建立“七王国”
6 世纪末	伦敦发展为区域性贸易中心（宗教中心为坎特伯雷）
9 世纪	维京入侵，占领伦敦
878	威塞克斯王国阿尔弗雷德大帝与维京总督古斯伦议和
886	阿尔弗雷德大帝从维京手中夺回伦敦，建立英格兰王国
1013	丹麦籍君主斯文占领英格兰全境
1016	斯文之子克努特建立北海帝国，全面统治英格兰
1042	忏悔王爱德华复辟英格兰王国，1045 年建造威斯敏斯特大教堂
1066	诺曼底公爵纪尧姆推翻英格兰王国，建立诺曼底王朝（诺曼底政府），即位为威廉一世
1097	威廉二世建造诺曼底王朝行政中枢威斯敏斯特宫
1154	亨利二世继位，建立金雀花王朝（安茹帝国）
1215	贵族政变，逼迫约翰王承认《大宪章》
1216	法兰西皇太子（后路易八世）占领伦敦，约翰王驾崩，其长子继位，为亨利三世

1295	爱德华一世进行议会改革，新增市民席位，后世称之为“模范议会”
1337	英法百年战争开幕
1381	瓦特 · 泰勒不堪沉重的赋税，领导农民起义，一度占领伦敦
1399	亨利四世登基，成立兰开斯特王朝
1455	兰开斯特家族与约克家族交战，后世称之“蔷薇战争”
1485	亨利七世登基，建立都铎王朝
1534	亨利八世发布《至尊法案》，脱离罗马教廷，建立英国国教
1558	伊丽莎白一世继位，重新接纳清教徒，实现城市经济复苏
1603	詹姆斯一世继位，成立斯图亚特王朝
1628	议会强迫查理一世承认《权利宣言》
1642	三王国战争爆发（清教徒革命）
1649	克伦威尔率起义军手刃查理一世，创立民主共和制
1660	王权复辟，查理二世登基
1666	伦敦大火灾
1688	“光荣战争”实现和平的政权移交，《权利法案》发布
1708	圣保罗大教堂竣工（最初建设于 604 年）
1863	世界第一条地铁开通
1908	伦敦第一次主办奥运会（第二次）

第八章

繁华与自由之都——巴黎

纳粹魔爪下全身而退的幸运之城

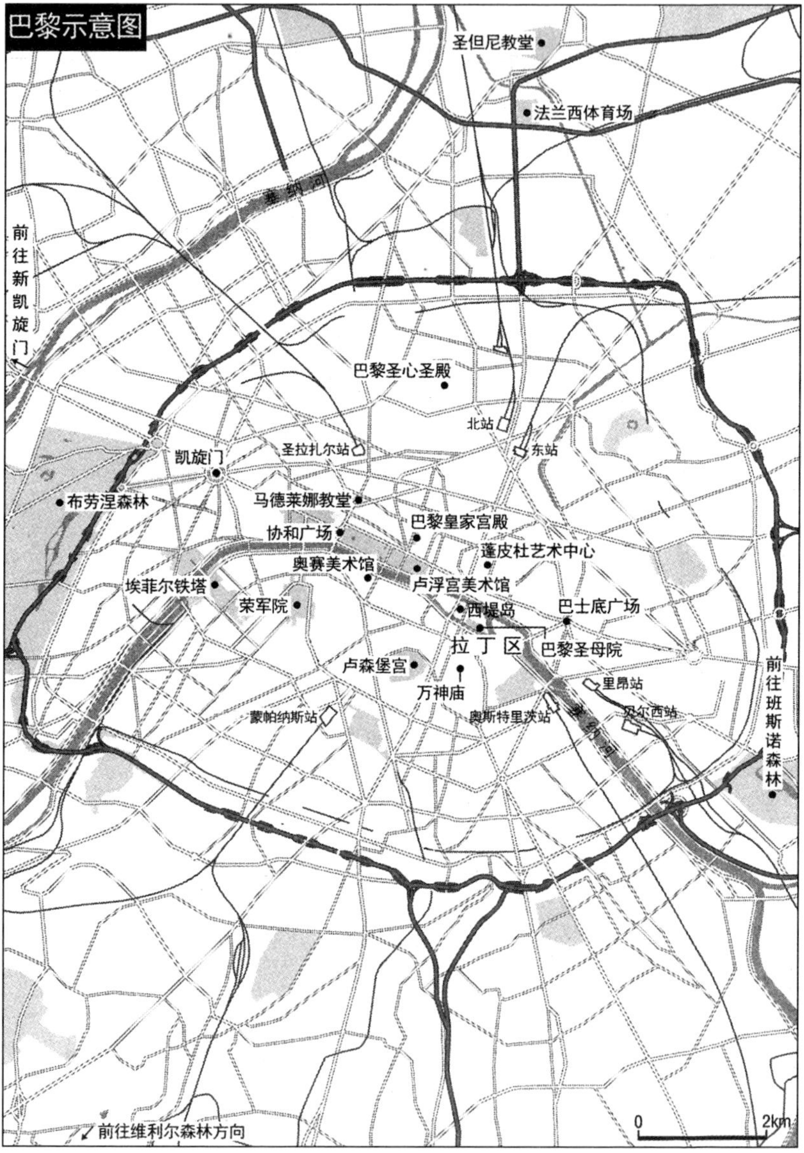
圣但尼教堂
法兰西体育场
塞纳河
前往新凯旋门
巴黎圣心圣殿
北站
东站
圣拉扎尔站
凯旋门
布劳涅森林
马德莱娜教堂
巴黎皇家宫殿
协和广场
蓬皮杜艺术中心
奥赛美术馆
卢浮宫美术馆
埃菲尔铁塔
荣军院
西堤岛
巴士底广场
拉丁区
巴黎圣母院
卢森堡宫
万神庙
里昂站
蒙帕纳斯站
奥斯特里茨站
贝尔西站
前往班斯诺森林
前往维利尔森林方向
0
2km

巴黎示意图

塞纳河畔的文明

“卢泰西亚——巴黎希族在塞夸纳河岛屿上建造的城市”引用自公元前 51 年尤利乌斯 · 恺撒所著的《高卢战纪》。这本书讲述了在当年的高卢（现法国境内）大陆上，恺撒镇压凯尔特人叛乱的始末。所谓的凯尔特人，就是当时罗马人口中的高卢人。“塞夸纳河”也就是如今的塞纳河，“卢泰西亚”正是巴黎，“巴黎希族”是凯尔特籍的部族。而所谓岛屿，就是塞纳河上的西堤岛。

上一章提到，伦敦前身“伦迪纽姆”字面上的意思是“荒沼中的城寨”。然而无独有偶，“卢泰西亚”一词也有“沼泽”的意思。再加上《高卢战纪》中明确指出塞纳河与西堤岛周边是湿洼地带。所以说很显然，塞纳河上的卢泰西亚也是一座泥泞中的城市。

根据现存史料，卢泰西亚最早出现人类的踪迹大概可以追溯到公元前 4 世纪。但是至于是什么人种已经无史可考了。不过可以确定的是，公元前 250 年前后，凯尔特人迁徙到这里，后来恺撒大帝镇压凯尔特人，并将这里纳入了罗马帝国的版图。自那之后，罗马帝国就以卢泰西亚（西堤岛）与塞纳河东岸为统治中枢。直到现在，在克吕尼美术院旁边，还保留有罗马帝国时代建设的公共澡堂的遗址。

卢泰西亚是什么时候更名为巴黎，如今已无从查证。事到如今，只能推测“巴黎”一词是源自“巴黎希族”的谐音。这个名字的第一次出现，大概可以追溯到公元 2、3 世纪。

以上就是巴黎这座城市的起源了。那么，巴黎为什么会得名“浪漫繁华之都”，又为什么被誉为是世界上最美丽的城市呢？

当时入主巴黎的罗马人，以塞纳河上的西堤岛为据点建立起城市，并且搭建了连通东西两岸的大桥，扩大了统治范围。

如今的巴黎，地标建筑也多坐落于塞纳河畔。巴黎的行政级别相当于中国的直辖市。巴黎由 20 个行政区组成，其中第一区位于塞纳河畔，驰名国际的卢浮宫就坐落在这里。如地图所示，以第 1 区为中心，第 1 区至第 20 区按照顺时针方向呈旋涡状向外延伸。

巴黎地势最高点是海拔 130 米的蒙马特高地，而最低点则是海拔 35 米的塞纳河河岸。所以无论是身处在塞纳河哪一边，只要往低处走，终点都只会是塞纳河岸。

塞纳河起源于法国东北部的朗格勒高原，河流水量充裕且四季不变，所以沿岸孕育了繁荣的商业文明。塞纳河可谓是整个高卢地区的大动脉。巴黎位于塞纳河中游地段，享尽地利。说到法国的港口，世人的第一反应会是马赛港，但是谁能想到，首都巴黎的港口机能丝毫不亚于马赛。

罗马帝国统治时代的巴黎名人

法兰西皇室的家族陵园——圣但尼圣殿

公元 6 世纪中叶，教廷派遣了一位名叫圣但尼的主教到高卢传播基督教。当时，基督教并不受罗马帝国认可，圣但尼被视作宗教异

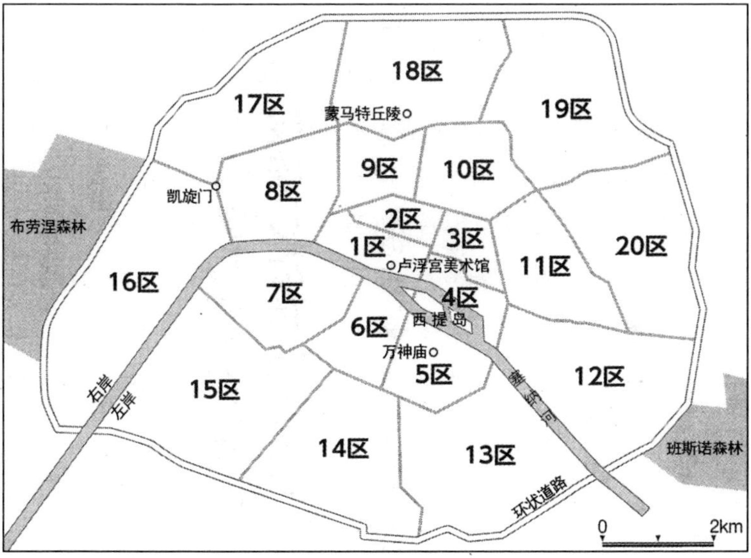

巴黎 20 区示意图

巴黎 20 区以第 1 区为中心，顺时针方向呈旋涡状向外延伸

端，他被斩首于如今的蒙马特丘陵。“蒙马特”有“殉教者”的意思。

据民间传说，圣但尼的头被砍下来之后，竟然躯体不死，抱着自己的首级，步行到北方的村落才停下，并交代旁人将自己的尸首埋葬在这里。世人为纪念这位殉道者，在他的安息之所建立了圣但尼教堂。后来这座教堂被征用为法兰西皇室的家族陵园，世代受人供奉。

从出身卢泰西亚到君临罗马帝国——尤利安大帝

尤利安大帝（361 年—363 年在位）在第一章就曾提到，他为了顺利攻下君士坦丁堡，不惜将高卢优秀的文臣武将尽数收编到远征队伍中。单凭这个“壮举”，就足以让他跻身巴黎的名人之列。

尤利安登基为罗马大帝之前，统治了高卢四年。实际上，尤利安挖走当地人才的“壮举”也不是首例。早在三十年前，君士坦丁大帝迁都君士坦丁堡时，就曾将德国西南部的优秀人才尽数带去了东方。短短三十年间，先后两次大规模的人才流失，让罗马帝国在西部地区的统治一落千丈。这也被最近的历史学者视为罗马帝国后期西部沦陷于别族之手的主要原因。但平心而论，尤利安统治下的巴黎的确实现了前所未有的繁荣。

巴黎的守护者——圣女日南斐法

最后一个名人的位置要留给巴黎的女圣人——圣女日南斐法。要介绍这位传奇女性，得先说说匈奴。这个游牧民族的主人，在欧洲被唤作匈族。相传，匈奴的首领阿提拉成功征服匈牙利后，就把攻击的目标指向了巴黎（451 年）。据说在此危亡之时，天主教女教徒圣女日南斐法挺身而出，带领众多妇女诚心祷告，其虔诚之心感动了阿提拉，最终让巴黎免于战火之苦。她被安葬在位于塞纳河东岸的某座山丘上。这里原本有一座低调的旧教堂，法国大革命之后（18 世纪后半叶）这座教堂被收归国有，改为纪念法国历史名人的圣殿——“先贤祠”。伏尔泰、卢梭、雨果等伟人都供奉在这里，但这座山丘依旧被称作“圣女日南斐法山”，可见这位女圣人在巴黎人心目中的崇高地位。

然而传说并未结束，阿提拉从法国撤兵后，转战意大利半岛，想要直取罗马。这时罗马教皇利奥一世站了出来，无独有偶，他同样劝退了阿提拉的军队。如果只有一次，还可称是奇迹，但连续两次，就有些荒谬了。如今有学者质疑这段历史的真伪，因为其大有丑化阿提拉、美化罗马教廷之嫌。更有说法认为“劝退”阿提拉大军的是当年肆虐西欧的疟疾。

卡佩王朝下的盛世

法兰克王国

时至公元 5 世纪，法兰克族取代罗马帝国，征服了高卢全域。其中，图尔奈（现比利时）出身的撒利部族首领克洛维（481 年—511 年在位）建立了墨洛温王朝，将德国西部和法国全境纳入统治，建都巴黎（506 年），法兰克王国就此诞生。

法兰克王国在后来的两个世纪里几经分裂与统一，到了 7 世纪中叶，皇室的统治力已大不如前，时任宫相（相当于皇家内政秘书）丕平趁机篡位，成立了加洛林王朝。丕平家族出了一位左右欧洲历史的君主——查理大帝（又称卡尔大帝，768 年—814 年在位）。他在位期间，加洛林王朝的疆域从易北河[1]扩张到了比利牛斯山脉，几乎占领了西欧全境，帝国之势一时无两。然而 8 世纪末，查理大帝将国都从巴黎迁到了毗邻比利时国境的德国城市亚琛，估计是打

[1] 易北河：中欧主要航运水道之一，发源于克尔科诺谢山南麓。全长 1165 公里，流域总面积 144060 平方公里。

算把帝国的战略重心转移到德国方向。

帝国的权力中心东移，失去国都之位的巴黎由地方行政长官“巴黎伯爵”接管，繁盛程度相较从前就略逊一筹。885 年，维京的战船顺塞纳河而下，围攻巴黎。时任巴黎伯爵的厄德率领军民殊死抵抗，成功击退了维京人的攻击。

后来加洛林皇室血脉断绝，伯爵厄德家族的雨果·卡佩顺理成章地在巴黎登基（987 年—996 年在位），建立卡佩王朝。卡佩王朝政权稳固，统治法国长达三百五十年，统治期间都是男性继承人继承王统，这也被后世誉为“卡佩家族的奇迹”。法国在卡佩王朝的统治下，从一块小小伯爵封土发展成了独霸西欧的强国。巴黎也重回国都之位，繁盛远非往日可比。

求学者的乐土——拉丁区的巴黎大学

11 世纪，欧洲的气候回暖，再加上三圃耕种法（将农田分作三份）的普及促使了粮食增产，欧洲人口也从 10 世纪的一千万暴增至 13 世纪的七千五百万。

人口的激增带来了市民阶级的崛起，城市地区空前繁盛。而底层贵族所管辖的农村地区却面临着前所未有的粮食和土地压力。农户家中不是长子的孩子无权继承土地，这些人更是濒临饿死。罗马教廷为了解决这种困境，授意西欧各国展开“十字军东征”，当然也是为了分裂和弱化东方的伊斯兰势力。

卡佩王朝正是诞生在这个发展与困境共存的时代。十字军东征期间，巴黎的变化可谓是影响深远。

圣女日南斐法山丘与塞纳河东岸之间，有一片名叫“拉丁区”的地带。随着巴黎的地位日益重要，加上拉丁区自罗马时代就是天主教的“小圣地”。欧洲各国的求教青年和知识分子纷纷慕名来到拉丁区，到当地的教会和广场垂听神学和哲学演讲。

当时的西欧尚未有成熟的国家概念，政治中心也不过只是君主所在的城堡或主要部族的村落，就更不用提统一的官方语言了。各部族、各地方的方言自成一脉。如果硬要说一种官方语言，只能说是在上流阶级中流通的拉丁语（罗马帝国官方语言）。所以前往拉丁区的求学者，必须先要学习拉丁语，这也就奠定了如今拉丁语的国际语言地位。拉丁区的意思实际上就是“拉丁语地区”。

来访者求学的地方被唤为“Scholar”，一眼可以看出这是如今英文“School”的词源。而当时 Scholar 中传授的哲学理论，后来逐渐发展为“经院哲学”。

拉丁区的“Scholar”远离国家管理，完全由教师和学生自主运营。教皇英诺森三世见拉丁区风头正盛，也有意扶持，他承认拉丁区师生宗教自由组织的身份。1215 年，拉丁区巴黎大学诞生。

巴黎大学是欧洲历史上的第二所大学，建校历史仅次于意大利的博洛尼亚大学（1088 年）。博洛尼亚大学的创始者也是学习“教会法”的学生联盟，与巴黎大学一样是民间自治组织。自治组织的拉丁语是“Universitas”，也就是如今大学“University”的词源。

从古至今，但凡有学校，学校中都会有贫困生。巴黎大学中也有因为经济问题而不得不中途辍学的人。针对这些学生，宫廷祭司罗贝尔·德·索邦自掏腰包，出资建设了学生宿舍“索邦之家”。不久后这个名称就被巴黎大学神学院征用。如今巴黎大学分为四个学区，其中之一就是索邦大学。时至今日，拉丁区仍然是巴黎的大学城。

腓力二世治理下的盛世象征——巴黎圣母院

随着城市生活的日渐喧嚣，人们开始追求内心的慰藉，又加上初生儿数量暴增，社会对母性的信仰愈发高涨，对“圣母玛利亚”的崇拜也就应运而生。法国的各个城市都出现了供奉玛利亚的“圣母修道院”（法语：Notre Dame）。其中最具代表的就是坐落在西堤岛上的巴黎圣母院。这座修道院始建于 1163 年（路易七世统治年代），几经波折，直到 1345 年才正式竣工。“Notre Dame”英文翻译为“Our Lady”，这是法国人对圣母玛利亚的尊称，意思就是“我们的女士”。

法国国王路易七世与阿基坦公国的埃莉诺公主有过一段婚姻。埃莉诺后来嫁给了英格兰国王亨利二世，由此英格兰得以将阿基坦公国纳入版图，建立了辽阔的安茹帝国。但是即便法国丧失了部分疆域，路易七世治下的巴黎仍然有实力建造恢宏的巴黎圣母院，可见法国王朝的威势。

路易七世的后继者腓力二世是公认的有为明君，被世间誉为“奥古斯都”（尊严王）。“奥古斯都”本来是罗马帝国开国君主的名字。腓力二世也不负这个称号，从英国手中夺回了原本属于法国的疆土。

除了收复失地以外，腓力二世对巴黎的城市建设也一直影响至今。他在塞纳河东岸建设了“中央市场”，其作用相当于如今东京的

巴黎圣母院
坐落于西堤岛的罗马教会大教堂，其内供奉着圣母玛利亚

“筑地市场[1]”。中央市场在1183年至1969年，近八个世纪里起到了巴黎“肠胃”的作用。腓力二世还将原本生活在塞纳河西岸的犹太人和纺织商人迁移到了东岸。

以上这两个举措让塞纳河东岸一举成为巴黎的工商业中心；而西岸则是以拉丁区为首，专攻科学和教育的文化发展。至于塞纳河上的西堤岛有巴黎圣母院坐镇，自然是宗教中心。

另外，腓力二世高筑城墙，并在巴黎城市的心脏部位——塞纳河东岸建设了军事要塞。这也就是后来的卢浮宫。

[1] 筑地市场：位于东京都中央区筑地的公营批发市场，亦是日本最大的鱼市场。

如今，“中央市场”被迁移到了巴黎的南郊，就在奥利机场附近。“中央市场”的旧址则被改建成了“中央市场购物广场”。还有一件有趣的事，那就是相传“卢浮”（Louvre）的词源是猎犬的狗屋，因为周围临近的班斯诺森林与布劳涅森林曾是皇家的围猎场。

百年战争中的瓦卢瓦王朝

扎克雷暴动

卡佩王朝延续了三百五十年的正统血脉，终究还是在第十四任君主查理四世一朝走向终点（1328 年）。查理四世的生父，也就是第十一任君主腓力四世，膝下有三子，但是三人都没有留下子嗣。查理四世只能把皇位传给自己叔父查理·瓦卢瓦的长子，这位也就是腓力六世（1328 年—1350 年在位）。卡佩王朝宣告终结，瓦卢瓦王朝成立。比起同期邻居英国的篡位、革命，法国的王位更迭可谓风平浪静，所以即使续称卡佩王朝也不为过。

在这次朝政变动期间发生了一件大事，就是前文中提到的“英法百年战争”（1337 年—1453 年）。腓力四世长相俊逸，素有“美男子”的美誉，他的女儿伊莎贝拉公主更是绝色之姿。英国国王爱德华二世娶她做王妃，后来诞下了爱德华三世。百年战争的导火索就是在这爱德华三世身上。他身为英国国王，却自称是法国王位的正统继承人，他声称：“我是法国国王腓力四世如假包换的外孙，然而那个瓦卢瓦家族的腓力六世只是我祖父的侄子。论正统、论血缘，

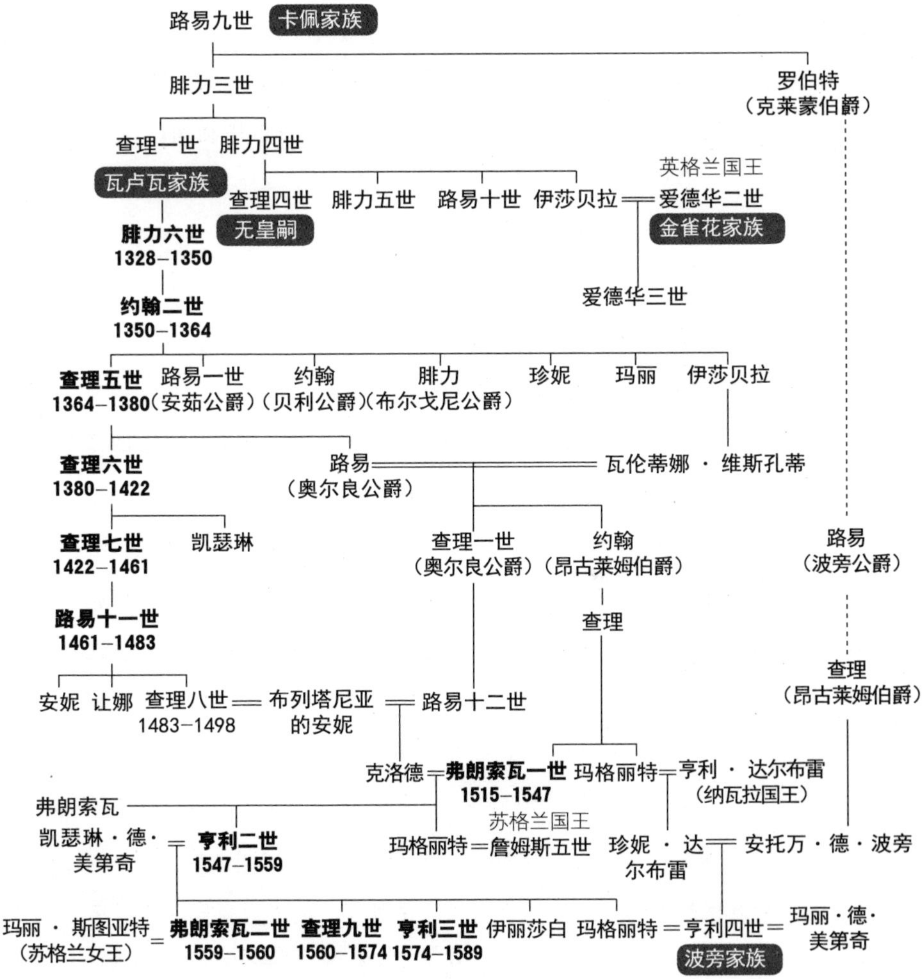

瓦卢瓦王朝族谱

* 数字代表在位年份

法国国王都应该由我来继承！”

爱德华三世是诺曼出身，而诺曼人也承认女性君主，所以对于他们来说爱德华三世的生母（伊莎贝拉）也是合法继承人。但是法国皇室属于法兰克人中的萨利克部族，他们所奉守的“萨利克法典”中明文禁止女性掌权。所以卡佩王朝把王位交接给瓦卢瓦王朝的腓力六世，在法国人看来，是最名正言顺的。

这样不可调和的矛盾，让英、法两国开始陷入了长达百年的战争泥沼。战争是权贵的较量，也是庶民的苦难。上一章说过在战争期间，英国遭遇了“瓦特 · 泰勒动乱”，险些王权不保。而身为主战场的法国才是真正的民不聊生。法国北部的农民和手工业者被逼入绝境，揭竿而起。当时的农民阶级被蔑称为“扎克雷”，这场起义也被称作“扎克雷暴动”（1358 年）。起义中不只是农民，市民也奋起抵抗贵族的暴政。当时巴黎的民间贸易组织“巴黎水上商会”如日中天，不仅垄断了塞纳河上的水路贸易，其商会领袖马塞尔更是手握行政实权。他们公开反对王权专制却遭到镇压，马塞尔也遇刺身亡。

“赋税之父”查理五世

瓦卢瓦王朝艰难地熬到第三代，才出现了被后世誉为一代贤王的查理五世（1364 年—1380 年在位）。1356 年，百年战争渐入高潮，第二任国王约翰二世在与英军的较量中大败被俘，他的儿子查理五世成为摄政王，后来继承王位。查理五世自信法国无论是国力还是人口，全都远胜于英国，没理由会战败。他重整内政，伺机再起。

查理五世首先确立了国家财政的三根顶梁柱——人头税、消费税和盐税。这次征税改革一举成功，弥补了长年征战导致的财政亏空，这也使得查理五世被后世誉为“赋税之父”，征税改革也为后来的君主专制奠定了基础。在军事方面，有名将杜・盖克兰的协助，法国军队的战斗力空前强大。在此势头下，查理五世兴建了巴士底监狱，又成功镇压了马塞尔主导的巴黎动乱，他在任期间功绩颇丰。

法国的皇太子有个专门的称呼——“海豚王子”。这个称呼的来源，可以追溯到百年战争的初期。当时瓦卢瓦王朝的第一位君主腓力六世屡战屡败，为了给自己留退路，他将从德国手中夺来的多凡（Dauphin）地区赐给他的皇孙查理五世。自那以后，法国的王位继承人就多用“Dauphin”这个称号。Dauphin 的英文译为 Dolphin，也就是海豚。查理五世作为法国历史上的第一名“海豚王子”，其家族纹章就是两只跃动的海豚。

然而在英国，迄今为止的所有皇太子或皇位继承人都被称为“威尔士王子”。这一称谓最早出现于金雀花王朝的爱德华一世时期（1272 年—1307 年在位）。当时，金雀花王朝刚刚占领威尔士地区，还没有站稳脚跟。为了安抚威尔士地区的民众，爱德华一世让怀孕的王妃到威尔士诞下了长子，并给这个孩子赐名“威尔士王子”。这等同于是向威尔士民众宣布：“你们的下一届国王是土生土长的威尔士人。”

富有诗意的“海豚王子”与注重实际的“威尔士王子”，两个截然不同的称号，不正是英法国民性格的真实写照吗？

弗朗索瓦一世兴建卢浮宫

百年战争在“赋税之父”查理五世反击获胜之后，英法两国之间呈现出了暂时的和平态势。但是好景不长，查理五世的继承人查理六世罹患精神疾病，朝局动荡，王权不稳。皇室成员勃艮第公爵趁机谋反，让法国的皇室内乱进入白热化。时任英国国王的亨利五世趁势与勃艮第公爵里应外合，一举攻占巴黎。然而自巴黎凯旋后的第二年，还没来得及进行下一步动作，亨利五世就抱憾病故了。

后来继位的英国国王消极怠战，反倒是法国凭借圣女贞德的活跃夺回了巴黎，并将英国势力赶出了西欧大陆（1453 年），英法百年战争也步入尾声。查理六世与亨利五世签订了《特鲁瓦和约》[1]，和约规定查理六世必须立废太子为继承人，即查理七世。半个世纪后，瓦卢瓦王朝第九任君王，也就是众人皆知的弗朗索瓦一世登场。

弗朗索瓦一世是法国，甚至西欧历史上都排得上前列的明君圣主。他与之前的法国国王不同，弗朗索瓦一世对称霸欧洲有着非同一般的执念，尤其在意当时文化先进的意大利。他宣称自己曾祖父的王妃是米兰公国维斯孔蒂家族的后裔，并以此为由，主张继承米兰公国并举兵占领。大家或许对弗朗索瓦一世不熟悉，但达·芬奇

[1]《特鲁瓦和约》：和约宣布法国沦为英、法联合王国的一部分，亨利五世担任法国摄政王。

的名字一定是如雷贯耳。达·芬奇是米兰人，弗朗索瓦一世赏识他的才华，将他带回法国，安置在皇城（昂布瓦斯城）附近的克洛吕斯城堡。达·芬奇在这块土地上度过了后半生（1519 年），并留下了传世之作《蒙娜丽莎的微笑》。

在纽约一章中曾经提到，弗朗索瓦一世有个不共戴天的死对头——哈布斯堡家族的查理五世（卡尔一世）。这位查理五世雄踞奥地利和法兰德斯（现荷兰）地区，势力范围甚至延伸到了西班牙。简言之，在法国的角度看来，除了邻居瑞典之外，放眼望去全都是查理五世的地盘。另外，查理五世对奥地利以南和意大利地区也是虎视眈眈。

弗朗索瓦一世先后几次以米兰为据点，在意大利境内与查理五世交锋。弗朗索瓦一世虽然骁勇好战，但是对巴黎却是爱护有加。也正是他，下令将查理五世时代的“卢浮城堡”改建为皇家宫殿。后来改建工作历经了数个朝代，直至拿破仑三世时期，如今我们能见到的卢浮宫才正式竣工。

坐收渔翁之利的亨利四世

波旁王朝的诞生

弗朗索瓦一世驾崩后，他的次子继位国王，称号亨利二世（1547 年—1559 年在位）。亨利二世迎娶了佛罗伦萨美第奇家族的千金凯瑟琳·德·美第奇为王妃。

当时的法国正值加尔文宗清教徒数量激增时期，随之而来的是与罗马教廷的矛盾日益激化。罗马教廷称加尔文宗为“胡格诺”。亨利二世继位后不久，在一次马上比试中意外殒命。亨利二世的妻子凯瑟琳·德·美第奇先后扶持自己的两个幼子弗朗索瓦二世（继位翌年夭折）和查理九世（1561年—1574年在位）继位，自己则垂帘听政，掌握实权。她深知胡格诺与罗马教廷之间的矛盾隐患，试图促使双方和解却屡次遭到拒绝，但最终也没能阻止惨剧的发生。1562年，吉斯公爵残酷迫害法国境内的胡格诺（瓦西大屠杀），法国陷入长达四十年的“胡格诺战争”。

凯瑟琳皇太后为了促成两方和解，不惜将爱女玛格丽特公主嫁给了波旁家族的纳瓦尔王亨利（胡格诺阵营）。众多胡格诺与罗马教廷的高层相继聚集到巴黎，准备出席这次婚礼，和解的形势一片大好。然而就在婚礼数日之后的“圣巴托洛节”（1572年8月24日），罗马教廷突然翻脸不认人，将巴黎境内的胡格诺屠杀殆尽（圣巴托洛缪大屠杀）。这使得胡格诺战争陷入了白热化。

这场战争又被后世称为“三亨利之战”，因为参战的三个阵营分别是法国国王亨利三世（查理九世的弟弟）、波旁家族纳瓦尔王亨利，以及罗马教廷望族吉斯公爵亨利。在屠杀之后的角逐中，法国国王亨利三世暗杀了吉斯公爵亨利，但是他也被吉斯公爵的残党暗杀。坐收渔翁之利的纳瓦尔王亨利继位国王，成为亨利四世，建立了波旁王朝。

亨利二世与王妃凯瑟琳虽然育有三子，但最终都没能延续瓦卢瓦王朝血脉，这一点与当年卡佩王朝的腓力四世出奇地相似。

法国料理的发源

凯瑟琳·德·美第奇出身显贵无比，她的曾祖父是美第奇家族的洛伦佐。当年她从西欧的文化中心意大利，下嫁到巴黎这个“穷乡僻壤”，罗马教皇克勉七世生怕这个远房侄女吃不惯，还特地安排了意大利的名厨与她同赴巴黎。

当时法国的饮食文化还尚未开化。即使是在宫廷之中，也是众人挨坐在长椅上，用短刀割肉，直接用手取食。反观当时的意大利，单人单座就不必多说了，刀叉也早已在皇宫贵族的餐桌上普及。想必大家都不太了解，这种优雅的餐桌礼仪实际上是从东方的巴格达经由叙利亚传入意大利贵族圈的。更让人想不到的是，法国料理如今享誉世界，创始人其实是凯瑟琳当年的随行厨师。

卢森堡宫

建于 1615 年，原为法国皇家后殿，是亨利四世对妃子玛丽 · 德 · 美第奇爱意的见证

亨利四世的功绩

波旁王朝的初代君主亨利四世对巴黎也是颇有贡献。如今塞纳河上最古老的桥梁“新桥”（Le Pont Neuf）就是他下令兴建的。“Pont”意为“桥梁”，“Neuf”则是“新式”的意思。这座桥放在当年来说，它的设计理念确实是别出心裁。因为那个年代的桥梁都有个普遍的特征——桥面上建有民宅。而新桥却是“纯粹”的桥梁，这在当时是极为罕见的。另外，桥面上还特意设计了供游人交谈休憩的地方。

亨利四世还有一项惠及后世数百年的功绩。这项功绩虽然没有留下实体，但是却让法国料理和新桥都望尘莫及，那就是《南特敕令》（1598年）。

亨利四世目睹了胡格诺战争的血腥和残酷，所以他不得不承认了罗马教会在巴黎甚至法国全境的统治地位。身为清教徒的他，为了保护国家安定，只能改投罗马教会。这样最终颁布了《南特敕令》。

这道法令正式指定罗马教为法国国教，但是与此同时，也承认其他宗教的合法平等地位。敕令一出，罗马教会与清教之间的对立逐渐缓和，持续四十年的胡格诺战争告终。这一消息传遍欧洲，许多勤奋多才的加尔文宗信徒纷纷移居巴黎，这使得巴黎的商业与手工业取得了空前的繁荣。但是后来路易十四废除敕令，巴黎一夜之间，失去了不计其数的能工巧匠与商业大亨。其中巴黎优秀的钟表匠基本全部都移居到了瑞士，这才有了如今闻名遐迩的瑞士表。

如今，法国民间只要展开“最受欢迎的君主投票”，前三名的位置没有悬念。第一名戴高乐，第二名拿破仑一世，第三名就是这位颁布《南特敕令》的亨利四世。

亨利四世的第二任王妃是美第奇家族的千金玛丽·德·美第奇。亨利四世为了疏解爱妃的思乡之苦，效仿玛丽的故乡佛罗伦萨的景致，在塞纳河东岸兴建了卢森堡宫，这里包括了宫殿和庭园。如今，宫殿被议会上院征用，庭园则成为巴黎市区内最美丽的公园之一。

亨利四世与玛丽王妃育有一子，就是后来的路易十三。路易十三时代的枢机卿（宰相）黎塞留在卢浮宫北侧的宅邸，成为后来的巴黎皇家宫殿。

从封建专制走向“国民国家”

从路易十四到拿破仑登场

路易十三驾崩以后，他年仅五岁的幼子继位，这就是路易十四（1643 年—1715 年在位）。幼主无力，围绕摄政王位置的争夺在所难免。前朝宰相黎塞留对此早有准备，他在死前就已经内定了下一任宰相的人选。然而这位新任宰相马萨林是意大利人，而且与黎塞留一样，同时兼任罗马教廷的枢机卿一职。贵族们全都暗存不满，认为这次的任命不仅有损他们的荣誉，更重要的是让他们挟制幼主的图谋落空。终于，贵族们起兵谋反，路易十四逃出巴黎避难。这是法国历史上的最后一次贵族动乱，史称“投石党运动”（1648 年—1653 年）。

这次叛乱平息之后，路易十四重掌大权。他下令兴建凡尔赛宫，并从巴黎市内迁居到这里。他在内政上颇有建树，被称为“太阳王”。然而他晚年频频开展对外的霸权战争，民间不堪重负，怨声载道。终于在 1789 年，法国大革命爆发。历经了三年动乱，皇权覆灭，法国的第一个共和政体成立（1972 年）。但是这个新政权没能坚持两年，就在“热月革命”（1974 年）中倒台了。拿破仑一世登基，成立了法兰西第一帝国。拿破仑的霸业是欧洲史学界最为人熟知的部分，这里就不再赘述。不妨从侧面切入，聊一聊马德莱娜教堂的逸闻。

马德莱娜教堂坐落在协和广场以北，这个位置堪称是巴黎的心脏部位。所谓马德莱娜，就是圣女抹大拉的马利亚。这座教堂在波旁王朝末期就开始动工，法国大革命时期一度停工。拿破仑见到这座建筑之后，下令将其改建为“法军荣耀象征”。这也就能解释为什么这栋建筑与其说是教堂，不如说更像是帕特农神庙那样的大圣殿。拿破仑失势以后，这栋圣殿被重新征用为教堂，如今保留的传统宗教装饰和绘画雕像也都是那之后添加上去的。

路易 · 腓力的盛世

第五次反法联盟获胜以后，各国就法国大革命与拿破仑战争后的欧洲格局在维也纳展开会谈（维也纳会议，1814 年—1815 年），企图恢复在拿破仑战争时期被推翻的欧洲各国旧王朝及封建秩序，这也就是后世所称的“维也纳体制”。在这次会谈的推动下，波旁王朝死灰复燃。然而王朝复辟还没过多久，路易十八世与其继承人查

凯旋门

四周的门内刻有跟随拿破仑远征的 386 名将军和 96 场胜战的名字，门墩的墙面上，有四组以战争为题材的大型浮雕，分别为“出征”“胜利”“和平”以及“抵抗”

理十世的暴政就引发了市民阶层的反抗，史称“七月革命”（1830年）。结果查理十世遭到流放，奥尔良家族的路易·腓力开辟了新王朝（1830年—1848年）。

奥尔良家族属于路易十四世的旁系，但是路易·腓力的父亲却置身于阵营之外，甚至对于当年处决路易十六世也表示赞同。路易·腓力继承了父亲的自由豁达，如今巴黎的地标建筑“凯旋门”就是在他的时代完成的。其实凯旋门早在拿破仑统治的年代就开始动工，但是直到路易·腓力的手里才正式竣工。另外，在塞纳河畔，有一栋名为“荣军院”的建筑也竣工于路易十四世的年代，这里是收留老弱残兵的收容所。

1821年，拿破仑在南大西洋的圣赫勒拿岛上抱憾辞世。他在临

拿破仑

法兰西第一帝国皇帝，高举“自由、平等、友爱”旗帜，以出类拔萃的军事能力，率领法军席卷欧洲大陆

终前，嘱咐旁人为自己在塞纳河畔寻找一个安息之地。路易·腓力为自己的这位偶像完成了遗愿。

1840 年 12 月，拿破仑的灵柩通过凯旋门，途经香榭丽舍大街，最后被安置在了荣军院的地下陵寝。据说当时正值深冬，寒风刺骨，但是仍有近十万民众聚集在香榭丽舍大街上，送这位英雄最后一程。

七月革命之后，法国从封建专制的波旁王朝，迈向了以路易·腓力为国家元首的君主立宪国家（七月王政），然而市民阶级仍然表示不满，公投选举的呼声越来越高。终于在 1848 年，“二月革命”爆发，路易·腓力被迫退位，法国进入了第二共和国时代。

同时，二月革命的火苗也燃及了周边的国家。德、奥两国爆发了“三月革命”，封建君主虽然勉强留存，但是手中的权势已经大不如前。后世将这动荡的一年称为“欧洲变革之年”。这场动荡也让开历史倒车的“维也纳体制”灰飞烟灭。换句话来说，1789 年法国大革命所号召的“推翻帝制”，到这时才正式地达成。之后法国步入了“国民国家”（Nation State）时代。

拿破仑三世时代的两件大事

奥斯曼牵头的巴黎改造计划

法国改行共和政体的同年 12 月（1848 年），世界上第一次总统的公投选举在巴黎举行，拿破仑一世的侄子路易·拿破仑高票当选总统。路易·拿破仑作为英雄的后代，集万千光芒于一身。但是他却利用国民的人气，组织民间暴动推翻了国民政府，重建帝制，这就是法兰西第二帝国。路易·拿破仑通过公投，登基为拿破仑三世。

拿破仑三世远不如他叔父拿破仑一世那样英明神武。他嗜女如命，而且亲近宿敌英国，整日妄想能在保留封建帝制的基础上，实现空想社会主义。然而上述的种种劣迹，丝毫不影响他致力推动富国强兵的产业革命。在他的统治下，巴黎民熙物阜，金融业欣欣向荣，而且还出现了世界首个百货商店“博马尔谢”。除此之外，拿破仑三世还对巴黎进行了现代化的城市改造，摒弃中世纪那种蜿蜒曲折的街巷。他任命座下大臣奥斯曼为巴黎的行政长官，全权负责后来长达十七年的巴黎改造。

奥斯曼先从市内的街道下手，用笔直的街道贯通东西南北，并在道路两侧种植整齐的树木。其中最为典型的就是以戴高乐广场的凯旋门为中心，向四面八方呈放射状延伸的街道，而开端位于凯旋门下、贯穿协和广场、直抵卢浮宫的香舍丽榭大街堪称压轴。香舍丽榭大街这条驰名国际的街道，被称作“巴黎历史的中轴线”。奥斯曼也统一了市内建筑的楼高、外形和色调，增建了巴黎歌剧院与市政厅，并且完善了路灯和下水道等基础设施。

奥斯曼亲手完成了巴黎从中世纪到近现代的蜕变。另外，葡萄酒的等级评定机制也是在拿破仑三世时代诞生的（准确说，是诞生于 1855 年法国世博会）。

巴黎公社的成立

拿破仑三世在内政上虽然颇有功绩，但是在军事上却大受普鲁士的铁血宰相俾斯麦的压制。拿破仑三世发动普法战争（1870 年—1871 年），但是大败而归。普鲁士军随后围攻巴黎，巴黎市民死守城池，而国家层面却向普鲁士投降，并在普鲁士的左右下建立了“法兰西第三共和国”。即便如此，巴黎市民仍然没有放弃反抗，并且建立了世界上首个共产主义政权——巴黎公社。不过巴黎公社仅存在了两个月就被法普势力联合剿灭（1871 年）。巴黎公社成立之初，马赛与里昂等七个法国的主要城市也相继效仿，但是一夜之间被悉数镇压。其优点却在法兰西第三共和国得以延续，例如说政教分离与免费义务教育等（女性参政于 1893 年被新西兰继承）。

巴黎的美好时代

普法战争的结束，法国割让丰沃的阿尔萨斯给了普鲁士，还要支付巨额的赔款。所幸 19 世纪后半叶，拿破仑三世主导的产业革命已经初见成效，两年就付清了所有赔款。

1889 年，为了纪念法国大革命一百周年，巴黎举办了第四次世界博览会。埃菲尔铁塔同年也在塞纳河东岸拔地而起。这座由古斯塔夫 · 埃菲尔亲手设计的铁塔在问世之初，其外形曾遭到莫泊桑等巴黎的文化人诟病，甚至被嘲笑丑陋。然而是金子总会发光，世博会期间，蜂拥而至的海外来客无一不惊叹埃菲尔铁塔的美丽。

奥赛美术馆
原本是建于 1900 年的火车站，1986 年被改建成为博物馆，美术馆大厅中还保留着原来的车站大钟

20 世纪伊始，为了迎接第五届世界博览会与奥林匹克运动会这两大国际盛典，巴黎正式开通了第一条地铁。塞纳河西岸新建的奥赛站被誉为“如美术馆一般精美的车站”。更奇妙的是，这个车站后来还真被改建为美术馆。

法国从 19 世纪末到“一战”前夕（1914 年）这数十年，被后世称为“美好时代”。自法国大革命以来，巴黎这座都市推翻帝制，抵御外敌，建立公社，可谓是历经了曲折。如今炽热的自由浪潮从这里涌起，席卷西欧。拿破仑三世与奥斯曼倾以心血的城市改造也瓜熟蒂落，郁郁葱葱的街边树木与整齐划一的建筑浑然一体，巴黎的现代城市之美喷薄而出。

巴黎所迸发出的魅力与生机让全世界的艺术家都心驰神往。就算是远隔重洋的日本前桥诗人荻原朔太郎也为巴黎这千里之外的美丽折服，作诗道："欲往法国，奈何千里。披上新衣，说走就走。"（出自《纯情小曲集》）

战火中死里逃生的巴黎

20 世纪，经历了先后两次世界大战，法国虽然位列战胜国，但是也付出了惨痛的代价，国家疲敝。

两次世界大战中，大规模破坏性武器齐齐登场。尤其是"二战"，战斗机技术趋于成熟，空袭成了战场上的常用手段，欧洲的主要都市在轰炸之下几乎无一幸免，但是唯独巴黎未受其害。

纳粹德国凭借一场"波兰闪电战"拉开了"二战"的大幕，随后又以破竹之势击溃了法军，侵占巴黎，并在法国的中部城市维希扶植了亲德傀儡政权。但即便如此，法国人民的意志仍然坚不可摧。戴高乐将军撤退到英国伦敦，领导团结反德组织"自由法兰西"，伺机重返战场。巴黎市内的抵抗运动也从未停歇，所以后来凭借"诺曼底登陆"扭转战局的盟军阵营，才决定不对德国占领下的巴黎采取进攻性空袭。可以说，正是由于巴黎群众的殊死抵抗，才使得巴黎的众多文化遗产免受战火殃及。

德军兵败如山倒，终于沦落到了不得不撤退的地步。这时德国驻巴黎的司令官狄特里希·冯·肖尔蒂茨，收到了来自希特勒的一纸密令：“把巴黎给我炸为瓦砾，再撤退！”

肖尔蒂茨面对巴黎这座美轮美奂的城市，心生恻隐，不愿意背负这千古骂名，他转身投诚了盟军阵营。在美法合拍的电影《巴黎烧了吗？》（1966年）之中，生动地再现了这段历史。电影的结尾，在人去楼空的德军驻巴黎的司令总部中，丢在地上的话筒里传出希特勒歇斯底里的喊声：“巴黎烧了吗？巴黎烧了吗？”

三位大总统与巴黎改造计划

戴高乐总统——制订“拉德芳斯计划”

“二战”后，法国建立起历史上第四个民主共和政体，也就是“法兰西第四共和国”。然而不成熟的多党制导致内阁更迭频繁，政局动荡。又加上阿尔及利亚问题引发的军队暴动，政府无力招架，只能全权委托“二战”的英雄戴高乐出面主持大局（1958年）。戴高乐出马，妥善解决了军队暴动，并且通过国民投票制定了新宪法，建立了第五共和政体。

戴高乐当仁不让当选为第五共和国的总统，集国家权力于一身。他凭借一人之力重整混乱的政局，承认阿尔及利亚独立，重拾法兰西往日的荣光。巴黎作为首都，自然是戴高乐治理下的最大受益者。

前文中提到，现今的凯旋门起建于拿破仑一世的时代，直至路易·腓力时代才正式竣工。但是大家或许有所不知，在卢浮宫的正门还有一个“迷你型”的凯旋门，这座凯旋门名为卡鲁索凯旋门，同样是诞生于拿破仑之手。相较于广场上那座50米高的庞然大物，这座迷你凯旋门只有19米，却不失精美华丽。奥斯曼以一条笔直的“巴黎历史中轴线”将凯旋门、协和广场和卢浮宫连接。如果登上凯旋门的顶端，远眺东方，仿佛能亲身感受到这座城市的波涛历史。

戴高乐在奥斯曼的城市改造的基础上，构思了一套全新的改造计划，名为“拉德芳斯计划”。该计划改造的重点在于巴黎西北部，这里横贯塞纳河，地势崎岖。而且因为境内竖立有在普法战争和巴黎守卫战中牺牲的烈士纪念碑，所以得名“拉德芳斯”。[1]

如果将奥斯曼设计的“历史中轴线”继续往西延伸10公里，就正好通向拉德芳斯地区。具体说来，戴高乐的计划就是在现有的“历史中轴线”西端再建一座凯旋门，并将高楼林立的街道继续向西延伸。这是想要以此隐喻巴黎的历史——法兰西的荣誉永不断绝。

蓬皮杜总统——塞纳河东岸的现代艺术基地

1968年5月，巴黎高校学生因为不满政府的大学改革方案，组织了大规模游行抗议活动。并且以这件事为导火索，“五月革命”（又称“五月风暴”）爆发。后来蓬皮杜接任总统之位（1969年），这位新任总统热爱巴黎艺术，对“二战”后世界艺术中心偏向美国

[1] 拉德芳斯原是巴黎西郊一片僻静的无名高地，在1870至1871年的普法战争中，法军败北，巴黎沦陷，一小股法军退守这里的无名高地并顽强抵抗到弹尽粮绝，全部以身殉国。后人在高地上竖起一组雕像，题名“拉德芳斯”，意为“防卫”，以纪念在普法战争中为保卫巴黎而阵亡的将士。

纽约的现状深感忧虑。

为了应对这一状况，蓬皮杜就任后，当即在巴黎的中心地带塞纳河畔兴建了国际性的艺术展览馆，也就是如今的“蓬皮杜艺术中心”（1977 年）。艺术中心的设计理念与欧洲当时的建筑截然不同，高科技感的外观，房屋结构的裸露，颜色鲜艳的管道。现代美术、音乐、舞蹈和电影，二战后的世界艺术成果在这座前卫的建筑中齐聚一堂。自问世起，“蓬皮杜艺术中心”就一直是巴黎地标建筑之一，来访者络绎不绝。

密特朗总统——大规模改造惠及后世

1981 年，弗朗索瓦·密特朗就任总统，展开了长达六年的大规模巴黎改造计划（1983 年—1989 年）。大功告成的那一年，正好赶上法国大革命两百周年纪念。戴高乐构想的新凯旋门“Grande Arche”同年宣告竣工。“Grande Arche”意为“大拱门”，这座由玻璃与大理石拼接而成的宏伟建筑高达 110 米。登上新凯旋门西望，高耸入云的现代建筑群尽收眼底，仿佛置身于纽约。由此远眺，视线则越过安静的塞纳河，在和煦的阳光下，远方的凯旋门、卢浮宫都清晰可见。这一秒，这条“中轴线”上的时间仿佛静止了一般，穿越历史与现代也就在瞬息之间。

在“大拱门”之后，卢浮宫美术馆也相继问世。卢浮宫曾经是历代法国皇室的宫殿，自路易十四移居凡尔赛宫以后，这里一度成为皇家珍宝的储藏之所。法国大革命之后则被征用为国家美术馆，同时兼作财务部的办公场所。密特朗上台后，将财务部撤出卢浮宫，

卢浮宫

始建于 1204 年，原是法国的王宫，是法国文艺复兴时期最珍贵的建筑物之一。现在为卢浮宫博物馆，宫前的金字塔形玻璃入口由华人建筑大师贝聿铭设计

将这里彻底改造成了一个艺术品的殿堂。不仅如此，密特朗还在卢浮宫的入口处建起了一座晶莹剔透的“金字塔”。如此别具一格的玻璃建筑不仅是一道靓丽的风景线，更是能作为卢浮宫的新门面，起到缓解排队的功能。

除此之外，前文提到的奥赛美术馆也是诞生于密特朗执政的时代。这座美术馆是由地铁站改装而来的，并且巧妙运用了车站两侧通透的结构。馆内仅展示欧洲革命（1848 年）至“一战”（1914 年）期间这半个世纪的艺术作品。印象派、后印象派的众多代表作则展示在卢浮宫或其他艺术馆。另外，密特朗还将卢浮宫的藏品范围限定在1848年之前，也就是说，卢浮宫仅收藏法国封建君主时代的艺术品。

放眼全世界，也恐怕只有钟爱艺术的法国人才愿意下功夫，对艺术品进行如此细致的归类整理。1989年，在曾经是监狱的巴士底广场之上，巴士底歌剧院问世。这座新建的剧院与奥斯曼时代落成的巴黎歌剧院，在建筑风格上，一个前卫时尚，一个复古典雅，体现了巴黎艺术品位的与时俱进。

巴黎何以成为“繁华之都”

三位总统在保留了奥斯曼时代原有城市面貌的基础上，实现了巴黎的又一次青春焕发。如今巴黎的美名享誉国际，在世界上最受欢迎旅游城市中稳居前列。真正难能可贵的是，巴黎市内完美保存了历代的建筑和公园。时至今日，人们仍然可以从这些古迹中感受到先辈们对这座城市的热爱。其中最具代表性的，当属拿破仑三世与奥斯曼的巴黎改造计划。20世纪，巴黎又奇迹般地从纳粹的枪林弹雨中全身而退，加上战后戴高乐、蓬皮杜、密特朗三位总统的共同努力，这才有了如今的“繁华之都”巴黎。

巴黎很幸运，幸运在她总能遇上强大有力的领袖，幸运在这些领袖总能善加改造。城市的改造可以说是大兴土木，而且牵动着无数城市居民的切身利益。所以城市改造要想成功，统治者的“乾纲独断”不可或缺。举个反例，就说巴黎的老对手伦敦，这个城市自古以来就坚持民主，凡事都需要议会表决。所以难免“众口难调”，改革只能踟蹰不前。这一特点从7世纪才竣工的圣保罗大教堂就可以窥见一二了。这栋地标建筑的位置需要确保居住在伦敦各个角落的市民抬头就可仰望，所以说伦敦这座城市的改造是何等受限。

本章结语

法国通过 1789 年的大革命建立了世界上首个共和政体，巴黎成为世界首个共和国的首都。王权的覆灭让侍奉皇室的御厨们流落民间，他们只好纷纷经营餐馆以维持生计，这倒使得巴黎一跃成为欧洲的美食之都。皇室的御用裁缝也在巴黎市内开设服装店，推动了巴黎服装业和时尚业的发展。

圣路易岛

位于塞纳河中央，是巴黎繁华市中心的一片绿洲。其名来源于路易九世。小岛依然保留很多殖民地时期的建筑，散步于小径之上，可以欣赏日落时阳光如经过千百万个咖啡滤斗一般散落在整个城市之上

在文化艺术方面，欧洲各地的艺术家都向往法国的“浪漫与自由”，蜂拥至巴黎。艺术家最看重的就是心灵上的自由奔放，巴黎正是他们所憧憬的乌托邦。

喧闹繁华的西堤岛东面坐落着悠闲安静的圣路易岛。这座岛上的建筑以朴素的民宅为主，寥寥几家简朴的小旅店甚至都不提供饮食。但这里就是有种世外桃源般的魅力，让笔者几度造访巴黎，都忍不住要在这里留宿。

大家不妨想象一下岛上的生活……初春时节，睡前给旅店房间的窗门留上一道缝隙。黎明时分，在巴黎圣母院的晨钟声中梦醒。简单梳洗之后，揉着惺忪睡眼散步到圣母院祈祷。然后在圣日耳曼街区随意选一家露天咖啡店，点一杯咖啡、一份牛角面包。这一切的一切，是那样地自然而然、朴实无华，但是事后回忆起来，却又让人回味无穷、感慨万千。

塞纳河上的“苍蝇船”（观光船，Bateaux mouches），也是笔者的心头所爱。第一次乘坐时，两岸景致之美如今依然萦绕脑海。巴黎的地标建筑多坐落在塞纳河畔，对于我们这些初到巴黎的“乡下佬”来说，苍蝇船一行可谓是一场豪华的视觉盛宴。如果说纽约的美在空中（直升机），那么巴黎的美，就在水上。

巴黎历史事件年鉴表	
西历（年）	历史事件
公元前 250	巴黎希人（凯尔特人）在塞夸纳河（现塞纳河）河畔以及岛屿聚居
公元前 52	恺撒将卢泰西亚纳入罗马帝国版图
2—3 世纪	卢泰西亚被更名为巴黎（巴黎希人的城市）
361	尤利乌斯以卢泰西亚为据点开疆拓土，成为罗马帝国皇帝（361—363）
451	匈族的英雄阿提拉企图进军巴黎，被圣女日南斐法劝退
506	撒利部族（法兰克族）首领克洛维建立墨洛温王朝
8 世纪末	查理大帝一统西欧，迁都亚琛
885	维京沿塞纳河南下，围攻巴黎，被巴黎伯爵厄德击退
987	厄德家的于格 · 卡佩继位，创立卡佩王朝
1163	西堤岛的巴黎圣母院起建（1345 年竣工）
1328	腓力六世继位，创立瓦卢瓦王朝
1337	百年战争开幕
1358	农民与手工业者阶层爆发扎克雷暴动
1420	英格兰国王亨利五世攻占巴黎
1515	弗朗索瓦一世继位，将卢浮城堡改建为宫殿

1572	圣巴多罗买大屠杀，胡格诺（加尔文宗清教徒）被迫害
1589	亨利四世继位，成立波旁王朝
1598	《南特敕令》结束罗马教会与清教徒的对立，胡格诺战争告终
1610	路易十三世继位，兴建卢森堡宫以及巴黎皇家宫殿
1648	法国贵族组织投石党运动，将路易十四世赶出巴黎
1682	路易十四世（1643 年）兴建凡尔赛宫，并移居到这里
1789	法国大革命爆发，1792 年，皇权倒台，法兰西第一共和国成立
1804	拿破仑一世创立法兰西第一帝国，兴建马德莱娜教堂
1815	拿破仑大败于滑铁卢，西欧签订维也纳体制，波旁王朝复辟
1830	七月革命爆发，路易 · 腓力建立君主立宪国家（七月王政）
1836	戴高乐广场之上的凯旋门竣工
1848	二月革命爆发，路易 · 腓力退位，法兰西第二共和国成立
1852	拿破仑三世创建法兰西第二帝国，委任奥斯曼展开巴黎改造
1870	普法战争爆发，普鲁士军攻陷巴黎，法兰西第三共和国成立
1871	巴黎公社成立，两月后被普法军队联合镇压
1889	巴黎世博会开幕，埃菲尔铁塔问世
1900	巴黎同时举办奥运会与世博会，地铁开通
1940	第二次世界大战爆发，纳粹占领巴黎
1958	戴高乐成立法兰西第五共和国，展开拉德芳斯计划（巴黎改造计划）
1983	密特朗进一步展开巴黎城建改造

第九章

20 世纪的主人公——柏林

从鸡犬相闻的悠闲村落

到称霸欧洲的国际城市

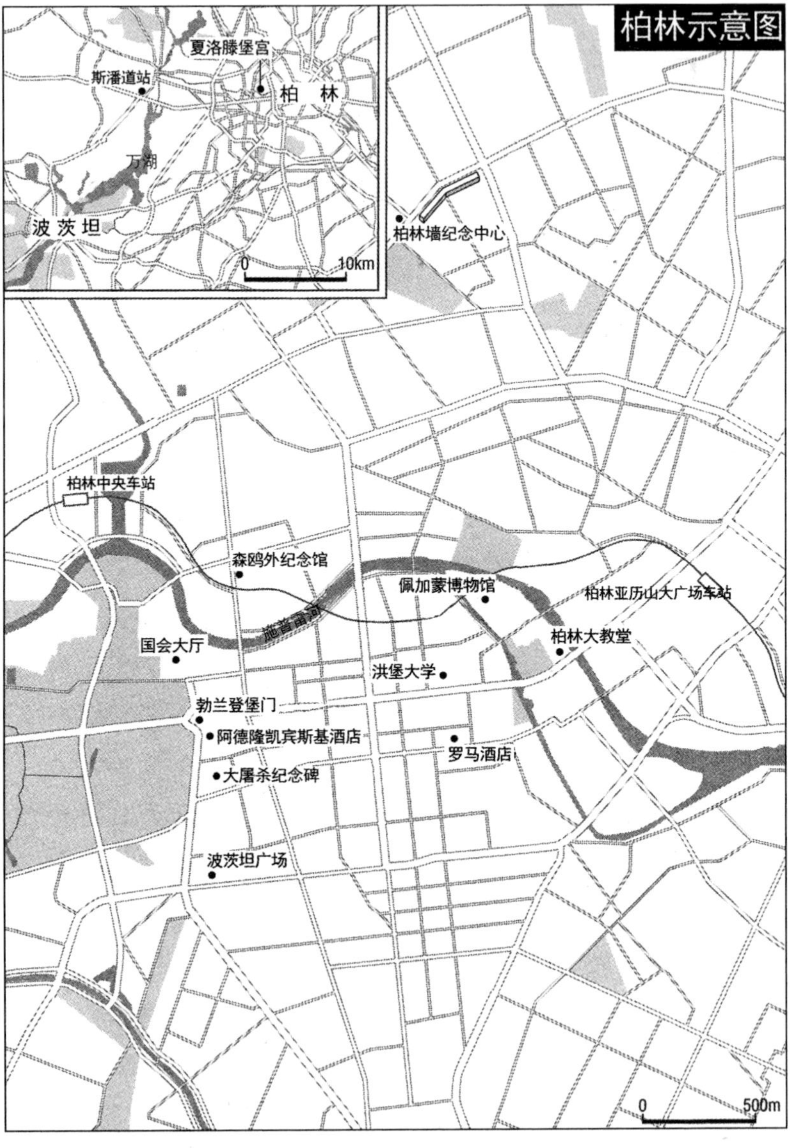

柏林示意图
夏洛滕堡宫
斯潘道站
柏　林
万湖
波茨坦
0
10km
柏林墙纪念中心
柏林中央车站
森鸥外纪念馆
施普雷河
佩加蒙博物馆
柏林亚历山大广场车站
国会大厅
柏林大教堂
洪堡大学
勃兰登堡门
阿德隆凯宾斯基酒店
罗马酒店
大屠杀纪念碑
波茨坦广场
0
500m

后起之秀柏林的登场

20 世纪中叶，世界经历过两次世界大战的洗礼，东西方阵营步入了无声的对峙，也就是我们常说的“冷战”。1990 年，柏林墙的拆除彻底宣告冷战结束。影坛名作《柏林苍穹下》讲述的就是这段沉重的历史。

柏林这个城市，在现代史中是个不容忽视的存在。柏林最早的文献记载可以追溯到 1224 年，所以就城市历史来说，柏林在伦敦和巴黎这样的欧洲古都面前，只能算是小辈。柏林这个“后起之秀”，是如何在夹缝中艰难生存、发展壮大的呢？

首先，了解一下柏林所在地——德国联邦共和国东北部区域的发展历史。

如今在柏林市内有一个占地面积很大的森林公园，水量充沛的施普雷河从中流淌而过。自古以来，这个地区就是植被茂盛、川流交汇、地势平坦的丰沃地带。13 世纪前后，这里的部族依靠着大大小小的河流，以交易动物的毛皮、肉类，还有木材贸易为生，但这离形成城市还差了十万八千里。当时，这片地区的统治者是拥有罗马皇帝冠冕的德意志国王。

公元 10 世纪，法兰克王国（加洛林王朝）覆灭，各个诸侯争相瓜分了现今德国所在的区域。这些诸侯推举其中最有军事力量和统帅才能的人，担任德意志国王。这一情况与法国大致相同。早在法国卡佩王朝之前，萨克森家族就已经于919年君临德国。萨克森王朝仅延续了大约一个世纪，就由于皇室血脉断绝而结束。在那之后的两百年，德国先后经历了法兰克尼亚和霍亨斯道芬两个王朝，也就是说，法国卡佩家族长达三百年的统治奇迹并没有在德国这片土地上演。与此同时，意大利的罗马教廷为了保证宗教中枢不受周边势力的威胁，不惜将教皇冠冕赐给周边强国的统治者。这样的做法始于加洛林王朝的查理曼大帝。现在看来，这是赤裸裸的“权势交易”。当然，受加冕的强国君主对意大利并没有领土权。曾经占据了法国一半疆土的德意志国王奥托一世（936年—973年在位）也接受过加冕。

对这一行为，坐镇东方君士坦丁堡的罗马帝国自然不能熟视无睹了。数个世纪后，德意志国王头上的这尊冠冕彻底与罗马帝国绝缘，演变为“神圣罗马皇帝”。13世纪中叶以后，“神圣罗马帝国”这个名称正式出现在历史文献中。到了15世纪末，神圣罗马帝国与罗马这个地界再无半分联系，所以更名“德意志国民的神圣罗马帝国”。说白了，“神圣罗马皇帝”只是一个名号响亮的称谓而已。

霍亨斯道芬王朝时代，腓特烈一世兼任德意志国王和罗马皇帝。1157年，他任命阿斯坎尼家族的大熊阿尔布雷希特为勃兰登堡边境伯爵（伯爵是地方统治的重要职务）。

勃兰登堡既是位于柏林西边的一座小城的名字，也指这座城所在的区域。12世纪时，斯拉夫系外来民族与少数德国人在这里混居。尽管当时勃兰登堡还不成规模，但由于地处边境，是开疆拓土的理想基地，这正是腓特烈一世让阿尔布雷希特管理这片区域的用意。

在日本江户时代，天皇在松前设藩，其用意与腓特烈一世如出

柏林市旗

一辙。松前位于北海道的最南端，与本州仅隔了一道津轻海峡，居民寥寥无几。幕府之所以在这里设藩，显然是为了建造一个进军虾夷的桥头堡。

勃兰登堡设置了边境伯爵之后，迁入施普雷河流域开垦地皮的德国人激增。其中就包括很多在莱茵河流域等发达区域无法立足的人。

如今，柏林市内最西面的行政区斯潘道，其地理位置在施普雷河和哈弗尔河的交汇处。追溯柏林的起源，绕不开斯潘道这个地方。参考历史文献的记载，斯潘道这个名字最早出现于 1197 年。1232 年，霍亨斯道芬王朝的腓特烈二世授予斯潘道城市特权，说明这里在当时已经具备了一定的城市规模了。

根据珍藏于勃兰登堡大圣堂博物馆的古文献记载，“科隆”（施普雷河的沙洲）与“柏林”（施普雷河右岸）这两个城市名分别于1237年和1244年先后登场。1307年，这两个城市合并，一同被纳入了勃兰登堡边境伯爵的管辖范围。

熟悉德国的朋友，一定会对柏林的市旗和市徽上，那头两脚站立的黑熊印象深刻。据说，这与勃兰登堡的首任管理者——大熊伯爵阿尔布雷希特有关。德语中“熊”（bären）的发音也与“柏林”极其相近。柏林这个城市名的由来，还流传有另外一种说法。柏林自古以来就是湿洼地带，古斯拉夫语中的湿地是“Berl”，后来演变为地名“Berlin”。这个名字与伦敦和巴黎名字的由来十分相似。纵观世界城市的历史，会发现一个规律——城市最初都是建在靠近水源的低洼地带，后来随着人类文明的发展，才逐渐迁移到了远离传染病的高地。

霍亨索伦家族坐镇柏林

1320年，世袭勃兰登堡边境伯爵的阿斯坎尼家族血脉断绝，罗马皇帝兼德意志国王——维特尔斯巴赫家族的路易四世（1314年—1347年在位）接任了勃兰登堡边境伯爵一职。维特尔斯巴赫家族原本是以慕尼黑为中心，是德国南部巴伐利亚地区颇具实力的地方诸侯。下一任君主——卢森堡家族的查理四世（1347年—1378年在位）同样承袭了勃兰登堡边境伯爵一职。

卢森堡家族的领地就是如今卢森堡大公国的前身，当时这个政权占据着东欧的波西米亚地区（今捷克）。而卢森堡家族的查理四世

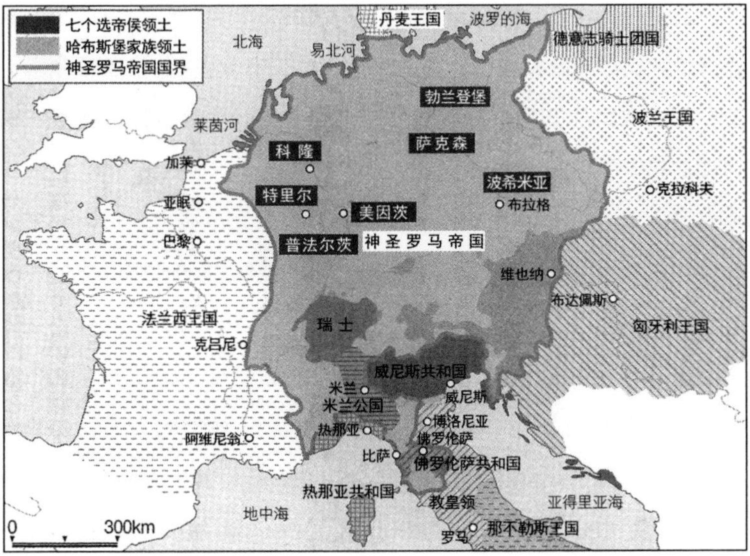

15 世纪时期的七选帝侯领地及周边国家示意图

因为在 1356 年颁布《金玺诏书》而在欧洲历史上颇有名气。

金玺诏书中明确规定了拥有皇帝选举权利的七名诸侯，这也就是后世所称的“选帝侯”。他们分别是德国三大教会美因茨、特里尔、科隆的三大主教（神职选帝侯），莱茵宫中伯爵（普法尔茨选帝侯，占据海德堡）、萨克森公爵（占据萨克森地域的莱比锡）、勃兰登堡伯爵，以及波希米亚国王（世俗选帝侯）。

当时实力最强的哈布斯堡家族（奥地利维也纳）和维特尔斯巴赫家族（巴伐利亚慕尼黑）都未在选帝侯之列，由此可见硬实力并不是评选“选帝侯”的唯一标准。查理四世作为最高统治者，故意将这两位最主要的竞争对手排除在外，仅仅扶植“二号种子选手”。勃兰登堡边境伯爵一跃被推举为皇位候选人，可谓史无前例的破格提拔。

1373 年，查理四世从维特尔斯巴赫家族处重金购得了勃兰登堡的统治权。七年后（1380 年），柏林突遇大火，市政厅和教堂在一夜之间化为焦土。

1415 年，时任罗马皇帝、德意志国王的卢森堡家族的西吉斯蒙德[1]授封霍亨索伦家族的腓特烈一世为选帝侯。霍亨索伦家族起源于德意志最南端的士瓦本，世代忠诚于霍亨斯道芬家族。身兼波西米亚国王的西吉斯蒙德以异端罪名，将布拉格的宗教改革领袖扬·胡斯[2]绑上火刑台，激起了当地民变。霍亨索伦家族挺身而出，派兵增援。动乱平息后，西吉斯蒙德为了报答霍亨索伦家族的出兵相助之恩，将自己的勃兰登堡选帝侯之位赐封给了腓特烈一世，霍亨索伦家族一跃成为雄踞地方的大领主。

这对于一直都寄人篱下的霍亨索伦家族来说，无疑是天大的恩典。腓特烈一世就任选帝侯后迁都柏林（1417 年）。他的继承人腓特烈二世想要在柏林建造霍亨索伦家族的新宫殿。无论是这次当权者的更换，还是随之而来的迁都、建宫殿的决定，都只是统治阶层

[1] 西吉斯蒙德：卢森堡王朝的神圣罗马帝国皇帝 (1433 年—1437 年在位)。他是勃兰登堡选帝侯 (1378 年—1388 年，1411 年—1415 年)，1411 年被选举为罗马人民的国王，1433 年加冕为神圣罗马帝国皇帝，他同时还是匈牙利和克罗地亚国王 (1387 年—1437 年在位) 和波希米亚国王 (1420 年—1437 年在位)。

[2] 扬·胡斯：哲学家、改革家，曾任布拉格查理大学校长。1415 年胡斯被绑上火刑架处决。他以献身宗教改革而留名于世，他的追随者被称为胡斯信徒。

内部的任性之举，与柏林地方民众无关，更不应该对民生产生丝毫的影响。然而，腓特烈二世却强行加重民赋，用来迁都建宫，此举使得各地市民揭竿而起（1443 年）。

那时的柏林还只是个名不见经传的偏僻小城，居民的日常生计全都依仗施普雷河上的贸易，与此同时，柏林也和位于河流下游的斯潘道联手修建河堤水库，两地互有商业往来和竞争。传说，这两个城市之间每年都会举办庆典，来比拼各自的传统和武力。在很长一段时间里，斯潘道每每都是以失败告终。久而久之，斯潘道难忍愤懑，终于与柏林展开了一场真刀真枪的械斗。据说这场大规模的械斗整整持续了三天三夜，被后世称为“棍棒战争”（1567 年）。

这场传说中的战争也从侧面说明了，当时的柏林意图超越斯潘道。毕竟 16 世纪之前的柏林，不过是个满溢乡土气息的“小村镇”。

普鲁士公国的前身——条顿骑士团国

霍亨索伦家族坐镇柏林后，通过“棍棒战争”顺理成章地将势力范围扩张到了德国东北部。17 世纪初，德国境内新教徒与罗马教廷的矛盾愈发难以收拾。

终于在 1618 年，欧洲三十年战争爆发，德国全境被牵连其中。正如其名，这场宗教战争在丹麦、瑞典和法国的陆续介入下，持续了整整三十年。开战同年，霍亨索伦家族晋升为普鲁士公国的统治者。不久后，普鲁士也从公国升格为王国，首都柏林在这一时期得到了飞速发展。

想了解普鲁士公国的由来，先要将时针拨回到十字军东征的时代。像耶路撒冷和的黎波里这样的首批十字军国家，国内都设有经过罗马教廷认可的宗教骑士团，名为“骑士修道会”。骑士团的创立初衷是为了能够沿途护卫前往圣地的巡礼者。其中，法国的圣约翰骑士团、圣殿骑士团和德国的条顿骑士团是当时最有名的三大骑士团。

条顿骑士团的第四代团长赫尔曼·冯·萨尔扎，是一位非常有远见的优秀政治家，深受腓特烈二世重用。他眼见十字军国家争夺而来的领土，陆续被伊斯兰军夺回，就已然看透了十字军的未来。加上他手握兵权与财富，就有了自立门户的念头。想要自立为王，首先要有领地。十字军阵营的领土他不敢轻易染指，但对异教的土地就没有那么多顾忌了，所以不管是谁的领土，只管先攻下再说。这种做法现如今听起来十分不可思议，但是在那个时代却见怪不怪。

最终，他盯上了波罗的海沿岸地带，也就是如今立陶宛共和国与波兰共和国之间以加里宁格勒（旧名柯尼斯堡）为中心的地区（现在属于俄罗斯）。当时，普鲁士土著居住在这里。赫尔曼当机立断，决定对当地发起军事侵略。落后的普鲁士部族面对训练有素的条顿骑士团，自然毫无抵抗之力。

普鲁士人的来源和他们的宗教信仰已经无史可考，然而普鲁士却作为地名得以留用至今。赫尔曼率领的条顿骑士团在这里扎根，兴建起首都柯尼斯堡（1255年）。

14世纪初，统治趋于稳固的骑士团政权在但泽[1]（柯尼斯堡对

---

[1] 但泽：波兰称格但斯克，德国称但泽。这里是波兰波美拉尼亚省的省会，位于波罗的海沿岸。

岸，相隔波罗的湾）附近的马尔堡（Marburg）修筑了巨大的城堡。因“Mar”有“圣母”之意，而“burg”又有“城市”的意思，所以这座城堡自问世起，就被信仰罗马教会的骑士团视作精神故乡，如今也是位列世界遗产名录。另外，骑士团政权还是国际商业联盟“汉萨同盟”（主要包括德国北部的波罗的海，以及北海沿岸地区）中的唯一一个诸侯势力。乍看之下，这个新政权欣欣向荣，前途无量，但就在这时，劫难降临。

条顿骑士团国东有立陶宛大公国（13 世纪成立），西有波兰王国（11 世纪成立）。对于条顿骑士团国这个日益壮大的政权，两国的戒备不断加强。如果是“三足鼎立”那还好，偏偏这时波兰女王嫁给了立陶宛大公，两国形成了联盟关系。1410 年，两国联合军与骑士团在坦能堡和格林瓦尔德附近交战，骑士团军大败而归。

这场战败，使得条顿骑士团国沦为波兰王国的附属政权，内政和外交权力尽失。后来，条顿骑士团国更名为“普鲁士公国”。

1618 年，三十年战争打响，条顿骑士团没有男性继承人来继承爵位。普鲁士公国只好转让给勃兰登堡选帝侯霍亨索伦家族的成员。霍亨索伦家族与条顿骑士团都曾经是霍亨斯道芬家族的臣子，由他们家族接手普鲁士公国也算得上名正言顺。于是，霍亨索伦家族身兼勃兰登堡边境伯爵和普鲁士公爵。波兰隔在两块领地之中，所以普鲁士地区仍然以柯尼斯堡为首都，只不过实权都掌握在波兰王国手中。

三十年战争临近尾声，法国与北欧强国瑞典成为战争的主角。此时，霍亨索伦家族的弗里德里希·威廉继任勃兰登堡选帝侯（1640 年—1688 年在位）。他生于科隆，少年时曾在当时的先进国家荷兰留学。弗里德里希・威廉在位期间，致力租税制度改革以及军队整备，努力提升国力。更为重要的是，三十年战争期间，在德国全境沦为前线的局面下，弗里德里希・威廉死守柏林防线，保得首都一方太平。

弗里德里希・威廉在波兰和瑞典两国纵横捭阖，灵活应对。后来还成功从波兰手中夺过了其对普鲁士公国的宗主权。霍亨索伦家族这才算坐实了普鲁士公爵的位子（1660 年）。

弗里德里希・威廉颁布《波茨坦敕令》，对前来寻求避难的胡格诺派敞开国门（1685 年）。上一章提及过，法国路易四世继位后，废除了亨利四世所颁布的《南特敕令》（1685 年），此举使得胡格诺派人人自危，一夜之间尽数逃离巴黎。弗里德里希・威廉主动地接收了这些逃难而来的人。

求知勤勉的胡格诺派将先进的科技和璀璨的文化也一同带到了柏林。短短数十年，柏林能从风车石磨的农业小城，蜕变为区域先进都市，胡格诺派功不可没。大选帝侯弗里德里希・威廉是第一位为柏林的发展创造了机遇的君王。

普鲁士王国的成立与建设

1700 年，哈布斯堡家族时任西班牙国王的卡洛斯二世驾崩，没有留下子嗣。所幸，卡洛斯二世有个妹妹嫁给了法国国王路易十四，两人有一个儿子，这个儿子给路易十四生了一个孙子。这就是后来的腓力五世。

那时的法国是欧洲当之无愧的“超级大国”，而西班牙也是在新大陆拥有广大的殖民地。如果让路易十四的孙子继承了西班牙的王位，两国合二为一，称霸欧洲也不是什么难事。

面对这一局面，法国的“宿敌”英国可就无法坐视不理了。时任英国国王的威廉三世当即结盟荷兰，公开支持奥地利哈布斯堡家族的神圣罗马皇帝利奥波德一世，三方共同向法西两国宣战（1701 年）。这场围绕西班牙王位继承的战争，最终演变为新大陆上英法两国的战争。随着三方签订《乌得勒支条约》，战火才得以平息。

夏洛特宫

当时的普鲁士国王腓特烈一世十分憧憬凡尔赛宫，于是就为他的妻子索菲 · 夏洛特建造了这座夏宫。如今的宫殿主要作为博物馆对游人开放参观

路易十四的孙子腓力五世虽然继承了西班牙的王位，但是作为代价，西班牙痛失大片疆域，法国则是割让北美的大片殖民地给英国。经此一役，获利最大的当属英国，法国的霸主之梦彻底化为泡影。

西班牙王位战争打响之际，神圣罗马皇帝利奥波德一世曾经求援于勃兰登堡选帝侯腓特烈三世。然而由于霍亨索伦家族的领地在德国东北与普鲁士地区，离战线相去甚远，派兵相援绝非明智之举。利奥波德一世见腓特烈三世迟迟不给出答复，就开出条件——如果阁下出兵，我愿以普鲁士王位相赠。

腓特烈三世当即允诺出兵，而后马不停蹄地从柏林赶赴柯尼斯堡接受加冕，普鲁士王国就此成立。哈布斯堡家族虽然成功说服普鲁士军参战，却使得原本仅是侯爵的霍亨索伦家族与自己平起平坐，这也为后世的统治埋下了一大隐患。

勃兰登堡选帝侯腓特烈三世摇身一变，成为普鲁士王国的开国之君，改称腓特烈一世（1701 年—1713 年在位）。在普鲁士还是公国的最后几年，腓特烈三世为他的爱妃索菲·夏洛特在柏林修建了夏洛腾堡宫。这座行宫在“二战”时损毁严重，后来得以重建。

普鲁士王国的第二任君主腓特烈·威廉一世（1713 年—1740 年在位）被后世赠予外号“士兵国王”。腓特烈·威廉一世恪守节约之道，完善募兵制，组建了无坚不摧的普鲁士王国军。另外，他下令拆除了散布在柏林周边的星形要塞[1]，取而代之的是修建城墙，

[1] 星形要塞：军事要塞的一种样式，主要特点是有许多三角形的棱角，可以抵御、反击敌人的大炮攻打。最初出现于 15 世纪中叶的意大利。

将市区团团围住。工程巨大，耗费了整整二十四年才竣工。从市内向外延伸的干道在通过城墙的地方都设有“关税门”，用以征收关税。一共有 14 道“关税门”，每个城门都是以其通往的城市来命名的，例如“汉堡门”和“波茨坦门”。如今，柏林的地标建筑勃兰登堡门也是其中之一。

第三任君主腓特烈二世（1740 年—1786 年在位）在其父奠定的军事基础上，继续追求富国强兵之道。他在位期间，奥地利的哈布斯堡家族因为玛丽亚・特蕾西亚的继承权问题爆发内战，普鲁士军趁机占领了原本被奥地利统治的波西米亚地区。

普鲁士的第四任君主腓特烈・威廉二世（1786 年—1797 年在位）有意将勃兰登门修建成气派的柏林正门。这道门通向勃兰登堡，那里是霍亨索伦家族的先祖——勃兰登堡边境伯爵的祖地，所以在霍亨索伦家族看来，勃兰登堡门的意义自然要高过其他城门。

腓特烈・威廉二世从 1788 年起着手改建勃兰登门。改建工程前后历时三年，给原本简陋的城门添置了多立克风格立柱，顶端的四头骏马与胜利女神雕像更是庄严无比。勃兰登堡门的巍峨壮丽充分显示了当时正值鼎盛的普鲁士王国的威严。

柏林陷落与复兴崛起

然而就在柏林城门竣工之际，法国大革命爆发，拿破仑一世登基。拿破仑高举着“自由、平等、博爱”的旗帜，率领以“民族国家”（Nation State）思想为武装的威武雄师，席卷欧洲全境。如今

勃兰登堡门
正面朝向巴黎广场东侧，地处米特区。门的顶端立有胜利女神雕像，六根多立克风格立柱并列，是德国境内古典复兴建筑的代表

看来，所谓“自由、平等、博爱”只不过是军事侵略与独裁主义的遮羞布，但在当时，却被奉为“革命精神”，在欧洲大陆上传播开来。

1806年，英、普、俄三国为了压制日趋壮大的法国，结成“第四次反法同盟”，但是在拿破仑正值鼎盛的军势下一触即溃，柏林被法军占领。拿破仑骑着白马，领着胜利之师，风光无比地通过了改建不久的“勃兰登堡门”，入主柏林。

柏林沦陷翌年（1807年），普鲁士王国与拿破仑签订和约。合约导致普鲁士王国疆域面积减半，军事也受到限制，还要承担巨额的战争赔款。但是，这次“拿破仑冲击”其实也是推进普鲁士改革的一剂“猛药”。

柏林陷落，市民只好臣服于拿破仑的威势之下。不过这也使得“自由、平等、博爱”的精神与“民族国家”思想在市民心中扎根，少数的先进分子开始着手摸索德意志“复兴独立”的道路。

1810年，柏林大学成立，创始人为语言学家、政治家洪堡（二战后改名为洪堡大学）。柏林大学的第一任校长、哲学家费希特先后十余次发表《对德意志民族的演讲》，宣扬“身为恪守传统的德意志国民，必须贯彻德语教育”，其深意再明显不过——德意志是个独立的国家。

拿破仑带来的民族主义火苗，在柏林越烧越旺。最初在《柏林晚报》上登载，之后新的国民意识逐渐萌芽。思想的进步也让德国在英国之后，赶上了工业革命这班“特快列车”。随后煤炭开采实现量产，钢铁业制造业起步，柏林到波茨坦的铁路开通，柏林作为铁路交通枢纽迅速地发展起来。到了19世纪初，柏林的人口就已经暴增至四十万，成为欧洲第四大都市，仅排在伦敦、巴黎和圣彼得堡（沙俄）之后。

然而在同一时期，拿破仑时代落下帷幕。后来的“维也纳会议”否认民主共和制度，各国的封建王朝纷纷复辟，欧洲进入了“历史开倒车”的时代。“神圣罗马帝国”也彻底从历史上消失，只留下德意志联邦、普鲁士王国和奥地利帝国。

19世纪前叶，普鲁士王国经历了两位君主，分别是第五代腓特烈・威廉三世（1797年—1840年在位），与第六代腓特烈・威廉四

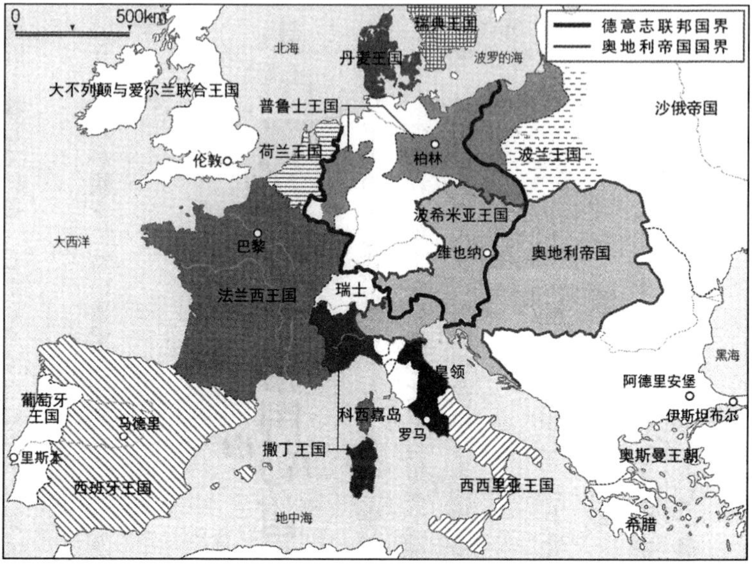

维也纳会议之后的欧洲格局示意图

世（1840 年—1861 年在位）。这两位皇帝都是顽固的反自由、反立宪主义者。但是即便如此，燃遍普鲁士王国上下的民族主义之火仍然生生不息。1848 年，法国大革命时期“自由、平等、博爱”的口号再次被提起，普鲁士爆发三月革命，君主的权力被大幅消减。

在这之后的德国历史，想必大家都熟知了——威廉一世与“铁血宰相”俾斯麦携手将普鲁士王国推向鼎盛。

时间回到拿破仑一世入主柏林的那一年，那时的普鲁士国王是第五代腓特烈 · 威廉三世。他被迫与法国签订不平等和约，割地赔款，致使国力大幅度衰减。

拿破仑占领了柏林后，国王以及王室成员被迫过上了逃亡的日子。终于拿破仑决定在蒂尔西特与普鲁士举行协商。腓特烈·威廉把他的妻子露易丝派去参加。这次谈判虽然没有取得成功，但是露易丝王后在谈判中的表现，更加引得普鲁士人民的热爱。露易丝王后用她的努力保护了自己的子民，尽全力让他们不再受到法国侵略者的侵略。露易丝王后去世之际，普鲁士举国悲痛。拿破仑也表示自己失去了一位“最好的外交官”。

第七代普鲁士国王威廉一世（1861 年—1888 年在位）手下有“德意志帝国三元勋”，分别是自负顽固却身怀王佐之才的宰相俾斯麦，一生致力于富国强兵的陆军大臣罗恩，以及军事奇才、全军总参谋长毛奇。

三人中最负盛名的，自然是素有“铁血宰相”之称的俾斯麦。他在外交上的战略目标，可简单总结如下三点——对法敌对孤立，对英友好结盟，对俄亦敌亦友。上一章提及，法国拿破仑三世受俾斯麦挑衅，普法战争爆发，结果在战争中遭遇惨败被俘（1872 年）。

在普法战争中取胜的普鲁士，无论是工业，还是军事，都已经远远超过法国。其实早在这场凯旋之前，普鲁士就已经向德联邦境内的传统大国奥地利发动了战争，而且毫无悬念地取胜（1866 年）。战胜法国之后，普鲁士成为欧洲大陆上最强大的国家。1871 年，威廉一世在巴黎凡尔赛宫宣布就任德意志帝国皇帝。德国终于实现了历史上的首次大一统（奥地利除外），柏林当之无愧地成为帝国首都。

威廉一世为了报复当年拿破仑对柏林的侵略，故意在凡尔赛宫举办登基大典。这对于法国人民来说就像一把利刃深深刺入心头。第一次世界大战后，法国在《凡尔赛条约》中，对战败国德国强加了极其苛刻的巨额赔款。这可真是“冤冤相报何时了”。

岩仓使团访德

19世纪后半叶，日本凭借明治维新迅速崛起，成为东方强国。明治天皇委任右大臣岩仓具视为全权大使，率领使团赴欧美考察，主要目的是为了修改幕府末期与西方列强签订的不平等条约，顺道也实地考察一下西方国家的文化与制度。木户孝允、大久保利通、伊藤博文等一干新政府的大臣也在随行队伍之中。

从1871年到1873年，使团先后造访了美利坚、英格兰、比利时、荷兰等国，最后抵达了普鲁士，一共访问了12个西方国家。使团出访的顺序，不知道是凑巧，还是有意按照国家民主化和近代化的先后而进行排列的。

随行的历史学者久米邦武回到日本以后，著《美欧回览实记》，记录了这趟访问西方之旅。根据书中的内容，使团于1873年3月9日进入柏林，经由勃兰登堡门，来到椴树茂盛的“菩提树下大街”[1]，下榻在“罗马酒店”，一直到3月28日。在德期间，使团拜谒德皇，

[1] 菩提树下大街是德国首都柏林的著名街道，也是欧洲著名的林荫大道。菩提树下大街的德语为Unter den Linden，意为椴树下，Linden是椴树而非菩提树，这个译名可能是早期留学生的误译，目前仍然普遍称为“菩提树下大街”。

并在皇宫内与皇后、皇太子夫妇、俾斯麦和毛奇等同席就餐。另外，他们还出席了俾斯麦私宴，详细记录了俾斯麦的演讲。《实记》中描述，俾斯麦声情并茂地谈及了欧洲国家之间的弱肉强食，还有德意志民族与德国受到的磨难，在座日本人也为之动容。

造访巴黎时，使团去参观了巴黎公社的遗址。他们感慨于巴黎的文化之美，艺术造诣之高，但是唯独对法国的社会主义萌芽持保守的态度。在柏林，他们专注于参观各种公共设施，包括医院、学校和电器加工厂，甚至还参观了动物园和水族馆。

毋庸置疑，在大保久利通、伊藤博文这些先进分子眼中，欧洲这些国家里最晚实现统一又迅速实现近代化的德意志帝国，对于摆脱了封建制度，急需赶超欧美诸国的日本而言，就是万里挑一的范本。明治宪法就是在德意志帝国宪法的基础上制定的，陆军系统也是完全效仿德国。

另外，明治政府公派到德国的留学生，数量也仅次于当时英、美两国派往德国的留学生。森鸥外就是公费赴德留学生之一。他早年毕业于东京大学医学部，从事陆军军医工作，后来赴德国留学深造（1884 年）。在柏林留学期间，森鸥外凭借过硬的专业才能，进入了著名细菌学家罗伯特·科赫主管的卫生试验所。森鸥外不仅专业知识过硬，他的德语造诣也颇为深厚。

1888 年，森鸥外的留学之旅告一段落。两年后，他以短篇小说《舞女》进军文坛。这篇小说讲述了日籍留学生在德国与年轻舞女爱丽丝，历经磨难的恋爱悲歌。不愿意为了恋情而耽误事业的留学生，决心与爱丽丝分手，爱丽丝因此罹患“心病”，“精神瘫痪，痴若稚儿”。即便如此，留学生还是抛下了爱丽丝与其腹中的胎儿回国，只为母子俩留下了些许钱财。

故事的主人公——留学生太田丰太郎在回国的客船上，写下这段经历。小说对残酷青春的描写，淋漓尽致地刻画了主人公的内疚之情。除此之外，作者笔下柏林贫民窟的破瓦寒窑，深冬之夜的刺骨严寒，让读者仿佛置身于那个年代的柏林。当时的日本上到天皇、下到平民的“亲德”情绪，远远超乎想象。

霍亨索伦家族时代的终结

1888 年，德意志帝国的开国皇帝威廉一世驾崩，他的长子腓特烈三世继位。然而天妒英才，腓特烈三世在位仅三个月就罹病辞世。最终，由腓特烈三世的长子，也就是威廉一世的长孙登基继位，史称威廉二世（1888 年—1918 年在位）。

德意志帝国的鼎盛，仰仗“铁血宰相”适时的外交和内政战略不假，但是要将这些战略一一付诸实际，同样也少不了威廉一世的用人不疑与英明果决。

不过很遗憾的是，青年（29 岁）继位的威廉二世显然不具备其祖父的能力和眼界，他难以理解高层次的国际战略。他登基后不久，就解除了俾斯麦的宰相之职，之后就一意孤行地推行自己的外交和军事策略，并称之为“新航路政策”。如今看来，威廉二世的这些政策激进而且短浅，付诸实际的话，无异于是在自取灭亡。

威廉二世初登帝位的时候（1888 年），柏林就已经发展成了常住人口超过八百万的大城市。地下铁路起建（1896 年），佩加蒙博物馆起建（1907 年），街道市区车水马龙，媒体报刊百花齐放，柏林上上下下一派欣欣向荣，近代化的建设如火如荼。

这时德意志帝国的国力已经可以说是到达了欧洲的巅峰，逐渐威胁到了世界霸权国家——大英帝国的地位。面对这样的局势，威廉二世不想着互利共存，反而妄自尊大地企图与英国一争高下。英德两国摩擦频发。另外，德国与同样是后来居上的沙俄关系紧张。

19 世纪末，奥地利哈布斯堡家愚昧落后的外交策略，成了第一次世界大战的导火索。威廉二世求之不得地立马参战，投身到了由德国、奥地利和奥斯曼帝国组成的同盟国阵营，对抗以英法俄为核心的协约国阵营。双方阵营在国力之和上算是势均力敌，但是随着后来美国的参战，胜利的天平开始彻底地向协约国方向倾倒。

如果仅从主要城市的层面来总结“一战”（1914 年—1918 年），情况大致如下。首先，这是一场柏林与伦敦之间展开的欧洲争霸战。其次，巴黎作为前线战场，伤亡人数创历史新高。最后，美国以 GDP 的碾压，左右了战争的走势。

结束这场战争的最大“功臣”，是源于美国、肆虐欧洲的“西班牙流感”。据说，在这场瘟疫中的病死者，甚至超过了战争中的伤亡人数。瘟疫的肆虐让士兵们战意尽失，双方不得不提前休战。

休战谈判期间，作为战争的始作俑者之一的威廉二世政府，妄图撇清战争责任，维系自己现有的政权。这种不负责任的举动彻底激怒军方，波罗的海基尔军港的驻扎海军率先暴动，一夜之间全国哗然而起。威廉二世被迫退位，连夜收拾家当，搭乘火车逃往荷兰。德意志帝国也在奥地利之后在停战协议上签字，第一次世界大战正式落幕（1918 年）。

威廉二世虽然遭到驱逐，但是以基尔海军为开端的德国内乱却愈演愈烈。最终，左派政党“斯巴达克同盟”成立。这个新政党诞生于“一战”期间，创始人是波兰裔女革命家、经济学者罗莎·卢森堡，与德籍革命家卡尔·李卜克内西。

1918 年，斯巴达克同盟建立了独立政党——德国共产党。这让当时的临时中央政党——社会民主党非常不安。他们联合资产阶级势力与旧军部官僚，对斯巴达克同盟展开了残酷镇压。1919 年 1 月，革命领袖罗莎·卢森堡与卡尔·李卜克内西双双被捕丧命。

1918 年 11 月，社会民主党占多数席位的新政府——人民代表议会召开了国民议会，并在 1919 年 6 月被迫与协约国签署了《凡尔赛条约》。同年 8 月，《魏玛宪法》问世，这部新宪法承认国民主权，具有较浓的资产阶级民主色彩。

《凡尔赛条约》虽然提出了建立联合国、建立 ILO（国际劳工组织）等促进世界和平的决议，但是仍难掩其保护英法既得利益、打压德国发展的本质。《凡尔赛条约》之后，德国丧失了大量的人口和土地，军备上也受到了严格的限制。条款中最苛刻的，当属天文数字一般的战争赔款。

随着德意志帝国的土崩瓦解，亲手将柏林发展为国际大城市的霍亨索伦家族，他们的时代也就此落幕。

大柏林的“黄金20年代”

《凡尔赛条约》规定德国需要支付的战争赔款究竟是多少呢？答案是1320亿马克。以如今的汇率换算过来的话，相当于每个日本人平均要承担1000万日元[1]。

“再让我们活个一百年，也偿还不清呀！”

这句抱怨丝毫不夸张。当时的德国民众在政治上享受着新宪法带来的平等和自由，在经济上却不得不承担巨额的国家借贷，德国民众“自由，却贫穷着”。在这样的窘境中，反映市民不满情绪的思想不断发展。高呼民族复兴的“国家主义”势力也迅速崛起。1919年1月，德国工人党诞生，同年9月，阿道夫·希特勒入党。翌年，德意志劳动党改称为“民族社会主义德国工人党”，这就是我们熟知的“纳粹”了。也就是说，“一战”结束的第二年，“二战”的萌芽就已滋生。所以，才有现在学术界“两次世界大战相互关联”的观点。

1920年对于柏林而言是“多事之秋”。政府为了稳定局势，决定将柏林的周边城镇与市区合并，这就形成了“大柏林”。在这之前，柏林一直苦于严重的人口压力，几度拟订合并计划，但最终都不了了之。帝国覆灭以后，政令下达反倒通畅了。合并以后的柏林，人口超过三百八十万，成为仅次于伦敦与纽约的世界第三大城市。

---

[1] 大约相当于60万人民币。

城市的扩大、人口的增加、社会的自由、政治的混乱、荒唐的赔款……战后的柏林表面上繁荣发展，实际上却是颓废暗藏。但也正因为这样的气氛，使柏林平添了一份诡秘的魅力，各式各样的新旧文化艺术百花齐放。

设计学院创始人包豪斯、建筑家瓦尔特·格罗皮乌斯、理论物理学家阿尔伯特·爱因斯坦、小说作家斯蒂芬·茨威格，剧作家兼诗人贝托尔特·布莱希特、“柏林爱乐厅”的首席指挥威廉·富特文格勒……各领域的顶尖人才在当时的柏林大放异彩。“勃兰登堡门”旁的阿德隆凯宾斯基酒店化作“不夜城”，迎接络绎不绝的海内外贵宾。1966 年，于百老汇首次公演的音乐剧《歌厅》完美地还原了当年的“柏林气息”。1972 年，这部音乐剧被搬上大荧幕，主演丽莎·明尼利凭这部电影荣获奥斯卡最佳女演员奖。

1924 年，由于美国居中调解，德国近乎天文数字的战争赔款得以减轻。再者，随着美国资本的注入，德国经济得以喘息恢复，柏林重拾战前的繁华。为了应付蜂拥而来的来访者，政府在柏林南郊兴建了滕珀尔霍夫机场。然而好景不长，1929 年美国经济危机席卷全球（大萧条），德国经济再次坠入谷底。

“德意志第三帝国”时代

1932 年，德国举行选举，纳粹党成为国会中最大的党派。1933 年，时任大总统兴登堡任命纳粹党魁阿道夫·希特勒为总理。当时内阁中的纳粹党加上希特勒才不过三名，实权牢牢掌握在副总理帕彭手中。希特勒就任总理后，联合自己的盟友，排斥帕彭和其他内阁成员。

同年 2 月，柏林国会大厅遭人蓄意纵火，出现在附近的德国共产党员被捕入狱。希特勒立刻以总统名义，发布了两道紧急法令。其一，限制人身自由；其二，将共产党归类为非法党派。随后进行议会选举，重组内阁，纳粹党强行通过了《授权法》。由此魏玛共和国落幕，希特勒独裁政权诞生。

1934 年，兴登堡总统去世，希特勒毫无悬念地接任大权。他有个专属称谓——“Führer”，也就是后人口中的“元首”。德国正式步入“德意志第三帝国”时代。[1] 第三帝国的含义是继神圣罗马帝国和德意志帝国之后的第三个帝国。所以说，国会大厅的纵火事件很大可能上只是纳粹党的自导自演。希特勒也巧妙地利用了人们对《凡尔赛条约》的怨恨，踏上了“纳粹主义”的道路。

1936 年 8 月，柏林举办奥运会，希特勒趁此良机，向全世界散播自己的“元首威严”。由女导演莱妮 · 里芬斯塔尔拍摄的柏林奥运会纪录片《奥林匹亚》（分为《国家的节日》和《美的节日》两部）获得了希特勒的大力支持。1937 年是柏林诞生七百周年（按照科隆 1237 年在史书首次出现计算），希特勒举办大规模纪念庆典。他意图将柏林现有的城市规模扩大四至五倍，给新建的首都命名为“日耳曼尼亚”，所以这个由建筑师阿尔伯特 · 斯佩尔设计的柏林重

[1] 1933 年，希特勒在纳粹党代表大会上首次使用“第三帝国”这个说法。1934 年，希特勒控制德国，宣布自己为第三帝国的总理，代行总统职权，废除总统制。

建计划，也被称为“日耳曼尼亚计划”。如今看来，希特勒的这个想法无异于是痴人说梦，但是这也能从侧面反映出希特勒当时的野心。

翌年（1938 年）11 月初，德国境内多地爆发了打砸犹太会堂和犹太人商店的暴力事件。由于事发当时正值凌晨，加上现场满地玻璃碎片，所以又被称为“水晶之夜”事件。

1939 年，纳粹德国突袭波兰。英法两国向希特勒宣战，第二次世界大战的号角由此吹响。

1941 年，原本自开战起就坚持“不介入”方针的美国，最终投身盟军阵营，同时颁布实施《租借法案》[1]。“一战”时美国参战左右战局的历史再次上演。1942 年 1 月，在万湖公园的一幢别墅里，纳粹党召开紧急会议，会上通过了一项震惊国际的决议——犹太人大屠杀。

希特勒本人和纳粹党对犹太人的仇视，早在第三帝国成立之初就已经初见端倪了。犹太籍科学家和艺术家在希特勒掌权后，悉数逃亡纽约避难，也是在这里成就了辉煌的“黄金 20 年代”。也正是在那之后，美国几乎包揽了各个领域的诺贝尔奖。一开始，纳粹对德国境内的犹太人只是蓄意压榨、排挤而已，最多也就是想把他们赶出家园。然而，希特勒后来见局势愈发不受掌控，才决定永除后患。万湖会议以后，犹太人灭绝所开始负荷运作。

“巴黎”那一章讲到，希特勒在撤军前夕，歇斯底里地质问前线

---

[1]《租借法案》：正式名称为《促进美国国防的法案》。指美国在“二战”时期，免费或有偿提供给同盟国粮食、军事物资以及武器装备的法律。

军官:“巴黎烧了吗?!”无独有偶,柏林面临被盟军攻破之际,希特勒同样大臂一挥,“砸毁德国境内的所有机械!”这两道破坏性的命令虽然并未落实,但是从希特勒携心爱的女人自杀殉国这点,就可以看出其性格中自我毁灭的疯狂一面。1945 年 5 月,德国无条件投降。

战后从分裂到统一

德国作为“二战”的首席战犯国,国土被一分为二。苏联占领东部,美英法占据西部。柏林虽然位于苏领区范围,但是西方阵营不愿意将这座城市拱手让给苏联,就将柏林也分割为东西两部分。

1947 年,美国制订促使欧洲复兴的马歇尔计划,西柏林也纳入了复兴范围。斯大林下令将通往西柏林的公路和铁路全线封锁。

美国另辟蹊径,改用空运。滕珀尔霍夫机场位于西柏林,据说在当时每隔几分钟,就有满载物资的美国运输机抵达机场,这也算是对苏联的挑衅了。苏联见封锁失去了实际意义,在 1949 年解除了封锁。

柏林唯一的高等学府——柏林大学位于东柏林境内。1948 年,西柏林境内成立了柏林大学的分校区,并且取名为“自由大学”。这所新大学学费低廉,而且吸纳了众多优秀的教学资源。这个“自由孤岛”在国际上名声大噪。

总之“二战”后,作为世界的两个“超级大国”和“核保有国”,美国与苏联为了争夺世界霸权,展开了持续半个世纪的斗争。双方都尽力避免再度引发世界范围的大规模战争，所以对抗的形式通常通过局部代理战争、科技、军备竞赛、太空竞赛和外交竞争等“冷”方式进行，所以也被称作“冷战”（Cold War，1947 年美国评论家李普曼首次提出）。前文中提到的“柏林空运作战”，就是标准的冷战形式。冷战体制虽然避免了第三次世界大战的爆发，但是也造成了“东西德”“南北韩”“南北越”这样的牺牲品。冷战期间，西德成立“德意志联邦共和国”，建都波恩（1949 年 5 月）。东德则成立“德意志民主共和国”，建都东柏林（1949 年 10 月）。

1961 年 6 月，美苏在维也纳举办战后首次的双边会谈，肯尼迪和赫鲁晓夫出席。会上，双方探讨柏林的“西逃者”问题。肯尼迪宣称美国将坚守西柏林，对“西逃者”持默认态度。同年 8 月，赫鲁晓夫下令东德政府修建“柏林墙”。这道墙壁沿东西德边界线，全长约 155 公里，在主要干道上还设有边防检查站。这道贯穿柏林南北的巨型城墙，在一定程度上确实遏制了“西逃”问题。

1985 年，戈尔巴乔夫就任苏联共产党总书记。他大刀阔斧地开展社会主义改造，甚至承诺不会对东欧诸国的民主化运动进行武装干涉（1989 年“共同欧洲家园”宣言）。

东柏林民众蜂拥到柏林墙游行示威，西柏林民众也在墙对面呼应。1989 年 11 月，东德政府被迫开放部分墙壁，有了政府的默许，柏林墙在一夜之间被市民拆毁。翌月，戈尔巴乔夫与美国总统乔治 · 布什发布共同声明，持续了半个世纪的冷战宣告落幕。翌年 10 月，东西德统一，国名继承了西德的“德意志联邦共和国”，首都自然还是柏林。

本章结语

德国自古以来就是诸侯割据，不擅中央集权，这一特征一直延续到现在。例如说南部城市慕尼黑的市民会理所当然地自称“巴伐利亚人”。再看北部的汉堡州，到今仍保留着前缀为HH的车牌，“HH”是“自由汉萨都市汉堡”的首字母简写。

在“二战”中，德国的城市一旦遭遇空袭破坏，不需要等待柏林的指示，就可自行开展修复工作。反观日本，在相同情况下，却只能坐等东京的命令，地方政权形同虚设。

早在俾斯麦执政时代，“三虎将”之一的总参谋长毛奇就着重培养下级军官的自主作战能力，即所谓的“自行思考、自行指挥、自行战斗”，久而久之，这种观念也潜移默化地渗透进普通民众之中。

相较于伦敦、巴黎这样的老牌欧洲城市，后来居上的柏林自然也是会有其独树一帜的城市性格。如今，日渐猖獗的恐怖主义、蜂拥而至的难民让欧盟不堪重负。在这种严峻的形势之下，德国身为欧洲“火车头”任重而道远。

柏林历史事件年鉴	
西历（年）	历史事件
1157	霍亨斯陶芬王朝的腓特烈一世任命阿斯坎尼家族的大熊侯爵阿尔布雷希特为勃兰登堡边境伯爵
1197	地名斯潘道首次在古文献中登场（1232 年成为特权都市）
1237	斯潘道河中洲城市科隆首次在古文献中登场
1244	斯潘道河东岸城市柏林首次在古文献中登场
1255	条顿骑士团占领普鲁士地域，建立骑士团政权
1307	柏林、科隆合二为一，被纳入勃兰登堡边境伯爵领土
1320	阿斯坎尼家族血脉断绝，维特尔斯巴赫家族继承边境伯爵
1356	卢森堡家族的查理曼四世颁布“金印敕令”明确七名选帝侯。1373 年，收购边境伯爵领土
1380	柏林大火，市政厅与教会被烧毁
1410	坦能堡战役，条顿骑士团战败于波拉 · 立陶宛联军，骑士团领土成为从属波兰王国的普鲁士公国
1415	霍亨索伦家族的费列特一世，就任勃兰登堡边境伯爵
1417	柏林成为边境伯爵领土首都
1567	柏林与斯潘道之间爆发棍棒战争
1618	清教与罗马教会之间爆发三十年战争
1640	腓特烈 · 威廉继位为勃兰登堡边境伯爵，柏林脱胎换骨为国际都市
1701	西班牙王位继承战争爆发，普鲁士王国成立，腓特烈三世登基为腓特烈一世

1791	腓特烈 · 威廉二世兴建柏林地标，勃兰登堡城门
1806	拿破仑占领柏林
1810	语言学家、政治家洪堡创建柏林大学（现洪堡大学）
1871	普法战争爆发，普军获胜。威廉一世在凡尔赛宫举办登基大典，德意志帝国成立，建都柏林
1914	第一次世界大战爆发。战后德意志帝国覆灭，霍亨索伦家族灭亡
1919	斯巴达克同盟之乱爆发，《魏玛宪法》问世
1920	柏林吸纳周边区域，融合为“大柏林”，跻身人口仅次于伦敦、纽约的世界第三大都市。同年，德意志劳动党更名为纳粹党
1934	希特勒就任总统，德意志第三帝国成立
1936	柏林兴办奥运会
1939	第二次世界大战爆发
1945	美英法苏四国分割德国，柏林也被东西分裂
1949	东德成立德意志民主共和国（建都东柏林），西德成立德意志联邦共和国（建都波恩）
1961	东德政府建造柏林墙
1989	东德政府开放柏林墙
1990	柏林墙被市民推倒，东西德统一，德意志联邦共和国成立，首都为柏林

第十章

不曾褪色的“永恒之都”——罗马

城邦、帝国、宗教中心

她的璀璨贯穿欧洲历史

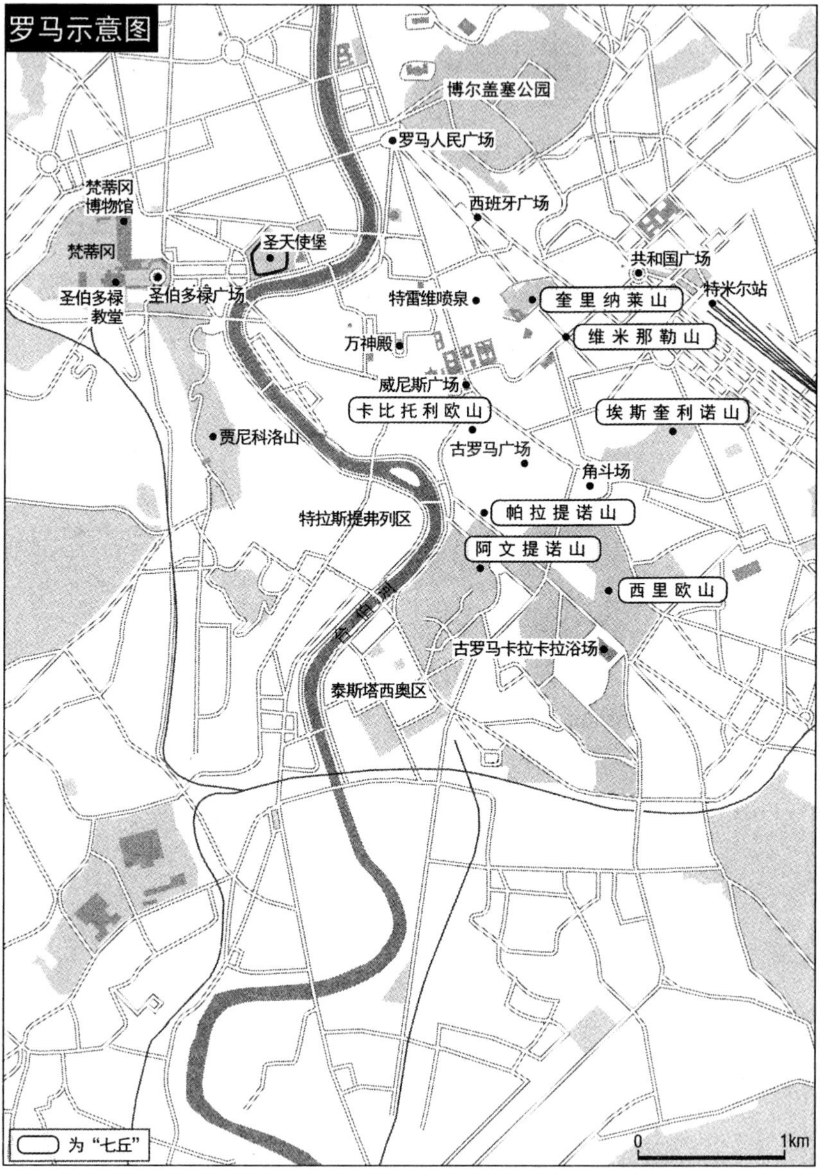

罗马示意图
博尔盖塞公园
罗马人民广场
西班牙广场
梵蒂冈博物馆
梵蒂冈
圣天使堡
圣伯多禄教堂
圣伯多禄广场
共和国广场
特米尔站
特雷维喷泉
奎里纳莱山
维米那勒山
万神殿
威尼斯广场
卡比托利欧山
埃斯奎利诺山
贾尼科洛山
古罗马广场
角斗场
帕拉提诺山
特拉斯提弗列区
阿文提诺山
西里欧山
台伯河
古罗马卡拉卡拉浴场
泰斯塔西奥区
为“七丘”
0
1km

罗马假日

好莱坞电影《罗马假日》（1953 年）在全美首映，已经是六十多年前的事了。时隔一年后的 1954 年，日本的观众才观赏到这部佳作。

电影讲述的是正值美妙年华的安妮公主，作为王位继承人访问欧洲各国。在最后一站，也就是意大利罗马的上流舞会上，天性活泼的安妮厌烦了贵族间的繁文缛节，她趁侍从疏忽的时候，偷偷溜出城。可是谁能想到，侍从事先为她注射的镇静剂突然生效，她睡倒在路旁的长凳上。美国记者乔伊凑巧路过，不忍袖手旁观，把安妮安置在自己的公寓歇下了。

后来乔伊得知了安妮的尊贵身份，他与好友摄像师欧文动起了“坏心思”，盘算着要制造一起“公主私游罗马”大头条。于是，乔伊隐瞒了自己记者的职业，领着安妮玩遍罗马，欧文则在暗中将这自由快乐的“罗马假日”尽收相机之中……公主与新闻记者自由快乐的“Roma Holiday”就此开幕。

制片方当时大胆起用寂寂无名的新人——奥黛丽 · 赫本出演女

主角安妮，男主角乔伊则由当红影星格利高里·派克出演。这部影片几乎全是在罗马实地取景，这样的做法在当时的好莱坞是十分罕见的。另外，不仅摄制组的人员都是以意大利籍为主，影片中出现的交通工具也全部是“Made in Italy”。

这部电影让欧洲的传统城市罗马，首次进入了20世纪后半叶的美国和日本民众的视野中。罗马这座古老城市独有的异域风情，令观众不禁心驰神往，一时间人气飙升，罗马城中任意一个街角，都是那样的典雅别致。

影片中能叫得出名字的景观，就超过二十个。如果硬要挑出几个代表性的景点，那么就是万神殿、角斗场、圣天使城堡、真理之口、圣伯多禄大殿、特雷维喷泉和西班牙广场。其中，真理之口可以追溯到罗马帝国时代，圣伯多禄大殿则是诞生于文艺复兴时期。其余的几处都是17、18世纪巴洛克式建筑的典范。“巴洛克”的本身意思是外形奇特的珍珠，常用来形容自由奔放、不拘一格的艺术风格。

罗马作为罗马帝国的旧都，城市历史是那样光彩夺目，所以难免会有人将两者混为一谈。实际上，这两者之间的联系并不是像想象得那么亲密。戴克里先（284年—305年在位）将罗马帝国东西隔断，继而实施了“四帝共治制”。他自己作为“东正帝”，迁都尼科米底亚[1]（293年）；“西正帝”的国都则在米底奥兰努姆[2]。自那以后，罗马就不再是罗马帝国的首都。330年东罗马帝国在君士坦丁堡建

[1] 尼科米底亚：现在的土耳其城市伊兹密特。

[2] 米底奥兰努姆：现在的意大利城市米兰。

斗兽场
意大利罗马最吸引游人的热门景点之一

都，476 年西罗马帝国灭亡，罗马这座城市与罗马帝国再无相干。

我们一般说的“罗马市”与历史上的“罗马帝国”，并不是同一个地方。这章讲述的主角是“罗马市”。

从创立到称霸

罗马地区的第一批居民，最早出现在公元前 9 世纪至公元前 8 世纪之间。那时，部分东欧民族蜂拥南下，途经小亚细亚与巴尔干半岛，最后在罗马周边定居。这些迁徙的民族大多都是说拉丁语，所以也被统称为“拉丁民族”。所以说，世间本来没有“拉丁民族”，这个称谓只是对拉丁语使用者的统称。

传说，罗马的创立者是双胞胎兄弟罗慕路斯和雷穆斯。他们身上流淌着的是特洛伊英雄埃涅阿斯的血脉，自小饮狼奶长大。兄弟俩起初看中的建国之地并非罗马，而是位于台伯河东侧的“七丘”地区。这里的环境类似于先前提到的泰晤士河畔和塞纳河畔，是典型的低洼湿润地带，丘陵遍布。

罗慕路斯和雷穆斯两兄弟成功征服了“七丘”地带之后，问题就来了，要在哪一个丘陵建都呢？两人犹豫不决，就决定采用“飞鸟占卜”——放飞一只鸟，它落在哪里，就在哪里安家。就这样，兄弟俩最终决定在帕拉丁丘陵上建都。然而，两兄弟却为了首领之位反目成仇，最终手足相残。罗慕路斯对亲弟痛下杀手，这才成为罗马的开国皇帝。

世间普遍认为罗马建于公元前 753 年。但是早在那之前，罗马地区就已经有土著踪迹了。外来者通过与当地人的交流和战争，才诞生罗马。

罗慕路斯与部下决定定居帕拉丁丘陵，但是新的问题接踵而至——他们想增加部落的人数，却缺乏足够的适龄生育女性。但是很快，这些人就想到了解决的办法。

罗慕路斯将视线转向东北方的萨宾地区，他率领自己的手下频频劫掠居住在这里的萨宾族，拐走其中的年轻女性。萨宾的青年奋起反抗，双方陷入无休止的交战。然而，被拐走的萨宾女性已经在罗马安家落户、生儿育女，她们挺身而出，阻止自己的丈夫与父兄

《萨宾妇女的调停》
画作描绘了萨宾妇女奋不顾身地阻挡在罗马军与萨宾男人之间的场面。作者为雅克 · 路易 · 大卫，如今收藏于卢浮宫博物馆

自相残杀，才逐渐平息了这场混乱。名画《萨宾妇女》表现的就是这段历史。

萨宾战争促成罗马合并萨宾族。以这场战争为始，罗马步入了持续两个半世纪的王政时代，不过所谓的“王政”，最多也不过是部族首领。接下来就要介绍著名的“卢克瑞斯受辱事件”了。

罗马一直与周边部族连年作战。部队里有一位战士的妻子卢克瑞斯是远近闻名的美人。时任的罗马王觊觎她的美貌，趁其丈夫出征未归，强行将她占有。卢克瑞斯不忍受辱，自尽守节。这一悲剧也被后世画师描绘。不得不说，古罗马为后来的欧洲画坛提供了太多的题材。

面对这样的暴君，罗马人民自然不能容忍。就这样，王室一族被人们赶出了“七丘”，王政专制时代戛然而止（前 509 年）。据史考，在这段王政专制年代期间，前后有七任罗马王上位，他们的姓名无从考证了，只知道前四名是罗马人公社的军事首领，后三名则出身伊特鲁里亚。到了罗马王政时代的中后期，罗马或许曾被当时的“发达国家”伊特鲁里亚统治，而后来罗马势力逐渐强大，反客为主同化了伊特鲁里亚人，重掌统治权。

至于伊特鲁里亚，根据推测，就是意大利半岛中西部的托斯卡纳地区的原住民，其起源最早可追溯到公元前 10 世纪前后。

王政倒台以后，罗马从零散的部族集团，逐步向以七丘地区为中心的城邦迈进，共和政体“SPQR”也在这时萌芽（前 509 年）。

所谓“SPQR”，实际上是“罗马人民与元老院”（Senātus Populusque Rōmānus）的略称。顾名思义，其政权由罗马市民与元老院构成。进一步说，它是以市民（自耕农为主）与贵族（开国元勋后裔）为“两党”，“元老院”（贵族知识分子、资产家）负责决策与政策执行的共和制度。

公元前 390 年，高卢人进攻罗马。在“阿里亚战役”中，罗马人惨败撤退，罗马城一度被占领。后来重夺城池的罗马人汲取了这次惨败的教训，在罗马北面修建防御城墙。不久后，罗马的街道与下水道工程也相继开工。罗马人在城市规划上借鉴了东方的阿契美尼德王朝；在建筑方面，则是向本土的伊特鲁里亚人求学。

从当年以罗马为中心、向四方延伸的道路来看，罗马已经踏上了称霸意大利半岛的道路。

公元前 264 年，日渐强盛的罗马进攻腓尼基。腓尼基人群居于如今位于北非突尼斯的迦太基地区，相当于现在的叙利亚和黎巴嫩沿海一带。这场争夺地中海霸主地位的战争，被后世称作“布匿战争”（前 264 年—前 146 年）。“布匿”就是拉丁语中的腓尼基。战争期间前后经历过两次休战，战战和和，持续了一个多世纪，战火从意大利半岛一直延伸到非洲北部。然而祸不单行，布匿战争还没结束，马其顿战争就已经开始（前 215 年—前 148 年）。马其顿是当时雄踞巴尔干半岛和希腊北部的大国。马其顿国王亚历山大大帝的威名，想必也不用多做介绍了，曾经的世界帝国阿契美尼德王朝就是折在他手上（前 330 年）。马其顿战争前后经历了四次大规模战役，耗时超过半个世纪。两场战争的凯旋，让罗马的国势一跃千丈，地中海霸主的地位无可撼动。

实行“SPQR”的罗马作为类似于希腊的民主制城邦城市之一，城市中的男性公民在享有市民权的同时，还需要履行兵役义务。著名的哲学家苏格拉底，也曾临阵杀敌。军人卸下武装，就是日出而作、日落而息的自耕农。

凭借上述“全民皆兵”的制度，罗马的国力日益强盛。但是这个制度也有局限——如果战场位于波河地区[1]或者科西嘉岛南部，那万事好商量，农田与战场之间相隔不远，丝毫不影响耕种。但战

[1] 波河：意大利最大河流。

场如果是远在北非的迦太基，或是希腊的马其顿呢？一趟远征归来，农民们就要面临农田荒废，甚至被劫掠破坏的后果。

随着罗马拓展的国境线越来越远，每一次远征都是对“全民皆兵”制度的动摇。最终，罗马赢得了广阔的领土，而作为经济支柱的市民阶层（自耕农）却彻底没落。他们为了谋生只得将土地转手给贵族，自己被迫沦为农奴，贫富分化初现苗头。

凯撒与屋大维让罗马涅槃重生

颇具远见的政治家格拉古兄弟深知市民阶级凋敝的隐患，提出“平分土地，严禁兼并”的政见，试图重振市民阶级与“军农制度”。然而，这个政见遭到了元老院与大贵族的强烈抵制，哥哥提比略遭政治暗杀（前 133 年）。弟弟盖约继承兄长遗志，致力土地改革，最终也难抵元老院的军队围攻（前 122 年）。

继格拉古兄弟以后，另一位试图救罗马于危亡的政治家登场，他不仅致力于拯救市民阶级，更强调改革军制。这个人就是军人兼政治家马略。

马略本身是市民阶级出身，深谙其中利害。他力行募兵制改革，将沦为农奴的市民阶层整编为志愿军。但问题来了，招募志愿军需要军饷，有财力承担巨额军饷的，却只有贵族。于是，募兵制度成了贵族们擅养私军的工具，目的就是凭借武力割据一方。

曾经在马略手下担任副官的贵族苏拉，也加入了擅养私军的队伍。他早年就暗藏野心，政见也与马略相悖，坚决维护贵族利益。

这对昔日的上下级终究反目成仇，双方势力在罗马市内展开残酷的巷战。

几番交战下来，马略病重辞世（前 86 年），其后继者秦纳死于意外事故（前 84 年），苏拉得以独揽大权。苏拉患病身亡后（前 81 年），罗马这才从武装私斗的恐怖阴影中逃脱。

苏拉死后数年，角斗士斯巴达克斯领导的“奴隶角斗士暴动”爆发（前 72 年—前 71 年），后来遭贵族庞培与克拉苏的强势镇压。这两个人加上军事奇才尤里乌斯·恺撒，三人联合反对昏庸无能的元老院，建立了“前三头同盟”（前 60 年）。

恺撒与其养子统治下的罗马盛世是何等传奇，何等璀璨，已然是老生常谈了，这里只着重聊几个关键的历史节点。

所谓“前三头同盟”，顾名思义，指的是由三名独裁官分割统治辽阔的罗马。详细来说，就是恺撒统治罗马以西的高卢地区，庞培占据意大利半岛以及北非，剩下的东部帕提亚则归克拉苏所属。然而乍看之下十分稳固的“三足鼎立”，却在克拉苏战死之后迅速土崩瓦解。庞培想要占据高卢地区，势力越来越大的恺撒成了他的心腹之患。庞培伙同元老院，撕毁“前三头同盟”盟约。恺撒听说这件事之后，果断东渡卢比孔河，一举占领了罗马全境（前 49 年）。

恺撒一路追杀庞培，庞培逃亡埃及。恺撒自任罗马终身独裁官（前 46 年）。这一点与昔日的军阀政治家苏拉的行径无异，但是睿智的恺撒显然有个更为长远的考量。以“全民皆兵”为前提的民主政治城邦体制，显然已经不能适应现在的局势。想要统治如今占领地中海周围地区的罗马，必须效仿原来的阿契美尼德王朝。中央君主、

恺撒

古罗马时代的政治家。“前三头同盟”崩溃后，就任终身独裁官，后遭共和派暗杀身亡

官僚组织、正规军制，缺一不可，这也就是我们熟悉的中央集权国家体制。

然而，恺撒壮志未酬，就遭布鲁图斯领导的元老院成员暗杀身亡。元老院趁机重启“三头同盟”（前43年）。这次的“三头”，分别是恺撒的旧部安东尼、恺撒的养子屋大维，以及相对前二者来说势单力薄的政治家雷必达。元老院妄想促成三方制衡，自己从中获益。谁知安东尼与屋大维势成水火，“后三头同盟”摇摇欲坠。

安东尼仗着有托勒密王朝的埃及女王克利奥佩特拉七世做盟友，在巴尔干半岛沿岸的阿克提姆与屋大维展开海战，结果惨败而归（前31年）。翌年，安东尼含恨自尽，克利奥佩特拉七世不久后也随之而去。屋大维乘胜追击，顺利接管了埃及。直到这时，自格拉古兄弟遭暗杀以后，持续了整整一个世纪的内乱才终于落幕。

公元前28年，元老院赐封屋大维“奥古斯都”（意为神圣伟大）的称号，并委以其共和国大权。自此以后，罗马共和国表面上仍然是共和国，实际上已经步入了君主专制时代。屋大维也被后世认为是罗马帝国的开国之君（前27年）。

回头来看，屋大维所贯彻之方针，与其养父恺撒，甚至昔日的马略、格拉古兄弟并无区别，其本质无外乎都是抑制贵族与元老院，重振市民阶层。屋大维继承前辈们的遗志，以自身的政治才干，加之天时地利，使罗马涅槃重生为大帝国。

至于恺撒与马略、苏拉之间的恩怨纠结，不是三言两语能说清道明，有兴趣的朋友可自行了解。我们话归原题，聊聊作为帝国首都的罗马。

从暴君到贤帝

尼禄的古罗马广场规划

罗马帝国第五代皇帝尼禄（54年—68年在位）素有“暴君”恶名，但评价历史人物，毕竟年代久远，所以切忌一概而论。尼禄在位期间，罗马的中心地区（Foro Romano）遭遇了史无前例的严重火灾，民宅房屋尽化废墟。但是这次灾难也意外地解决了罗马市中心的人口压力问题，尼禄趁机重新规划罗马的城区布局，如今的古罗马广场就是从那时起初现雏形。82年，皇帝提图斯在如今的古罗马广场东侧增建的“罗马斗兽场”完工。顺道一提，如今的“Forum”（集会、公开之所）一词，就是源自古罗马的“Foro”。

如今，古罗马广场的周边仍然留存着许多古罗马时代的遗迹，其中“万神殿”最负盛名。“万神殿”堪称世界上保存最为完好的罗马时代建筑，同时也是最大规模的纯石造建筑（古罗马混凝土）。现存的万神殿穹顶为半圆球状设计，顶端开有直径9米的圆洞，用来采光。这一别出心裁的设计，也只能适用于年降雨量稀少的罗马了。

哈德良大帝与他的“永恒之都”

尼禄身亡的三十多年后，罗马步入了近一个世纪的和平发展年代，后世称这一时期为“五贤帝时代”。值得一提的是，这五位贤帝全都是以养子身份继承王位的。这也不是说不通，在日本旧时的商界，这种外人继承家业的事例也是屡见不鲜。商户老板的亲儿子如果是无能之辈，那么他们就会将女儿许配给得力的帮手，家业由女婿继承。

这五位明君，在这里就不一一详细介绍了，只挑其中的重点人物来聊一聊。

“五贤帝”的第二位图拉真（98 年—117 年在位）在位期间，罗马帝国的疆域达到巅峰。第三位皇帝哈德良（117 年—138 年在位）继承帝位之后，把心血全都倾注在了对帝国辽阔疆土的统治上，大半生都耗费在地方巡视上。

哈德良的好友，诗人弗洛鲁斯就曾讽刺他道：“风餐露宿，饥寒交迫。皇帝的日常，着实雅致。”

哈德良也不甘示弱，反讽道：“醉卧小酒馆，夜宿温柔乡。堕落如弗洛鲁斯，我可学不了。”

后世对罗马的贵族阶级多少都会有些偏见，认为他们终日沉溺酒色、行为放荡。但是实际当时的罗马上层阶级，大多数都恪守希腊斯多葛哲学的生活规范：克己复礼，清心寡欲，对极端宗教敬而远之，并且将保护苍生作为己任。哈德良集这些优秀品质于一身。

哈德良在罗马东北郊的提沃利地区，建造了一片私人庄园。如今的提沃利依然是一个绿树葱葱、碧波荡漾的精致小城。哈德良将他所造访之处的特色建筑，仿造出“迷你版”，放置在庄园的各个角落。哈德良庄园堪称历史上第一个“主题公园”。哈德良为自己的庄园取了个响亮的名字——“永恒之都”。后来经过多年的演化，这个美名也落在了罗马头上。

在如今罗马的台伯河东岸，坐落着一座宏伟的圆形城堡——“圣天使城堡”（Castel Sant’Angelo）。这座城堡是哈德良为自己建造的陵寝，罗马教皇的行宫“梵蒂冈宫”就在其不远处。据说，这两栋建筑之间暗藏地下通道，以便教皇遇险时，秘密转移。至于“圣天使城堡”这个名字的由来，传说是在6世纪末，教皇在堡顶竖立起持剑的大天使雕像，来“对抗”当时肆虐欧洲的黑死病。20世纪作家尤瑟纳尔的杰作《哈德良回忆录》中写到，哈德良大帝进身神格，获长生不老之身。

哈德良的继承人——安东尼·庇护十分低调。他在位二十三年，从未踏出过罗马，也没有留下什么足以大书特书的逸闻。安东尼王朝看起来枯燥乏味，但是这份平淡无奇，不正是和平的最好证明吗？可以说，安东尼王朝是“人类历史上最为安居和平的时代”。

“世界光复者”奥勒良

“五贤帝时代”的诞生，除了在位的五位皇帝的励精图治之外，还得益于当时欧亚大陆的温暖气候。然而自公元2世纪中叶起，欧亚大陆气温骤降，开始步入小冰河期，北方的居民大举南迁。辽阔的罗马帝国境内人口迁移频繁，治安问题滋生。

公元259年，波斯萨珊王朝来袭，罗马帝国的守军兵败如山倒，时任皇帝瓦勒良被俘。镇守高卢地区的罗马守将脱离罗马帝国，自立为皇帝。罗马帝国原本的附属国——巴尔米拉王国（现叙利亚中部）的女王芝诺比娅也开始扩张领土。罗马帝国境内呈现出“三国割据”的态势。

帝国的统治岌岌可危之际，最后一位“贤帝”——奥勒良登场（270年—275年在位）。他继位后，先是率军在幼发拉底河畔活捉女王芝诺比娅（272年），然后进军高卢，收复独立政权（274年）。短短四年间，奥勒良就重新统一全国，元老院封给他“世界光复者”的称号。

另外，奥勒良为了解决帝国边境频遭异族侵扰的问题，他下令在国境沿线修筑防御城墙，遗迹残存至今。

奥勒良同样继承了斯多葛派哲学信仰，他称得上是一位刚毅果敢、正身明法的圣主。然而，也正是因为奥勒良的公正严明，导致他遭到部下报复，遇刺身亡，仅仅维持了五年的统治生涯就草草画上了句号。

两位“大教皇”的故事

罗马帝国在奥勒良的励精图治下，出现了短暂的生机，但是在异族的频繁侵扰下国势渐衰。戴克里先厉行“四帝共治制”，仍然难以挽回帝国的颓势。后来君士坦丁大帝建都君士坦丁堡，将统治重心东移，尝试以这种方式重振罗马帝国（330年）。

罗马帝国的首都东迁以后，原本居住在罗马的达官贵人也悉数搬到了君士坦丁堡，唯独教会没有离开。8世纪末，日本桓武天皇将都城从平城京迁移至平安京，奈良的首席寺院“兴福寺”却坚守在平城京。究其原因，是由于当时的皇胄藤原一族仍将“式神”供于奈良的“春日大社”之中，兴福寺恐擅自迁移会惹怒式神，灾祸降临。同理，罗马教会身兼为彼得（耶稣首席门徒）守墓的责任，不敢轻易离开罗马。

罗马与奈良同为昔日国都，命运却截然不同。奈良百业凋敝，沦为名副其实的“弃都”。反观罗马，教会领袖教皇后来得到了法兰克王国的庇护，罗马城重现往日繁荣。皇帝离开罗马之后，教皇就相当于如今的“市长”。

从罗马帝国首都东迁，一直到近代欧洲革命的数千年里，罗马始终都在罗马教皇的统治之下。接下来，我们就来谈谈那些左右罗马命运的教皇。

罗马帝国迁都君士坦丁堡之后，在拉韦纳设置了总督府，用以管辖意大利地区（395 年）。拉韦纳位于意大利半岛东海岸，与君士坦丁堡一海之隔，在首都的恩荫之下曾经一度十分繁华。如今的拉韦纳，只能从圣维塔教堂那美轮美奂的马赛克装潢中，想象出这座城市往日的荣光。

罗马不仅沦为旧都，而且还被拉韦纳抢走了中心地位。罗马的常住人口，从奥古斯都时期的百万，急剧缩减至不足十万人。罗马教会也正好带领寥寥百名信徒进行传教，然而祸不单行，异族部落汹汹来袭。

在讲述巴黎历史的一章中，曾经提到一个传说，452 年匈族王阿提拉进攻罗马，被罗马教皇利奥一世（440 年—461 年在位）的如簧巧舌“劝退”。但真相是，真正迫使阿提拉退兵的是当时肆虐意大利的疫病。

格里高利一世在位期间，汪达尔族与东哥特族相继袭击罗马

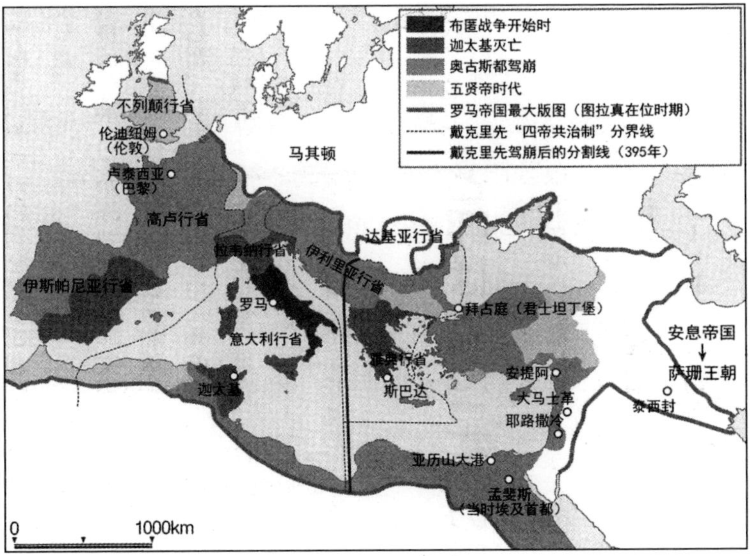

罗马帝国疆域示意图

（455 年—456 年），造成城内生灵涂炭。罗马历史上先后遭遇过五次大规模的劫掠，其中第一次发生在公元前 390 年，侵略者是高卢人。中间三次集中在公元 5 至 6 世纪，侵略者依次是西哥特族（410 年）、汪达尔族（455 年）和东哥特族（456 年）。最后一次，是与前四次相隔十世纪后的 1527 年，德意志雇佣兵的“罗马大劫掠”。公元 5 至 6 世纪，可谓是罗马发展之路上的一道坎坷。利奥一世是历史上的第一个罗马教皇，所以被后世尊称为是“大教皇”。也是从那时起，罗马教皇肩负起了罗马“市长”的责任。

这里介绍一下“教皇”的起源。最初的天主教有五大权威教会，它们分别位于君士坦丁堡、安提阿、耶路撒冷、亚历山大港和罗马。迁都君士坦丁堡的罗马帝国控制了四个教会，唯独罗马教会被排除在外。这五个教会中，最具权威的属“天子脚下”的君士坦丁堡教会。按照教规，教会的最高领导应改称为“主教”，但是罗马教会与安提阿教会都习惯称呼为“教皇”（拉丁语 Papa）。

除了利奥一世，还有另一位罗马教皇赢得了“大教皇”的殊荣，这个人就是格里高利一世（590 年—604 年在位）。自从教会诞生起，直至今日，传教士这一职业就贯穿始终。传教士不需要进行生产活动，传教就是他们唯一的工作。当时，君士坦丁堡教会几乎垄断了东部发达地区的传教活动，留给格里高利一世的只有西欧这片未开化之地。以法兰克族为主的西欧部落根本不通文字，格里高利一世只好用图画、歌曲等形式进行传教。流传至今的“格里高利圣咏”就是在他的时代诞生的。

然而，罗马教会尽心竭力的传教活动，换来的却是罗马皇帝与君士坦丁堡教会的冷眼和警惕。一旦有罗马主教在东方传教，抑或有自称伯多禄的继承者出现，君士坦丁堡方面就会派来审查团，将其押送到首都。所幸，这个灾难没有降临在格里高利一世头上。

教皇斯德望三世的谋略

751 年，意大利北部的伦巴第族攻陷拉韦纳，占领了帝国总督府。而罗马帝国方面正疲于对付进攻君士坦丁堡的伊斯兰军队，所以并没有反抗，直接将拉韦纳拱手让人。

同年，墨洛温王朝被皇室宫相（秘书）丕平篡位，加洛林王朝诞生。然而，西欧的贵族并不承认这个篡位政权的合法性。

翌年，罗马教皇斯德望三世登基（752年—757年在位）。他眼见新成立的加洛林王朝空有势力，却难以服众，就向丕平三世提出："罗马教廷愿意承认加洛林王朝的合法性，作为回报，您帮我从伦巴第族手中夺回拉韦纳。"

丕平三世自然是求之不得，表示愿意合作。斯德望三世当即按照旧约中的仪式，给丕平三世及其子查理曼（查理大帝）涂圣油，认可他们为法兰西王国的国王。丕平父子也没有食言，挥师拉韦纳，将伦巴第族驱逐。丕平三世遵守承诺，夺回了拉韦纳，还将罗马周围的地区尽数献给斯德望三世。罗马教皇从这时起，既是教会领袖，又是世俗诸侯。也正是因这双重身份，罗马教皇由始至终都是意大利统一的坚定反对者。直到1861年意大利王国成立，教皇才不得不放弃实权。只有在小国林立、政权分裂的情况下，教会的权威才占据优势。因此，罗马教廷才强硬地主张教皇领土并非是意大利所有，教皇厅也会死守自己的权威。

斯德望三世驾崩后，教皇利奥三世加冕丕平之子查理曼为神圣罗马皇帝（800年）。时任东罗马皇帝勃然大怒："世间只能有一个罗马皇帝！"而利奥三世却胸有成竹，他怀里藏着无可撼动的"撒手锏"——君士坦丁大帝迁都东方之前，托付给当时的罗马教皇一封信件，其中大体内容是："这次'隐居'东方君士坦丁堡，我将西方世界全权托付给罗马主教，主教与我平起平坐。"

利奥三世以这封"君士坦丁的赠礼"为后盾，理直气壮地接受了丕平赠送的领土。反过来想，丕平三世也正是因为有这封声明，才会接受教皇的提议。所以这场罗马教皇的加冕，在他们两方眼里，是名正言顺的。

然而，15 世纪文艺复兴时期，人文学者洛伦佐 · 瓦拉却说这封“馈赠声明”是彻头彻尾的假货，真凭实据，铁证如山。时至今日，这封伪造文书以假乱真的程度仍然令人咋舌。不过要说斯德望三世、利奥三世也被蒙在鼓里，恐怕没人会相信。

叙任权斗争

罗马教皇一心想以教皇加冕的正统权威，向法兰克王国换来军事庇护，然而天不遂人愿。

想要实现上述的两个条件，一是保证接受加冕的皇帝对教皇言听计从；二是受加冕的皇帝有足够势力对抗东罗马帝国和蛮族部落。最初的几任法兰克王国君主，对教会的加冕倒是有几分尊敬，然而随着朝代更迭，他们的后代逐渐看清了加冕的本质。在他们看来，罗马教廷所给的不是皇冠，而是桎梏。久而久之，教皇也就跌落下神坛，稍不顺当权者的心意，就是人头落地的下场。

838 年，伊斯兰入侵，侵占了港口城市奇维塔韦基亚，以这为据点频频袭击罗马。所幸有奥勒良城墙的阻挡，罗马才免于沦陷。一个世纪里，罗马教皇多次向法兰克王国求援，却始终没有得到过回应。

事已至此，皇位的加冕也被迫中止。直到萨克森王朝的奥托一世抵御了马扎尔族入侵欧洲，教皇加冕才得以重启，奥托一世加冕为神圣罗马皇帝（962年）。

然而，在奥托一世眼中，教会与国家机构无异。用他的话来说，神圣罗马皇帝贵为耶稣代理，罗马教皇只不过是伯多禄（圣彼得）的代言人。罗马教皇逐渐被罗马帝国、法兰克王国，乃至于萨克森王朝轻视，教廷只能勉强维持。1054年，罗马教皇与君士坦丁堡主教决裂，东西方教会彻底分道扬镳。

面对德意志国王的暴行，教会不得不想尽办法来应对。其中一个策略就是限定教皇候选（1059年），具体说来，就是“教皇只能由枢机卿（最高圣职）来担任”。这样一来，世俗君主再也没有理由恣意更换教皇人选了。第二项策略是叙任权斗争，进入正题之前，先要介绍一下叙任权斗争的起源——“三分身思想”。

10世纪，地球气候步入“中世纪温暖期”，农业生产力暴增，接踵而至的是贫富分化加剧，社会矛盾尖锐。平民要求教会对这一社会现象给出合理的解释，教皇思前想后，最后依据正统神学的“三位一体信仰”，编造了一套理论——“三分身思想”。简单来说，就是将上帝的子民划分为“祈祷者、战斗者、耕种者”三个种类，其本质，不过是为了将阶级压榨正当化——战斗者保卫家园，祈祷者祷告祈福，辛勤的耕种者们，献身于生产劳作吧……

然而，有人就有疑问了：“战斗者（军队）的领袖是国君，祈祷者（教会）的领袖是教皇，这没错吧？那么，国王有权调兵遣将，教皇岂不是有权任命祈祷者？”

按道理来说，是这样的。但是当时的现状是，世俗皇帝不仅自称耶稣的代言人，而且可以随意任命教会人员。世间舆论纷纷站在教会一边，通俗易懂的“三分身思想”迅速地传遍欧洲全区，最终发展至叙任权斗争。

1122 年，这场叙任权战争以罗马教皇赢得叙任权而告终，教廷重夺昔日威势，不仅夺回了叙任权，还可以领头发动“十字军东征”。

圣伯多禄教堂

罗马教会的权力中心，位于梵蒂冈东南端，相传这里是伯多禄殉教之地。圣伯多禄教堂是世界最大的教堂建筑

消失于罗马的罗马教皇

罗马教会的势力不断扩大，将欧洲全区的布施都收入怀中。自古以来，没有世俗政权敢向教会征税，因为这无异于是向上帝伸手要钱。

然而，就是有那么几个国君不吃这一套。例如法国国王腓力四世，他在对英战争中苦于筹措军饷，就盯上了法国境内教会的腰包。罗马教皇当然不愿意妥协，表示拒绝纳税。腓力四世一怒之下，中断了与罗马的经济往来。这种做法用如今的话来说，就是经济封锁。

当时的罗马教皇卜尼法斯八世颇有谋略，他丝毫不慌张——法国不送钱来了不要紧，把法国境内的教徒召集来罗马就可以。于是卜尼法斯八世借鉴了犹太教“圣日”制度，只要妥善运营，一年所带来的收益比 100 次礼拜还要多。卜尼法斯八世又把 1300 年首度定为“圣年”。这样一来，圣伯多禄大殿的钱箱被塞满，欧洲各地的信徒也都会汇聚罗马。

腓力四世怒不可遏，他封锁了经济，却无法阻止本国的信徒把钱给罗马教会送上门去。终于，他趁卜尼法斯八世在阿纳尼城休养之际，将其绑架，折磨至死（1303 年）。这还不算结束，腓力四世更为极端的行径还在后头。

卜尼法斯八世死后，腓力四世强行将罗马教廷迁到了靠近法国的阿维尼翁（1309 年）。就这样，罗马教皇被限制在阿维尼翁整整七十年，教会势力受到了极大的冲击。但是罗马教廷毕竟是颇具实力的政治势力和经济集团，被法国控制也只不过是一时而已。1377年，罗马教皇格里高利十一世重返罗马，结束了长达七十年的“阿维尼翁之囚”时代。然而，教皇回到了罗马之后不久就去世了，新上任的教皇力图消除法国对教廷的影响。这一做法让枢机团的大部分成员（多为法国人）非常不满。他们回到了阿维尼翁，另行选定了教皇。罗马教廷分裂为罗马和阿维尼翁两处。这种状态持续了近一个世纪，直到1417年才结束了分裂的局面。

文艺复兴中的罗马复兴

罗马教会经历了阿维尼翁之囚时代和大分裂这两个阶段，才终于重回正轨。圣伯多禄大殿和阿维尼翁教皇厅，还有整个罗马城，都因为两个世纪的动荡已然凋敝不堪。不过由卜尼法斯八世所开创的“圣日”制度从未废止，这也就让罗马教廷积蓄了不少的财富。而且，教会考虑到当时的人均寿命不过三十岁，为了让所有人在有生之年能有机会前往罗马参拜，将“圣年”的间隔从五十年减少至二十五年。当然其主要目的还是为了创收。

罗马教廷凭“圣年”起死回生，财政充盈，且有余力雇用佣兵。15世纪，随着文艺复兴浪潮在佛罗伦萨兴起，百废待兴的罗马教廷也迎来了两位力挽狂澜的教皇。

第一位是尼古拉五世（1447年—1455年在位），他修葺了濒临倒塌的圣伯多禄大殿，且从佛罗伦萨请来画家弗拉·安杰利科，参与梵蒂冈教堂的内部装潢。

第二位是西克斯图斯四世（1471 年—1484 年在位），他兴建了西斯廷教堂。说起这个教堂，世人首先会想到米开朗基罗在其中所绘的壁画。西克斯图斯四世还对罗马市内的街巷与桥梁进行修建。然而撇去功绩不谈，西克斯图斯四世对异教徒极其严苛，支持开设“异端审问所”。他与文艺复兴的推动者美第奇家族也频发争端。

1492 年，美第奇家族洛伦佐的逝世，标志着文艺复兴的中心从佛罗伦萨转移到了罗马。世间普遍认为，洛伦佐散尽家财让文艺复兴在佛罗伦萨落地开花。其实不然，当时美第奇家族的银行业早已不复当年，洛伦佐振兴文化艺术界，以及举办各类庆典的资金，几乎全都出自佛罗伦萨的财政公款。

洛伦佐死后，新任佛罗伦萨统治者——圣道明教会的修道士萨沃纳罗拉大肆批判奢靡与堕落，要求民众恪守上帝仆人的本分，禁欲守己。他甚至下令烧毁文艺复兴时期的画作和雕刻。

萨沃纳罗拉极端的神权政治让民间怨声载道。最终，教皇亚历山大六世（1492 年—1503 年在位）出面，将他开除教籍并处决。

现在我们来说说将罗马文艺复兴推向最高峰的三位教皇。

第一位正是前文中提到的亚历山大六世，他的儿子就是企图成立波吉亚王国的恺撒 · 波吉亚。亚历山大六世风流好色，被认为是行为最为放荡的教宗。

第二位教皇是尤里乌斯二世，他是个军事狂热者，人称战神教皇。这位教皇最值得一提的功绩，就是首次引入瑞士卫队。时至今日，梵蒂冈宫殿仍然由瑞士籍的士兵巡逻把守。另外，他还任用了艺术大师米开朗基罗、拉斐尔、布拉曼德等人来进行梵蒂冈的美化工作。

第三位教皇是利奥十世（1513年—1521年在位）。教廷估计是受够了尤里乌斯二世的穷兵黩武，这回特意从文艺复兴的先驱——美第奇家族中挑选新任教皇。洛伦佐的次子、时任枢机卿的利奥很幸运被选中。这位新教皇一生钟情艺术，热衷于操办庆典，被民间称为“智慧之神”。他在位期间，米开朗基罗、拉斐尔等艺术巨匠各领风骚，文艺复兴迎来巅峰。

然而，利奥十世铺张奢靡，挥金如土，圣伯多禄大殿改造工程被迫延期，教廷的日常开销也日渐拮据。利奥十世为了摆脱经济上的困境，竟然决定公然兜售“赎罪券”。这激起了民愤，以马丁·路德为领袖的宗教改革拉开序幕（1517年）。

不提“赎罪券”这个荒唐的做法，利奥十世确实将文艺复兴推向了巅峰。罗马教皇统治时代诞生的世界级艺术品，现在都展示于梵蒂冈博物馆、圣伯多禄大殿，以及西斯廷教堂中。其中最有艺术价值的作品，基本都是在利奥十世时代诞生的。

罗马的修复与美化

1521年，利奥十世驾崩。同时期的欧洲正值多事之秋，法国国王弗朗索瓦一世与哈布斯堡家族的查理五世争夺霸权，烽烟四起。1523年，美第奇家族的克雷芒七世就任罗马教皇。他与弗朗索瓦一世结盟，引来查理五世兵临罗马城下（1527年），敌军主力就是德国农民组成的雇佣军队（Landsknecht）。

雇佣军队中多是受马丁·路德宗教改革影响的清教徒。他们对罗马的掠夺与破坏丝毫不留情。这次“罗马之劫”堪称是欧洲历史上的一大污点。

罗马财政崩溃、城市凋敝，西斯都五世（1585年—1590年在位）临危就任教皇。他重建罗马教会的财政，积蓄资金，致力于罗马复兴工程。在其努力下，圣伯多禄大殿、梵蒂冈宫殿，乃至于城市下水道都得以修复。另外，如今矗立在圣伯多禄大殿门前的方尖碑，也建于西斯都五世之手。

西斯都五世在位仅五年就匆匆辞世，然而其功绩，可比肩于前文提到的“世界光复者”奥勒良大帝（在位五年统一罗马）。

继西斯都五世，直接跳到乌尔班八世（1568年—1644年在位）统治时代。乌尔班八世大力反驳马丁·路德对教会奢靡之风的批判，宣扬“教会必须是信徒眼中的天堂乐土”，清教徒的所谓回归《圣经》更是无稽之谈。乌尔班八世是打定主意要将罗马塑造为反宗教改革的“橱窗”。于是乎，乌尔班八世开始不遗余力地装饰这扇“橱窗”。

他重用雕塑家贝尔尼尼，积极推进罗马美化工程。贝尔尼尼为罗马留下多处精美绝伦的景致，其中包括圣伯多禄大殿广场的罗马柱和巴贝里尼宫广场的特里同喷泉。另外，乌尔班八世还专程从法国请来了历史宗教画大师尼古拉斯·普桑，与风景画巨匠克罗德·洛林。

且不说乌尔班八世的“反宗教改革”是否实现，在他的努力下，罗马的美名传遍欧洲。无论是天主教徒，还是普通旅客，无不憧憬这座“巴洛克之都”。但是在科学领域，他却对伽利略的学说严令禁止（1633 年）。

1725 年，西班牙大台阶建成。这座大型户外阶梯位于西班牙广场（西班牙大使馆所在处），《罗马假日》就有安妮坐在阶梯上吃冰激凌的场景，但是很遗憾，如今这里不准游客携带饮食入内了。

1762 年，特雷维喷泉（许愿池）诞生。喷泉位于特莱维广场，主体部位上的海神波塞冬雕像栩栩如生，它是罗马规模最大的喷泉。按罗马帝国传下来的传统，城市内的喷泉与水池必然处于罗马城水道的末端，这座“特雷维喷泉”也不例外。

除了上述的两个景点，罗马还有一块大理石最为人所熟知，那就是真理之口。真理之口是镶嵌在科斯美汀圣母教堂（建于 6 世纪）墙壁上的一块人脸形大理石圆盘。圆盘上的海神半张着嘴，据说把手放入这个口中，如果说谎话，手就无法拔出来，所以才得名“真理之口”。

乌尔班八世时代兴起的巴洛克式建筑，以及诸多如今享誉国际的罗马名景，早在 17 世纪末至 18 世纪末之间，就已全部问世。这之后，法国大革命爆发，拿破仑雄师席卷欧洲。

“梵蒂冈的囚徒”

拿破仑占领罗马，教皇领土自然不能幸免。自法国大革命以来，罗马就与法国断绝来往。拿破仑为重启邦交，与时任教皇庇护七世（1800 年—1823 年在位）签署政教条约。

特雷维喷泉

原名是 Fontana di Trevi，罗马市内最大的也是知名度最高的喷泉。喷泉位于三条街的交叉口，正是 Trevi 一词的含义

胜利者拟定的条约自然不会偏向自己的手下败将，这可以理解。然而，拿破仑“邀请”庇护七世赴巴黎为自己加冕（1804 年），这就令人非常气愤了。历来只有国王赴罗马接受加冕，哪有教皇亲自上门的道理？大卫所绘的《拿破仑加冕》中，庇护七世的表情是何等的憋屈。

其后，拿破仑兵败滑铁卢，抱憾辞世（1821 年）。然而，他的“平等、自由、博爱”思想却在他所到之处根深蒂固。19 世纪后半叶，欧洲各地频发独立运动。

意大利卷入了独立浪潮之中，其中，撒丁王国（占据地中海撒丁岛与意大利西北部地区）的国王维托里奥·埃马努埃莱二世与宰相加富尔趁欧洲陷入战乱，从哈布斯堡家族手中夺回意大利半岛领土，成立意大利王国（1861 年），建都都灵。1870 年，意大利王国占领罗马，并于 1871 年迁都至此。

这时，世间再无教皇领土罗马，只有意大利首都罗马。留给时任罗马教皇庇护九世的地盘，只剩下梵蒂冈城内的宫殿与教堂。这位教皇对当时如火如荼的近代化持理解态度，甚至破天荒地支持建设城市地铁。如今罗马市的门户特米尼中央车站在当时竣工（1862 年）。但是，庇护九世对近代化的开明，只成立在教会统治罗马的前提下。一旦撞上意在统一意大利的撒丁王国，庇护九世故步自封的一面就暴露无遗了。

1864 年，针对意大利王国的成立，庇护九世发表《近代主义者之谬误表》（Syllabus），宣扬拿破仑时代以来的“合理主义”“自由、平等、博爱”精神统统是谬论，唯有神造之物为绝对真理。另外，他得知罗马教会大势已去，决意与意大利政府断交，终日自闭于梵蒂冈宫之中，自称“梵蒂冈的囚徒”，直至寿终。讽刺的是，他的在位时间竟是历代教皇在位时间中最长的。

庇护九世之后的数位教皇，纷纷效仿避世。梵蒂冈城仿佛就是首都罗马中的一块“孤岛”，拒绝与外面的世界接触，整整六十年。

1922 年，墨索里尼就任意大利内阁总理，他与时任教皇庇护十一世签署了《拉特兰条约》，打破了这持续了六十年的僵局（1929 年）。

《拿破仑一世加冕大典》
法国画家达雅克 · 路易 · 大卫创作的一幅油画，现藏巴黎卢浮宫，它真实记录了在巴黎圣母院隆重举行的国王加冕仪式。拿破仑“邀请”罗马教皇庇护七世亲自来巴黎为他加冕，然而在加冕时，拿破仑拒绝跪在教皇前让庇护七世加冕，而是把皇冠夺过来自己戴上。画家为了不让教皇难堪，煞费苦心地选用了皇帝给皇后加冕的场面

《拉特兰条约》要求教皇主动放弃教会领土的统治权。作为回报，意大利政府愿意让出梵蒂冈宫殿以及教会的所在地区，承认这里为独立的梵蒂冈城邦，最高领袖为教皇。梵蒂冈地区虽然面积不大，但是配备地铁，功能齐全。更为关键的是，政府还向教皇支付了不菲的赔偿金。要说有多少，传言说，教皇用这批资金成立了如今的梵蒂冈银行。

本章结语

如今在罗马近郊，有一片名为“EUR 区”（Esposizione Universale Roma 略称）的新都心。这个新城区起建于墨索里尼执政时代（1935 年），其初衷是为了效仿希特勒举办奥运会，罗马也承办 1942 年的世博会。然而工程开始不久，“二战”爆发，墨索里尼的计划也胎死腹中。

墨索里尼死后，意大利展开民间抵抗运动，实现解放。“二战”结束翌年（1946 年），意大利通过立宪大会，建立共和制。

“市中藏国”的罗马一直是全世界旅客度假的理想之地。这座“永恒之都”能否永远焕发光辉？让我们拭目以待。

罗马历史事件年鉴	
西历（年）	历史事件
公元前 9–8	来自欧亚大陆的移民迁徙到罗马（拉丁民族），传说中的两兄弟罗慕路斯与雷穆斯成立罗马城邦
公元前 752	罗马人与萨宾族开战（萨宾战争）
公元前 509	“露克瑞蒂雅事件”结束罗马王政，进入共和时代
公元前 390	共和体制下的罗马惨败于高卢人（阿里亚战争），罗马被劫掠
公元前 264	罗马与迦太基开战（布匿战争），经历过三次战争后获胜
公元前 133	格拉古兄弟改革开幕，后遭元老院与强势贵族镇压
公元前 107	平民出身的军人政治家马略展开军制改革，与贵族苏拉陷入纷争
公元前 60	“前三头同盟”（恺撒、庞培、克拉苏）开幕
公元前 49	恺撒征服罗马，就任独裁官（前 46 年）
公元前 43	“后三头同盟”（奥古斯都、安东尼、雷必达）开幕
公元前 27	奥古斯都登基为罗马帝国开国皇帝，得称号“奥古都斯”
64	罗马遭遇火灾，皇帝尼禄趁这机会进行都市规划重组
80	罗马角斗场竣工（提图斯统治时代）
270	奥勒良登基，实现罗马再统一
330	君士坦丁大帝迁都拜占庭，更其名为君士坦丁堡
395	拉韦纳成立总督府，成为帝国西部首都，罗马衰败

410	异族入侵罗马（410 年西哥特族、455 年汪达尔族、546 年东哥特族）
590	格里高利一世就任罗马教皇，致力于西欧境内的传教活动
756	法兰克王国（卡洛林王朝）丕平三世从伦巴第族手中夺回被侵占的领土，赠予罗马教廷
800	教皇良三世为查理曼（卡尔大帝）加冕
1300	教皇卜尼法斯八世开创“圣年”，罗马一度繁华
1309	罗马教皇厅被迁移至法国境内的阿维尼翁（阿维尼翁囚徒）
1447	尼古拉五世就任教皇，修复圣伯多禄大殿
1513	利奥十世就任教皇，米开朗基罗、拉斐尔等艺术家陆续登场
1527	“罗马大劫掠”爆发。罗马教皇与法国结盟，遭来哈布斯堡家族的卡尔五世敌视。卡尔五世麾下的雇佣兵入侵罗马，烧杀掠夺
1585	西斯都五世就任教皇，致力罗马复兴
1623	乌尔班八世就任教皇，请来建筑家贝尔尼尼以及众多宗教、风景画家，致力于罗马美化
1762	罗马市内最大的喷泉“特雷维喷泉”竣工
1861	维托里奥 · 埃马努埃莱二世成立意大利王国，建都都灵
1870	意大利王国与教皇领土合并，意大利统一，迁都罗马（1871 年）
1929	意政府与教皇签署《拉特兰条约》，双方和解，梵蒂冈独立
1946	立宪会议，罗马共和国成立

后记 出口先生的旅程

小野田隆雄

在巴黎的北车站，随意登上一辆驶往郊外的列车。挑一个靠窗的座位，心无旁骛地凝视着窗外的风景。如果遇上心仪的景致，就在下一站下车。随着三三两两的乘客刷卡出站，也不急着四处走动，而先是在原地环顾四周，搜寻丘陵或是高塔。临高望远，细细去品味这个地方的脉搏，再从眼中挑选下一个目的地……出口先生亲口对我说，这样悠闲惬意的旅行，才是他的心头所好。

话虽如此，谁人又能想象，出口先生曾经临时起意，匆匆赶赴意大利半岛一个古都的祭典，最后沦落到无房可住，只好留宿旅馆大堂的窘境。

这部作品中介绍的城市仿佛都是出口先生身边的老朋友，要用心领会他们这一生的起落喜悲，然后以有限的篇幅重现出来，谈何容易？出口先生动笔前，也着实为自己捏了把汗。

出口先生曾经造访的城市少说也有1200多个，那他不禁也要自问——自己为什么单单对这10个城市情有独钟呢？自己又是以何等的心境，穿梭于这些城市的大街小巷呢？在临别之时，自己又有什么感想呢？

上述的疑问，或许与城市本身的历史并无相关。然而，这却是出口先生动笔的初衷。换言之，一个城市的存在，它的故事，能给我们带来什么？或许只是简单的历史知识和见闻经历，或许还能是充实的精神养分。这样想来，我似乎能体会到压在出口先生笔尖和心尖上的重担。

曾几何时，我独自漫步于午后的西西里岛。那时凑巧是“午休”时间，道路两旁店门轻掩，方才还熙熙攘攘的街道转眼就不见了路人的踪影。脚下的白色石头道路，衬上两旁的白色石造民宅，犹如电影胶片一般向前方延伸，一时看不到尽头。抬头就是煦日和风的晴空，肌肤则享受着意大利南部特有的温暖日光。周身的一切，让人仿佛置身白日梦境，心中莫名涌起一阵暖意。

有不少人都会抱怨当今时代的前程莫测。人类社会始终都处在摸索的道路上，即便现在再惹人抱怨，也都是前人历经苦难曲折才换来的。我们的使命，就是义无反顾地走下去。

如果身边有这样怨气冲天的朋友，我会建议他们“出去走走”。旅行的目的，哪怕只是瞻仰一幅名画，或是亲手摸一摸某次革命的遗迹。

出口先生经常把一句话挂在嘴边：“人其实很蠢的，但又蠢得可爱。”这话在理，别看人们经常跌倒，但是就算摔得遍体鳞伤，他们也仍然会爬起来，继续前行。